Personelle Verflechtungen
über Aufsichtsräte

Mit lieben Grüßen
zur Erweiterung der
kleinen Bibliothek
von
Bettina

Frankfurter wirtschaftsrechtliche Studien

Herausgegeben von
Friedrich Kübler, Hans-Joachim Mertens
Eckard Rehbinder, Rudolf Wiethölter

Band 35

PETER LANG
Frankfurt am Main · Berlin · Bern · Bruxelles · New York · Oxford · Wien

Bettina Bokelmann

Personelle Verflechtungen über Aufsichtsräte

Aufsichtsratsmitglieder mit hauptberuflicher Vorstandsfunktion

PETER LANG
Europäischer Verlag der Wissenschaften

Die Deutsche Bibliothek - CIP-Einheitsaufnahme

Bokelmann, Bettina:

Personelle Verflechtungen über Aufsichtsräte :
Aufsichtsratsmitglieder mit hauptberuflicher Vorstandsfunktion /
Bettina Bokelmann. - Frankfurt am Main ; Berlin ; Bern ;
Bruxelles ; New York ; Oxford ; Wien : Lang, 2000
(Frankfurter wirtschaftsrechtliche Studien ; Bd. 35)
Zugl.: Frankfurt (Main), Univ., Diss., 1999
ISBN 3-631-36104-1

Gedruckt auf alterungsbeständigem,
säurefreiem Papier.

D 30
ISSN 0723-0427
ISBN 3-631-36104-1

Printed in Germany 1 2 4 5 6 7

Vorwort

Die vorliegende Arbeit wurde im Sommersemester 1999 vom Fachbereich Rechtswissenschaft der Johann Wolfgang Goethe-Universität Frankfurt am Main als Dissertation angenommen.

Die Anregung zu der Auseinandersetzung mit dem Thema dieser Arbeit verdanke ich Herrn Prof. Dr. Friedrich Kübler, der die Arbeit betreute und der das Erstgutachten so rasch erstellte, daß die Disputation noch im Sommersemester - am Tage der Sonnenfinsternis - stattfinden konnte. Herrn Prof. Dr. Spiros Simitis möchte ich für die Erstellung des Zweitgutachtens und vor allen Dingen dafür danken, daß meine Tätigkeit als wissenschaftliche Mitarbeiterin an seinem Lehrstuhl mir so viel Freude bereitet und mir zugleich auch so viel Zeit gelassen hat, daß ich über manches „Tief" bei der Erstellung dieser Arbeit hinweggekommen bin. Herr Prof. Dr. Manfred Weiss erfreute mich mit der Übernahme des Vorsitzes bei der Disputation und dessen schwungvoller Ausübung. Nicht vergessen sind schließlich die Hilfeleistungen meiner Eltern und meines Lebensgefährten, Herrn Michael Steuernagel. Vor allen Dingen meinem Vater möchte ich dafür danken, daß er bei aller kritischer Auseinandersetzung mit meiner Arbeit nie vergaß, auch Positives zu entdecken und hervorzuheben.

Die Arbeit wurde im Juli 1999 abgeschlossen. Literatur wurde noch bis zum April 2000 berücksichtigt.

Frankfurt am Main, im April 2000 *Bettina Bokelmann*

Inhaltsverzeichnis

Abkürzungsverzeichnis

aA	anderer Ansicht
aaO	am angegebenen Ort
AcP	Archiv für die civilistische Praxis
aF	alte Fassung
AG	Aktiengesellschaft; Die Aktiengesellschaft
AktG	Aktiengesetz
ALI	American Law Institut
Aufl.	Auflage
AuR	Arbeit und Recht
BayObLG	Bayerisches Oberstes Landesgericht
BB	Der Betriebs-Berater
BGB	Bürgerliches Gesetzbuch
BGBl.	Bundesgesetzblatt
BGH	Bundesgerichtshof
BGHZ	Entscheidungen des Bundesgerichtshofes in Zivilsachen
BörsG	Börsengesetz
BörsZulV	Börsenzulassungs-Verordnung
Br-Drcks.	Drucksachen des Deutschen Bundesrates
BT-Drucks.	Drucksachen des deutschen Bundestages
BuM	Beton- und Montierbau AG
BVerfG	Bundesverfassungsgericht
BvS	Bundesanstalt für vereinigungsbedingte Sonderausgaben
BVV	Bremer Vulkan Verbund AG
bzw.	beziehungsweise
DB	Der Betrieb
DBW	Die Betriebswirtschaftslehre
ders.	derselbe
d.h.	das heißt
DJT	Deutscher Juristentag
DStR	Deutsches Steuerrecht
DSW	Deutsche Schutzvereinigung für Wertpapierbesitz
DZWiR	Deutsche Zeitschrift für Wirtschaftsrecht
EG	Europäische Gemeinschaft
etc.	et cetera
eV	eingetragener Verein
EWiR	Entscheidungen zum Wirtschaftsrecht
FAZ	Frankfurter Allgemeine Zeitung
f.; ff.	folgende
FN	Fußnote

FR	Frankfurter Rundschau
FS	Festschrift
GenG	Gesetz betreffend die Erwerbs- und Wirtschaftsgenossenschaften
GG	Grundgesetz
GK	Gemeinschaftskommentar
GmbH	Gesellschaft mit beschränkter Haftung
GmbHG	Gesetz betreffend die Gesellschaften mit beschränkter Haftung
GmbH-Rdsch	GmbH-Rundschau
Großkom	Großkommentar
GWB	Gesetz gegen Wettbewerbsbeschränkungen
HB	Das Handelsblatt
HGB	Handelsgesetzbuch
hM	herrschende Meinung
Hrsg.	Herausgeber
insb.	insbesondere
iSd	im Sinne des
iVm	in Verbindung mit
JZ	Juristenzeitung
KG	Kommanditgesellschaft; Kammergericht
KK	Kölner Kommentar zum Aktiengesetz
KölnerZ	Kölner Zeitschrift für Soziologie und Sozialpsychologie
KonTraG	Gesetz zur Kontrolle und Transparenz im Unternehmensbereich
KWG	Kreditwesengesetz
LG	Landgericht
LZ	Leipziger Zeitschrift für Deutsches Recht
MitbestEG	Montan-Mitbestimmungsergänzungsgesetz
MitbestG	Mitbestimmungsgesetz
mm	manager magazin
MontanmitbestG	Montan-Mitbestimmungsgesetz
MünchKomm	Münchener Kommentar
mwN	mit weiteren Nachweisen
nF	neue Fassung
NJW	Neue Juristische Wochenschrift
öAktG	Österreichisches Aktiengesetz
OLG	Oberlandesgericht
RGZ	Entscheidungen des Reichsgerichts in Zivilsachen
Rz	Randziffer
S.	Seite
SEA	Statut der Europäischen Aktiengesellschaft

StGB	Strafgesetzbuch
SZ	Süddeutsche Zeitung
u.a.	unter anderem
VAG	Versicherungsaufsichtsgesetz
vgl.	vergleiche
Vorb.	Vorbemerkung
WestLB	Westdeutsche Landesbank
WiSt	Wirtschaftswissenschaftliches Studium
WiWo	Wirtschaftswoche
WM	Wertpapier-Mitteilungen
WpHG	Wertpapierhandelsgesetz
Wpg	Die Wirtschaftsprüfung
WuB	Wirtschafts- und Bankrecht
z.B.	zum Beispiel
ZBB	Zeitschrift für Bankwirtschaft und Bankrecht
ZfB	Zeitschrift für Betriebswirtschaft
ZGR	Zeitschrift für Unternehmens und Gesellschaftsrecht
ZHR	Zeitschrift für das gesamte Handels und Wirtschaftsrecht
ZgS	Zeitschrift für die gesamte Staatswissenschaft
ZIP	Zeitschrift für Wirtschaftsrecht und Insolvenzpraxis
zit.	zitiert
ZKW	Zeitschrift für das gesamte Kreditwesen
ZRP	Zeitschrift für Rechtspolitik

Literaturverzeichnis

Adams, Michael: Stellungnahme im Rahmen einer Anhörung im Bundestag zum Thema „Macht der Banken“, abgedruckt in ZBB 1994, 77 ff.

Adams, Michael: Bankenmacht und Deutscher Juristentag, ZIP 1996, 1590 ff.

Albach, Horst / Kless, Heinz-Peter: Personelle Verflechtungen bei deutschen Industrieaktiengesellschaften, ZfB 52 (1982), 959 ff.

The American Law Institut (ALI): Principles of Corporate Governance: Analysis and Recommendations, St. Paul/Minn., ALI Publishers 1994.

Arndt, Franz-Josef: „Macht der Banken“ gegen die Macht der Fakten - Anmerkungen zu einer DGB - Publikation, Die Bank 1986, 641 ff.

Arndt, Franz-Josef: Schlußwort, Die Bank 1987, 275 f.

Assmann, Heinz-Dieter: Das künftige deutsche Insiderrecht (II), AG 1994, 237 ff.

Assmann, Heinz-Dieter: Corporate Governance, AG 1995, 289.

Assmann, Heinz-Dieter: Insiderrecht und Kreditwirtschaft, WM 1996, 1337 ff.

Assmann, Heinz-Dieter: Rechtsanwendungsprobleme des Insiderrechts, AG 1997, 50 ff.

Assmann, Heinz-Dieter / Schneider, Uwe: Kommentar zum Wertpapierhandelsgesetz, 2.Aufl., Köln 1999; zit.: Bearbeiter in Assmann/Schneider, WpHG.

Bastuck, Burkhard: Enthaftung des Managements: Corporate indemnification im amerikanischen und deutschem Recht, Köln/Berlin/Bonn/München 1986; zit.: Bastuck, Enthaftung, S.

Baumann, Horst / Reiss, Wilhelm: Satzungsändernde Vereinbarungen - Nebenverträge im Gesellschaftsrecht, ZGR 1989, 157 ff.

Baums, Theodor: Ersatz von Reflexschäden in der Kapitalgesellschaft - Besprechung der Entscheidung BGH WM 1987, 13 ff -, ZGR 1987, 554 ff.

Baums, Theodor: Stellungnahme im Rahmen einer Anhörung im Bundestag zum Thema „Macht der Banken“, abgedruckt in ZBB 1994, 86 ff.

Baums, Theodor: Der Aufsichtsrat - Aufgaben und Reformfragen, ZIP 1995, 11 ff.

Baums, Theodor: Wesentliche Reformfragen werden nicht gestellt, Wirtschaftsdienst 1996/IV, S. 171 ff.

Bea, Franz Xaver / Scheurer, Steffen: Die Kontrollfunktion des Aufsichtsrats, DB 1994, 2145 ff.

Beck'sches Formularbuch zum Bürgerlichen, Handels- und Wirtschaftsrecht, 5.Aufl., München 1991.

Behr, Volker: Teilnahmerecht und Mitwirkungsmöglichkeit des Aufsichtsratsmitglieds bei der Aufsichtsratssitzung, AG 1984, 281 ff.

Behrens, Peter: „Corporate Governance", in Festschrift für Ulrich Drobning, Tübingen 1998, S. 491 ff.

Bernhardt, Wolfgang: Keine Aufsicht und schlechter Rat ?, ZfB 64 (1994), 1341 ff.

Bleicher, Knut / Leberl, Diethard / Paul, Herbert: Unternehmensverfassung und Spitzenorganisation: Führung und Überwachung von Aktiengesellschaften im internationalen Vergleich, Wiesbaden 1989; zit.: Bleicherl/Leberl/Paul, Unternehmensverfassung, S.

Böhm, Jürgen: Der Einfluß der Banken auf Großunternehmen, Hamburg 1992; zit.: Böhm, Einfluß, S.

Brandes, Helmut: Ersatz von Gesellschafts- und Gesellschafterschaden, Festschrift für Hans-Joachim Fleck, ZGR - Sonderheft 7, Berlin/New York 1988, S. 13 ff.

Bremeier, Eberhard / Mülder, Jürgen B. / Schilling, Florian: Praxis der Aufsichtsratstätigkeit in Deutschland. Chancen zur Professionalisierung, AMROP INTERNATIONAL, Mülder & Partner 1994; zit.: Bremeier/Mülder/Schilling, Praxis, S.

Brinkmann, Thomas: Unternehmensinteresse und Unternehmensrechtsstruktur, Frankfurt am Main/Bern 1983; zit.: Brinkmann, Unternehmensinteresse, S.

Brinkschmidt, Justus: Protokolle des Aufsichtsrats und seiner Ausschüsse, Heidelberg 1992; zit.: Brinkschmidt, Protokolle, S.

Brodmann, Erich: Kommentar zum Aktienrecht, Berlin/Leipzig 1928; zit: Brodmann, HGB, §, S.

Brüggemeier, Gert: Organisationshaftung. Deliktsrechtliche Aspekte einer organisatorischen Funktionsdifferenzierung, AcP 191 (1991), 33 ff.

Bundesverband deutscher Banken: Stellungnahme im Rahmen einer Anhörung im Bundestag zum Thema „Macht der Banken", abgedruckt in ZBB 1994, 70 ff.

Buth, Andrea K. / Hermanus, Michael: Unternehmenspolitische Erwägungen zum Beirat in der GmbH und der KG, DStR 1996, 597 ff.

Claussen, Carsten P.: Aktienrechtsreform 1997, AG 1996, 481 ff.

Claussen, Carsten P.: Wie ändert das KonTraG das Aktiengesetz ?, DB 1998, 177 ff.

Clemm, Hermann: Zur Verantwortung der Unternehmensleitung gegenüber Aktionären („shareholder value"); Arbeitnehmern und Gemeinwohl („soziale Verantwortung"), Festschrift für Ritter, Köln 1997, S. 675 ff.

Decher, Christian F.: Personelle Verflechtungen im Aktienkonzern: Loyalitätskonflikt und qualifizierter faktischer Konzern, Heidelberg 1990; zit.: Decher, Personelle Verflechtungen, S.

Deutsche Schutzvereinigung für Wertpapierbesitz: Aufsichtsräte in Deutschland - Was können sie besser machen ?, Düsseldorf 1995; zit.: DSW, Aufsichtsräte, S.

Dichtl, Erwin: Die Illusion von den altruistischen Aufpassern, WiSt 1992, 189.

Dreher, Meinrad: Interessenkonflikte bei Aufsichtsratsmitgliedern von Aktiengesellschaften, JZ 1990, 896 ff.

Emmerich, Volker: Anmerkung zu BGH, Urteil vom 10.11.1986 - II ZR 140/85 (Oldenburg), WuB II A.§ 93 AktG 1.87.

Emmerich, Volker / Sonnenschein, Jürgen: Konzernrecht, 6 Aufl., München 1997; zit.: Emmerich/Sonnenschein, Konzernrecht, §, S.

Fabricius, Fritz (Hrsg.): Gemeinschaftskommentar zum Mitbestimmungsgesetz, Darmstadt (Stand: 4.Lieferung 1992); zit.: GK-MitbestG/Bearbeiter, §, Rz.

Fastrich, Lorenz: Richterliche Inhaltskontrolle im Privatrecht, München 1992; zit.: Fastrich, Inhaltskontrolle, S.

Feddersen, Dieter / Hommelhoff, Peter / Schneider, Uwe (Hrsg.): Corporate Governance: Optimierung der Unternehmensführung und der Unternehmenskontrolle im deutschen und amerikanischen Aktienrecht, Köln 1996.

Fell, Karl H.: Macht der Banken (und Versicherungen) - ein Dauerbrenner, WM 1995, 1484 f.

Fey, Gerd: Corporate Governance - Unternehmensüberwachung bei deutschen Aktiengesellschaften, DStR 1995, 1320 f.

Fischer, Michael: Der Entscheidungsspielraum des Aufsichtsrats bei der Geltendmachung von Regreßansprüchen gegen Vorstandsmitglieder, BB 1996, 225 ff.

Fischer, Robert: Die Verantwortung des Aufsichtsrats bei Interessenkollisionen, in Robert Fischer: Gesammelte Schriften, Grundfragen revisionsgerichtlicher Rechtsprechung und Beiträge zum Gesellschaftsrecht, Berlin/New York 1985; zit.: Fischer, Interessenkollisionen, S.

Fitting, Karl / Wlotzke, Otfried / Wißmann, Hellmut: Kommentar zum Mitbestimmungsgesetz mit Wahlordnungen, 2. Aufl., München 1978.

Fleck, Hans-Joachim: Das Organmitglied - Unternehmer oder Arbeitnehmer ?, in Festschrift für Hilger/Stumpf, München 1983, S. 197 ff.

Fleck, Hans-Joachim: Eigengeschäfte eines Aufsichtsratsmitglieds, in Festschrift für Theodor Heinsius, Berlin/New York 1991, S. 89 ff.

Forstmoser, Peter: Die aktienrechtliche Verantwortlichkeit, Zürich 1978; zit.: Forstmoser, Verantwortlichkeit, Rz.

Gerum, Elmar: Aufsichtsratstypen - Ein Beitrag zur Theorie der Organisation der Unternehmensführung, DBW 51 (1991), 719 ff.

Geßler, Ernst / Hefermehl, Wolfgang/ Eckhardt, Ulrich / Kropff, Bruno (Hrsg.): Kommentar zum Aktiengesetz, Band VI, §§ 291 - 410, München 1994; zit.: Bearbeiter in Geßler/Hefermehl, AktG, §, Rz.

Giesen, Hans-Michael: Organhandeln und Interessenkonflikt, Berlin 1984; zit.: Giesen, Interessenkonflikt, S.

Göbel, Reinhard: Aktuelle Rechtsfragen des Gesellschaftsrechts (II); DZWiR 1996, 301 ff.

Görling, Helmut: Die Verbreitung zwei- und mehrstufiger Unternehmensverbindungen, AG 1993, 538 ff.

Götz, Hans Norbert: Anmerkung zu AG Nürtingen, Beschluß vom 14.10.1983 - I 1160/93, DB 1994, 1231 f.

Götz, Heinrich: Die Überwachung der Aktiengesellschaft im Lichte jüngerer Unternehmenskrisen, AG 1995, 337 ff.

Götz, Jürgen: Die unbefugte Weitergabe von Insidertatsachen, DB 1995, 1949 ff.

Grooterhorst, Johannes: Die ARAG/Garmenbeck-Prozesse - eine Gesamtschau im Rückblick, ZIP 99, 1117 ff.

Großkommentar zum Aktiengesetz: 3.Aufl., Berlin/New York 1970 ff, 4.Aufl., Berlin/New York 1992 ff; zit.: Großkomm/Bearbeiter, §, Rz.

Groß, Wolfgang: Informations- und Auskunftsrecht der Aktionäre, AG 1997, 97 ff.

Grünewälder, Otto: Shareholder-Value-Konzept / International Accounting Standards: Auswirkungen auf die deutsche Unternehmenskultur, AG 1996, 447 ff.

Grunewald, Barbara: Die Haftung von Organmitgliedern nach Deliktsrecht, ZHR 157 (1993), 451 ff.

Gutenberg, Erich: Funktionswandel des Aufsichtsrats, ZfB 1970, E 1 ff.

Habetha, Joachim W.: Direktorenhaftung und gesellschaftsfinanzierte Haftpflichtversicherung: ein deutsch-englischer Rechtsvergleich vor dem Hintergrund des Binnenmarktes für Versicherungsleistungen, Heidelberg 1995; zit.: Habetha, Direktorenhaftung, S.

Hachenburg: Gesetz betreffend die Gesellschaften mit beschränkter Haftung, Band 2, §§ 13 - 52, 8. Auflage 1991 ff; zit.: Hachenburg/Bearbeiter, GmbHG, §, Rz.

Häuser, Helmut: Interessenkollisionen durch Wahrnehmung des Aufsichtsratsmandats in der unabhängigen Gesellschaft, Steinbach (Taunus) 1985; zit.: Häuser, Interessenkollisionen, S.

Hansen, Herbert: Anmerkungen zur Diskussion um die Macht der Banken, AG 1995, R-458 ff.

Happ, Wilhelm: Formularkommentar zum Aktienrecht, 22.Aufl., Köln/Berlin/Bonn/München 1988.

Harnacke, Ulrich M. / Jorde, Thomas: Gesellschaft in der Krise - Beratung durch Aufsichtsratsmitglieder ?, BB 1999, 489 ff.

Hein, Manfred (Hrsg.): Macht der Banken, Berlin 1995.

Heuking, Günter / Jasper, Ute: Interessenkonflikte des Aufsichtsratsmitglieds der GmbH, DStR 1992, 1438 ff.

Hippel, Eike von: Banken im Kreuzfeuer, BB 1995, 785 ff.

Hoerdemann, Christiane: Aktienrechtsreform und kein Ende - Bedarf es der Verschärfung der Aufsichtsratshaftung ?, ZRP 1997, 44 ff.

Hoffmann, Dietrich: Der Aufsichtsrat, 3.Aufl., München 1994; zit.: Hoffmann, Aufsichtsrat, Rz.

Hoffmann-Becking, Michael: Der Aufsichtsrat im Konzern, ZHR 159 (1995), 325 ff.

Hofmann, Rolf: Intensität und Effizienz der Überwachung der Führungskräfte von Kapitalgesellschaften, DB 1990, 2333 ff.

Hofmannsthal, Emil von: Haftung der Banken für die von ihnen entsandten Aufsichtsräte, LZ 1929, Spalte 1233 ff.

Hofmannsthal, Emil von: Haftung für delegierte Aufsichtsratsmitglieder, Bank-Archiv 1930, 306 ff.

Holzer, Peter / Makowski, Andreas: Corporate Governance, DB 1997, 688 ff.

Hommelhoff, Peter: Die Autarkie des Aufsichtsrats - Besprechung der Entscheidung BGHZ 85, 293 „Hertie“ -, ZGR 1983, 551 ff.

Hommelhoff, Peter: Zur Anteils- und Beteiligungsüberwachung im Aufsichtsrat, in Festschrift für Walter Stimpel, Berlin/New York 1985, S. 603 ff.

Hommelhoff, Peter: Störungen im Recht der Aufsichtsrats-Überwachung: Regelungsvorschläge an den Gesetzgeber, in Picot (Hrsg.), Corporate Governace, aaO, S.1 ff.

Hommelhoff, Peter: Vernetzte Aufsichtsratsüberwachung im Konzern ?, ZGR 1996, 144 ff.

Hopt, Klaus: Der Kapitalanlegerschutz im Recht der Banken, München 1975.

Hopt, Klaus: Zur Funktion des Aufsichtsrats im Verhältnis von Industrie und Bankensystem, in Horn/Kocka (Hrsg.), Großunternehmen, aaO, S. 227 ff.

Hopt, Klaus / Teubner, Gunther (Hrsg.): Corporate and Directors’ Liabilities - Legal, Economic and Sociological Analyses on Corporate Social Responsibility, Berlin/New York 1985.

Hopt, Klaus: Die Haftung von Vorstand und Aufsichtsrat, in Festschrift für Ernst-Joachim Mestmäcker, Baden-Baden 1996, S. 909 ff.

Hopt, Klaus: Corporate Governance und deutsche Universalbanken, in Feddersen/Hommelhoff/Schneider (Hrsg.), Corporate Governance, aaO, S. 285 ff.

Hopt, Klaus: Insiderwissen und Interessenkonflikte im europäischen und deutschen Bankrecht, in Festschrift für Theodor Heinsius, Berlin/New York 1991, S. 289 ff.

Horn, Norbert / Kocka, Jürgen (Hrsg.): Recht und Entwicklung der Großunternehmen im 19. und frühen 20. Jahrhundert, Göttingen 1979.

Hüffer, Uwe, Kommentar zum Aktiengesetz, 3. Aufl, München 1997; zit.: Hüffer, AktG, §, Rz.

Jauernig, Othmar: Bürgerliches Gesetzbuch, 8. Aufl., München 1997; zit.: Jauernig/Bearbeiter, BGB, §, Rz.

Junge, Werner: Das Unternehmensinteresse, in Festschrift für von Caemmerer, Tübingen 1978, S. 547 ff.

Kästner, Karin: Aktienrechtliche Probleme der D&O-Versicherung, AG 2000, 113 ff.

Kartte, Wolfgang: Die Macht der Banken, ZKW 1990, 15 f.

Klinkhammer, Heinz / Rancke, Friedbert: Verschwiegenheitspflicht der Aufsichtsratsmitglieder: Zum Transparenzgebot im Mitbestimmungsgesetz 1976 und seiner Begrenzung durch die aktienrechtliche Verschwiegenheitspflicht der Mandatsträger, Köln 1978; zit.: Klinkhammer/Rancke, Verschwiegenheitspflicht, S.

Klug, Ulrich: Die Neuordnung des Bankenstimmrechts, in Festschrift für Walter Schmidt, Berlin 1959, S. 39 ff.

Kölner Kommentar zum Aktiengesetz: Bände 2 und 3, §§ 76 - 117 und 292 - 410, 1. und 2. Aufl., Köln/Berlin/Bonn/ München 1985 und 1996; zit.: KK-Bearbeiter, AktG, §, Rz.

Koenen, Martin: Die Zurechnung von Organverhalten bei juristischen Personen. Insbesondere zur Haftung der abordnenden Körperschaft gemäß §§ 116, 93 AktG i.V.m. § 31 BGB und zur Systematik der §§ 117, 317 AktG, Köln 1991; zit.: Koenen, Zurechnung, S.

Kommission Organisation im Verband der Hochschullehrer für Betriebswirtschaft e.V.: Stellungnahme zum Entwurf einer 5. EG - Richtlinie (Struktur der AG), DBW 47 (1987), 538 ff.

Kossen, Claus C.: Haftung des Vorstands und des Aufsichtsrats einer Aktiengesellschaft für Pflichtverletzungen, DB 1988, 1785 ff.

Kowalski, André: Der Ersatz von Gesellschafts- und Gesellschafterschaden: zum gesellschaftsrechtlichen Zweckbindungsgedanken im Schadensrecht, Köln 1990; zit.: Kowalski, Gesellschafterschaden, S.

Krause, Herman: Haftungsfragen beim Mitbestimmungsrecht, BB 1951, 677 ff.

Kreuzer, Karl (Hrsg.): Die Haftung der Leitungsorgane von Kapitalgesellschaften, Baden - Baden 1991.

Krieger, Gerd: Aktionärsklage zur Kontrolle des Vorstands- und Aufsichtsratshandelns, ZHR 163 (1999), 343 ff.

Kropff, Bruno: Aktiengesetz, Textausgabe des Aktiengesetzes vom 6.9.65 und des Einführungsgesetzes vom 6.9.95 mit Begründung des Referentenentwurfes, Düsseldorf 1965; zit.: Kropff, Begründung, S.

Kropff, Bruno: Zur Vinkulierung, zum Vollmachtsstimmrecht und zur Unternehmensaufsicht im deutschen Recht, in Semler (Hrsg.), Reformbedarf, aaO, S. 1 ff.

Krupp, Georg: Stellung und Verantwortung der Aufsichtsräte in deutschen Aktiengesellschaften, in Hein (Hrsg.), Macht der Banken, aaO, S. 29 ff.

Kübler, Friedrich: Erwerbschancen und Organpflichten, in Festschrift für Winfried Werner, Berlin/New York 1984, S. 437 ff.

Kübler, Friedrich: Dual Loyalty of Labor Representatives, in Hopt/Teubner (Hrsg.), Corporate Governance, aaO, S. 429 ff.

Kübler, Friedrich: Gesellschaftsrecht, 5.Aufl., Heidelberg 1998; zit.: Kübler, Gesellschaftsrecht, §.

Kübler, Friedrich: Aufsichtsratsmandate in konkurrierenden Unternehmen, in Festschrift für Carsten Peter Claussen, Köln/Berlin/Bonn/München 1997, S. 239 ff.

Kübler, Friedrich: Shareholder Value: Eine Herausforderung für das Deutsche Recht ?, in Festschrift für Wolfgang Zöllner, Köln/ Berlin/ Bonn/ München 1998, S. 321 ff.

Kümpel, Siegfried: Bank- und Kapitalmarktrecht, Köln 1995; zit.: Kümpel, Kapitalmarktrecht, Nummer.

Kümpel, Siegfried: Insiderrecht und Ad hoc - Publizität aus Bankensicht, WM 1996, 653 ff.

Kunze, Otto: Zum Stand der Entwicklung des Unternehmensrechts, ZHR 144 (1980), 100 ff.

Lambsdorff, Otto Graf: Die Macht der Banken, ZKW 1990, 12 ff.

Langenbucher, Günther / Blaum, Ulf: Audit Comittees - Ein Weg zur Überwindung der Überwachungskrise ?, DB 1994, 2197 ff.

Laske, Stephan: Unternehmensinteresse und Mitbestimmung, ZGR 1979, 173 ff.

Lehmann, Karl: Welche Grundsätze des deutschen Aktienrechts werden bei einer Kodifizierung des österreichischen Aktienrechts zu berücksichtigen sein ?, Gutachten zum 31. DJT Berlin 1912, Band I, herausgegeben von der ständigen Deputation des deutschen Juristentages; zit.: Lehmann, 31. DJT, S.

Leimkühler, Claudia: Ist die öffentliche Kritik am deutschen Aufsichtsratssystem gerechtfertigt ?, Wpg 1996, 305 ff.

Lenel, Hans-Otto: Große Banken, große Fehlschläge ?, in Festschrift für Hans-Joachim Mestmäcker, Baden-Baden 1996, S. 255 ff.

Lindemann, Edgar: Doppelmandat gleich Haftungsdurchgriff ?, AG 1987, 225 ff.

Lück, Wolfgang: Audit Committees - Prüfungsausschüsse zur Sicherung und Verbesserung der Unternehmensüberwachung in deutschen Unternehmen, DB 1999, 441 ff.

Lutter, Marcus: Bankenvertreter im Aufsichtsrat, ZHR 145 (1981), 224 ff.

Lutter, Marcus: Information und Vertraulichkeit im Aufsichtsrat, 2.Aufl., Köln/Berlin/Bonn/München 1984; zit.: Lutter, Vertraulichkeit, §, S.

Lutter, Marcus: Kurzkommentar zu OLG Düsseldorf, Beschluß vom 22.7.86 - 19 W 2/86, in EWiR § 131 AktG 3/86, S. 1055 f.

Lutter, Marcus: Die Fortentwicklung des Aktienrechts durch die Rechtsprechung, in Lutter (Hrsg.), 25 Jahre Aktiengesetz, aaO, S. 53 ff.

Lutter, Marcus (Hrsg.): 25 Jahre Aktiengesetz: ein Symposium der Deutschen Schutzvereinigung für Wertpapierbesitz eV am 30. Oktober 1990 in Bonn, Düsseldorf 1991.

Lutter, Marcus / Kremer, Thomas: Die Beratung der Gesellschaft durch Aufsichtsratsmitglieder - Bemerkungen zur Entscheidung BGHZ 114, 127 ff -, ZGR 1992, 87 ff.

Lutter, Marcus / Krieger, Gerd: Rechte und Pflichten des Aufsichtsrats, 3.Aufl., Freiburg 1993; zit.: Lutter/Krieger, Aufsichtsrat, Rz.

Lutter, Marcus: Die Unwirksamkeit von Mehrfachmandaten in den Aufsichtsräten von Konkurrenzunternehmen, in Festschrift für Karl Beusch, Berlin/ New York 1993, S. 509 ff.

Lutter, Marcus: Zur persönlichen Haftung des Geschäftsführers aus deliktischen Schäden im Unternehmen, ZHR 157 (1993), 464 ff.

Lutter, Marcus: Der Aufsichtsrat: Konstruktionsfehler, Inkompetenz seiner Mitglieder oder normales Risiko ?, AG 1994, 176 f.

Lutter, Marcus / Krieger, Gerd: Hilfspersonen von Aufsichtsratsmitgliedern, DB 1995, 257 ff.

Lutter, Marcus: Grundsätze ordnungsgemäßer Aufsichtsratstätigkeit, DB 1995, 1925 f.

Lutter, Marcus: Defizite für eine effiziente Aufsichtsratstätigkeit und gesetzliche Möglichkeiten der Verbesserung, ZHR 159 (1995), 287 ff.

Lutter, Marcus: Europäisches Unternehmensrecht, 4.Aufl., Berlin/New York 1996, ZGR-Sonderheft 1; zit.: Lutter, Unternehmensrecht, S.

Martens, Klaus Peter: Der Aufsichtsrat im Konzern, ZHR 159 (1995), 567 ff.

Matthießen, Volker: Stimmrecht und Interessenkollision im Aufsichtsrat, Köln/ Berlin/Bonn/München 1989; zit.: Matthießen, Stimmrecht, S.

Maw, Nigel Graham / Horsell, Lord Lane of / Craig-Cooper, Sir Michael: Maw on Corporate Governance, Aldershot/Brookfield USA/Hong Kong/ Singapore/ Sidney 1994.

Merkt, Hanno: US-amerikanisches Gesellschaftsrecht, Heidelberg 1991; zit.: Merkt, Gesellschaftsrecht, S.

Merkt, Hanno: Unternehmensleitung und Interessenkollision, ZHR 159 (1995), 423 ff.

Mertens, Hans-Joachim: Zuständigkeiten des mitbestimmten Aufsichtsrats, ZGR 1977, 270 ff.

Mertens, Hans-Joachim: Aufsichtsrat und Organhaftung, AG Sonderheft August 1997, S-70 ff.

Mestmäcker, Ernst-Joachim: Verwaltung, Konzerngewalt und Rechte der Aktionäre, Karlsruhe 1958; zit.: Mestmäcker, Konzerngewalt, S.

Möschel, Wernhard: Banken und Wettbewerb, in Festschrift für Peter Raisch, Köln/Berlin/Bonn/München 1995, S. 469 ff.

Möllers, Thomas M.J.: Professionalisierung des Aufsichtsrates, ZIP 1995, 1725 ff.

Mülbert, Peter O.: Empfehlen sich gesetzliche Regelungen zur Einschränkung des Einflusses der Kreditinstitute auf Aktiengesellschaften ?, Gutachten E für den 61. DJT, in Ständige Deputation des deutschen Juristentages (Hrsg.): Verhandlungen des einundsechzigsten deutschen Juristentages, Band I, München 1996.

Mülbert, Peter O.: Shareholder Value aus rechtlicher Sicht, ZGR 1997, 129 ff.

Münchener Kommentar zum BGB: Bände 1 und 2, §§ 1-240 und §§ 241-432, 3.Aufl., München 1993 und 1994; zit.: MünchKomm/Bearbeiter, BGB, §, Rz.

Münchener Vertragshandbuch: Band 1, Gesellschaftsrecht, 4.Aufl., München 1996.

Mundorf, Hans: Die Macht der Banken, ZIP 1987, 139.

Mutter, Stefan: Unternehmerische Entscheidungen und Haftung des Aufsichtsrats der Aktiengesellschaft, Köln 1994; zit.: Mutter, Unternehmerische Entscheidungen, S.

Nell-Breuning, Oswald von: Unternehmensverfassung, in Festschrift für Heinrich Kronstein, Karlsruhe 1967, S. 57 ff.

Neuber, Friedel: Die Macht der Banken, ZKW 1990, 18 ff.

Nirk, Rudolf: Zur Justiziabilität unternehmerischer Entscheidungen des Aufsichtsrats, in Festschrift für Karlheinz Boujong, München 1996, S. 393 ff.

Nirk, Rudolf / Brezing, Klaus / Bächle, Hans-Ulrich: Handbuch der Aktiengesellschaft, 3.Aufl., Köln 1994 (Stand: August 1996).

Oppenhoff, Walter: Zum Umkreis der von § 114 AktG Betroffenen, in Festschrift für Barz, Berlin/New York 1974, S. 283 ff.

Palandt: Kommentar zum Bürgerlichen Gesetzbuch, 59. Aufl., München 2000; zit.: Palandt/Bearbeiter, BGB, §, Rz.

Peltzer, Martin: Empfehlen sich gesetzliche Regeln zur Einschränkung des Einflusses der Kreditinstitute auf Aktiengesellschaften ?, JZ 1996, 842 ff.

Pfannschmidt, Arno: Mehrfachmandate in deutschen Unternehmen, ZfB 65 (1995), 177 ff.

Pfannschmidt, Arno: Personelle Verflechtungen über Aufsichtsräte: Mehrfachmandate in deutschen Unternehmen, Wiesbaden 1993; zit.: Pfannschmidt, Personelle Verflechtungen, S.

Pfeiffer, Hermannus: Die „Macht der Banken" und die Fakten, Die Bank 1987, 271 ff.

Picot, Arnold (Hrsg.): Corporate Governance: Unternehmensüberwachung auf dem Prüfstand, Stuttgart 1995.

Planta, Andreas von: Doppelorganschaft im aktienrechtlichen Verantwortlichkeitsrecht, in Festschrift Frank Vischer, Zürich 1983, S. 597 ff.

Poensgen, Otto H.: Between Market and Hierachy - The Role of Interlocking Directorates, ZgS 136 (1980), 209 ff.

Potthoff, Erich / Theisen, Manuel R.: Organisationsrecht und Organisationswirklichkeit der Aktiengesellschaft, in Festschrift 40 Jahre Der Betrieb, Stuttgart 1988, S.53 ff.

Potthoff, Erich: Ein Kodex für den Aufsichtsrat, DB 1995, 163 f.

Potthoff, Erich: Lehren für den Aufsichtsrat und den Gesetzgeber, DB 1996, Heft 38, S. I.

Potthoff, Erich / Trescher, Karl: Das Aufsichtsratsmitglied, 2.Aufl., Stuttgart 1994; zit.: Potthoff/Trescher, Das Aufsichtsratsmitglied, S.

Quack, Karlheinz: Geschäftsleitende Organe eines Unternehmens in Aufsichtsräten von Konkurrenzunternehmen, in Festschrift für Wolfgang Ritter, Köln 1997, S. 745 ff.

Raisch, Peter: Zum Begriff und zur Bedeutung des Unternehmensinteresses als Verhaltensmaxime von Vorstands- und Aufsichtsratsmitgliedern, in Festschrift für Wolfgang Hefermehl, München 1976, S. 347 ff.

Raiser, Thomas / Wiesner, Georg: Aktien- und Unternehmensrecht im Spiegel der Festschrift für Carl Hans Barz, AG 1976, 266.

Raiser, Thomas: Das Unternehmensinteresse, in Festschrift für Reimer Schmidt, Karlsruhe 1976, S. 101 ff.

Raiser, Thomas: Weisungen an Aufsichtsratsmitglieder ?, ZGR 1978, 391 ff.

Raiser, Thomas: Recht der Kapitalgesellschaften, 2.Aufl., München 1992; zit.: Raiser, Kapitalgesellschaften, §, Rz.

Raiser, Thomas: Empfehlen sich gesetzliche Regelungen zur Einschränkung des Einflusses der Kreditinstitute auf Aktiengesellschaften ?, NJW 1996, 2257 ff.

Redding, Günter: Aufsichtsrat und Interessenkollision, NJW 1956, 48 ff.

Rehbinder, Eckard: Konzernaußenrecht und allgemeines Privatrecht, Bad Homburg/Berlin/Zürich 1969; zit.: Rehbinder, Konzernaußenrecht, S.

Reiner, Günter: Unternehmerisches Gesellschaftsinteresse und Fremdsteuerung: Eine rechtsvergleichende Studie zum Schutz der Kapitalgesellschaft vor dem Mißbrauch organschaftlicher Leitungsmacht, München 1995; zit.: Reiner, Gesellschaftsinteresse, S.

Reiß, Wilhelm: Die Besetzung des Aufsichtsrats durch das herrschende Unternehmen im (qualifizierten) faktischen Aktienkonzern - Probleme und Konsequenzen, Berlin 1991; zit.: Reiß, Aufsichtsrat, S.

Reuter, Alexander: Das Auskunftsrecht des Aktionärs - neuere Rechtsprechung zu § 131 AktG, DB 1988, 2615 ff.

Rittner, Fritz: Die Verschwiegenheitspflicht der Aufsichtsratsmitglieder nach BGHZ 64, 325, in Festschrift für Wolfgang Hefermehl, München 1976, S. 365 ff.

Rock, Edward B.: America's Fascination with German Corporate Governance, AG 1995, 291 ff.

Röller, Wolfgang: Die Macht der Banken, ZKW 1990, 16 ff.

Röller, Wolfgang: Quo vadis Aufsichtsrat ?, AG 1994, 333 ff.

Rospatt: Aufsichtsratsmitglieder „kraft Auftrags" oder „in amtlicher" Eigenschaft, Bank-Archiv 1929, 157 ff.

Rospatt: Erwiderung, Bank-Archiv 1930, 308 f.

Säcker, Franz Jürgen: Die Anpassung der Satzung der Aktiengesellschaft an das Mitbestimmungsgesetz, DB 1977, 1791 ff.

Säcker, Franz Jürgen: Vorkehrungen zum Schutz der gesetzlichen Verschwiegenheitspflicht und gesellschaftsrechtliche Treuepflicht der Aufsichtsratsmitglieder, in Festschrift für Robert Fischer, Berlin/New York 1979, S. 635 ff

Säcker, Franz Jürgen / Zander, Ernst (Hrsg.): Mitbestimmung und Effizienz, Stuttgart 1981.

Säcker, Franz Jürgen: Behördenvertreter im Aufsichtsrat, in Festschrift für Kurt Rebmann, München 1989, S. 781 ff.

Scheffler, Eberhard: Betriebswirtschaftliche Überlegungen zur Entwicklung von Grundsätzen ordnungsgemäßer Überwachung der Geschäftsführung durch den Aufsichtsrat, AG 1995, 207 ff.

Scheffler, Eberhard: Zum Rollenverständnis der Aufsichtsräte, AG 2000, 433 ff.

Schiffels, Edmund W.: Der Aufsichtsrat als Instrument der Unternehmenkooperation, Frankfurt am Main 1981; zit.: Schiffels, Unternehmenskooperation, S.

Schilling, Wolfgang: Die Rechtsstellung des Aufsichtsratsmitglieds in unternehmensrechtlicher Sicht, in Festschrift für Robert Fischer, Berlin/ New York 1979, S. 679 ff.

Schlechtriem, Peter: in Kreuzer (Hrsg.), Leitungsorgane, aaO, S. 56 ff.

Schmalenbachgesellschaft / Deutsche Gesellschaft für Betriebswirtschaft e.V.: Grundsätze ordnungsgemäßer Aufsichtsratstätigkeit - ein Diskussionspapier, DB 1995, 1 ff.

Schmidt, Karsten: Gesellschaftsrecht, 2. Aufl., München 1991; zit.: K. Schmidt, Gesellschaftsrecht, §.

Schmidt-Leithoff, Christian: Die Verantwortung der Unternehmensleitung, Tübingen 1989; zit.: Schmidt-Leithoff, Unternehmensleitung, S.

Schneider, Uwe H.: Haftungsmilderung für Vorstandsmitglieder und Geschäftsführer bei fehlerhafter Unternehmensleitung ?, in Festschrift für Winfried Werner, Berlin/New York 1984, S. 795 ff.

Schneider, Uwe H. / Ihlas, Horst: Die Vermögensschaden - Haftpflichtversicherung des Geschäftsführers einer GmbH, DB 1994, 1123 ff.

Schneider, Uwe H.: Wettbewerbsverbot für Aufsichtsratsmitglieder einer Aktiengesellschaft ?, BB 1995, 365 ff.

Schneider, Uwe H. / Burgard, Ulrich: Transparenz als Instrument der Steuerung des Einflusses der Kreditinstitute auf Aktiengesellschaften, DB 1996, 1761 ff.

Schneider, Uwe H. / Strenger, Christian: Die „Corporate Governance-Grundsätze“ der Grundsatzkommission Corporate Governance (German Panel on Corporate Governace), AG 2000, 106 ff.

Schönwitz, Dieter / Weber, Hans-Jürgen: Personelle Verflechtungen zwischen Unternehmen: Eine wettbewerbspolitische Analyse, ZgS 136 (1980), 98 ff.

Schreyögg, Georg: Der Aufsichtsrat als Steuerungsinstrument des Vorstands - die Verwaltung der Aktiengesellschaft im Lichte der neueren Managementlehre, AG 1983, 278 ff.

Schreyögg, Georg / Papenheim-Tockhorn, Heike: Kooptation und Kooperation: Eine Längsschnittstudie zu Stabilität und Motiven personeller Verflechtungen zwischen deutschen Kapitalgesellschaften, AG 1994, 381 ff.

Schreyögg, Georg / Papenheim-Tockhorn, Heike: Dient der Aufsichtsrat dem Aufbau zwischenbetrieblicher Kooperationsbeziehungen ?, ZfB 65 (1995), 205 ff.

Schröer, Henning: Angabe von Aufsichtsratsmandaten im Anhang des Jahresabschlusses nach dem KonTraG, ZIP 1999, 1163 ff.

Schütz, Axel: Shareholder Value - von den Amerikanern lernen, ZKW 1996, 478.

Schütze, Rolf A.: Die Berücksichtigung ausländischer Aufsichtsratsmandate im Rahmen von § 100 Abs.1 Nr.1 Aktiengesetz, AG 1967, 342 f.

Schwark, Eberhard: Zum Haftungsmaßstab der Aufsichtsratsmitglieder einer AG, in Festschrift für Winfried Werner, Berlin/New York 1984, 841 ff.

Seibert, Ulrich: Kontrolle und Transparenz im Unternehmensbereich (KonTraG) - Der Referenten-Entwurf zur Aktienrechtsnovelle, WM 1997, 1 ff.

Semler, Johannes: Doppelmandats - Verbund im Konzern, in Festschrift für Ernst C. Stiefel, München 1987, S. 719 ff.

Semler, Johannes (Hrsg.): Reformbedarf im Aktienrecht, ZGR-Sonderheft 12, Berlin/New York 1994.

Semler, Johannes: Vom Gesellschaftsrecht zum Unternehmensrecht, in Festschrift für Peter Raisch, Köln/Berlin/Bonn/München 1995, S. 291 ff.

Semler, Johannes: Unternehmensüberwachung durch den Kapitalmarkt, in Picot (Hrsg.): Corporate Governance, aaO, S. 29 ff.

Servatius, Bernhard: Ordnungsgemäße Vorstandskontrolle und vorbereitende Personalauswahl durch den Aufsichtsratsvorsitzenden, AG 1995, 223 ff

Sieg, Karl: Versicherungsfragen zur Haftung von Arbeitnehmern und Organwaltern gegenüber den Geschäftspartnern ihres Unternehmens, BB 1996, 71 ff.

Simitis, Spiros: Von der institutionalisierten zur problembezogenen Mitbestimmung, AuR 1975, S. 321 ff.

Singhof, Bernd: Die Amtsniederlegung durch das Aufsichtsratsmitglied einer Aktiengesellschaft, AG 1998, 318 ff.

Speckbacher, Gerhard: Shareholder Value und Stakeholder Ansatz, DBW 57 (1997), 630 ff

Spiro, Karl: Zur Haftung für Doppelorgane, in Festschrift für Frank Vischer, Zürich 1983, S. 639 ff.

Staudinger, J. von: Kommentar zum Bürgerlichen Gesetzbuch, §§ 652-740, 12. Aufl. 1991; zit.: Staudinger/Bearbeiter, BGB, §, Rz.

Stebut, Dietrich von: Geheimnisschutz und Verschwiegenheitspflicht im Aktienrecht, Köln/Berlin/Bonn/München 1972; zit.: Stebut, Verschwiegenheitspflicht, S.

Stein, Ursula: Das faktische Organ, Köln/Berlin/Bonn/München 1984; zit.: Stein, Das faktische Organ, S.

Steinbeck, Claudia: Überwachungspflicht und Einwirkungsmöglichkeiten des Aufsichtsrats der Aktiengesellschaft, Berlin 1992; zit.: Steinbeck, Überwachungspflicht, S.

Steinmann, Horst: Das Großunternehmen im Interessenkonflikt, Stuttgart 1969; zit.: Steinmann, Großunternehmen, S.

Stützle, Rudolf: Anmerkung zu LG Dortmund, Beschluß vom 19.2.87 - 18 Akt E 2/86, in WuB II A. § 131 AktG 2.87.

Sünner, Eckart: Aktionärsklage zur Kontrolle des Vorstands- und Aufsichtsratshandelns, ZHR 163 (1999), 364 ff.

Tank, Gerhard: Stimmrechtsübereinkommen im Lichte des Mitbestimmungsgesetzes, AG 1977, 34 ff.

Teubner, Gunther: Unternehmensinteresse - das gesellschaftliche Interesse des Unternehmens „an sich“ ?, ZHR 148 (1984), 470 ff.

Teubner, Gunther: Der Beirat zwischen Verbandssouverenität und Mitbestimmung - Zu den Schranken der Beiratsverfassung in der GmbH -, ZGR 1986, 565 ff.

Theisen, Manuel R.: Haftung und Haftungsrisiko des Aufsichtsrats, DBW 53 (1993), 295 ff.

Theisen, Manuel R.: Grundsätze ordnungsgemäßer Kontrolle und Beratung der Geschäftsführung durch den Aufsichtsrat, AG 1995, 193 ff.

Theisen, Manuel R. / Salzberger, Wolfgang: Die Berichterstattung des Aufsichtsrats - Eine empirische Untersuchung der Überwachungsberichte von 1984 bis 1994 -, DB 1997, 105 ff.

Thümmel, Roderich C. / Sparberg, Michael: Haftungsrisiken der Vorstände, Geschäftsführer, Aufsichtsräte und Beiräte sowie deren Versicherbarkeit, DB 1995, 1013 ff.

Thümmel, Roderich C.: Persönliche Haftung von Managern und Aufsichtsräten: Haftungsrisiken bei Managementfehlern, Risikobegrenzung und Versicherbarkeit, Stuttgart/Hannover/Berlin/Weimar/Dresden/Boorberg 1996; zit.: Thümmel, Persönliche Haftung, S.

Thümmel, Roderich C.: Aufsichtsräte in der Pflicht ? - Die Aufsichtsratshaftung gewinnt Konturen, DB 1999, 885 ff.

Timm, Wolfram: Grundfragen des „qualifizierten“ faktischen Konzerns im Aktienrecht, NJW 1987, 977 ff.

Tippach, Stefan U.: Das Insider - Handelsverbot und die besonderen Rechtspflichten der Banken, Köln 1995; zit.: Tippach, Insider - Handelsverbot, S.

Ulmer, Peter: Aufsichtsratsmandat und Interessenkollision, NJW 1980, 1603 ff.

Ulmer, Peter: Zur Haftung der abordnenden Körperschaft nach § 31 BGB für Sorgfaltsverstöße des von ihr benannten Aufsichtsratsmitglieds, in Festschrift für Walter Stimpel, Berlin/New York 1985, S. 705 ff.

Ulmer, Peter: Aktionärsklage zur Kontrolle des Vorstands- und Aufsichtsratshandelns, ZHR 163 (1999), 291 ff.

Vogel, C. Wolfgang: Aktienrecht und Aktienwirklichkeit - Organisation und Aufgabenteilung von Vorstand und Aufsichtsrat -, Baden-Baden 1980; zit.: Vogel, Aktienwirklichkeit, S.

Volkmann, Gert / Kronenberg, Brigitte: Bankenmacht und Aufsichtsrat, WSI-Mitteilungen 1994, 481 ff.

Voormann, Volker: Der Beirat im Gesellschaftsrecht, 2.Aufl., Köln/Berlin/Bonn/München 1990; zit.: Voormann, Beirat, S.

Wäldle, Thomas: Die Anwendbarkeit des § 31 BGB und der Begriff des „gesetzlichen Vertreters“ im Rahmen konzernrechtlicher Haftungstatbestände des faktischen Konzerns, DB 1972, 2289 ff.

Wardenbach, Frank: Interessenkonflikte und mangelnde Sachkunde als Bestellungshindernisse zum Aufsichtsrat der AG, Köln 1996; zit.: Wardenbach, Interessenkonflikte, S.

Wardenbach, Frank: Niederlegung des Aufsichtsratsmandats bei Interessenkollisionen, AG 1999, 74 ff.

Wastl, Ulrich / Wagner, Franz: Wechselseitige Beteiligungen im Aktienrecht, AG 1997, 241 ff.

Weber, Manfred: Phänomen >Bankenmacht<, Die Bank 1995, 196 ff.

Weisser, Johannes: Corporate Opportunities, Köln/Berlin/Bonn/München 1991; zit.: Weisser, Corporate Opportunities, S.

Wellensiek, Jobst: Erfahrungsbericht zum Vulkan - Konkurs, ZGR 1999, 234 ff.

Wenger, Ekkehard: Die Organisation des Aufsichtsrats als Problem der politischen Ökonomie, Wirtschaftsdienst 1996/ IV, S. 175 ff.

Werner, Winfried: Wahrnehmung von Aufsichtsratsmandaten durch Bankenvertreter nach Aktiengesetz und Mitbestimmungsgesetz, in Säcker/Zander (Hrsg.), Mitbestimmung, aaO, S. 411 ff.

Werner, Winfried: Aufsichtsratstätigkeit von Bankenvertretern, ZHR 145 (1981), 252 ff.

Westermann, Harm Peter: Freistellungserklärungen für Organmitglieder im Gesellschaftsrecht, in Festschrift für Karl Beusch, Berlin/New York 1993, 871 ff.

Westhoff, Norbert: Bankenvertreter in den Beiräten mittelständischer Unternehmen, Bonn 1984; zit.: Westhoff, Bankenvertreter, S.

Wiedemann, Herbert: Verbandssouveränität und Außeneinfluß, in Festschrift für Wolfgang Schilling, Berlin/New York 1973, S. 105 ff.

Wiedemann, Herbert: Grundfragen der Unternehmensverfassung, ZGR 1975, 385 ff.

Wiedemann, Herbert: Anmerkung zu BGH, Urteil vom 10.11.1986 - II ZR 140/85 (Oldenburg), JZ 1987, 784 ff.

Wiedemann, Herbert: Organverantwortung und Gesellschafterklagen in der Aktiengsellschaft, Opladen 1989; zit.: Wiedemann, Organverantwortung, S.

Wilhelm, Jan: Rechtsform und Haftung bei der juristischen Person, Köln/Berlin/Bonn/München 1981; zit.: Wilhelm, Rechtsform, S.

Wissmann, Manfred/Ost, Konrad: Im Blickpunkt: Der Beratungsvertrag mit der Sozietät eines Aufsichtsratsmitglieds, BB 1998, 1957 ff.

Wissmann, Matthias: Die Macht der Banken, ZKW 1990, 10 ff.

Zempelin, Hans Günther: Fragen der Aufsichtsratshaftung, AcP 155 (1956), 209 ff.

Ziegler, Rolf: Das Netz der Personen- und Kapitalverflechtung deutscher und österreichischer Wirtschaftsunternehmen, Kölner Zeitschrift für Soziologie und Sozialpsychologie 1984, 585 ff.

Zöllner, Wolfgang: Die Schranken mitgliedschaftlicher Stimmrechtsmacht bei den privatrechtlichen Personenverbänden, München/Berlin 1963; zit.: Zöllner, Schranken, S.

Zöllner, Wolfgang: Die sogenannten Gesellschafterklagen im Kapitalgesellschaftsrecht, ZGR 1988, 392 ff.

A) Einleitende Übersicht

I) Der Hintergrund der jetzigen Diskussion über Aufsichtsräte

Als 1838 Bankier *Oppenheim*, der neben seiner Funktion als Bankier auch Mitglied des Direktoriums der Rheinischen Eisenbahngesellschaft war, diese als Reaktion auf einen Kursfall nach einer Kapitalerhöhung zu Stützungskäufen und schließlich zum Rückkauf des gesamten zweiten Teils der Emission veranlaßte, wurden Zweifel daran geäußert, ob aus Herrn *Oppenheim* der Bankier oder der Direktor das Wort führe. Denn die Kapitalerhöhung war mittels Übernahme der Aktien durch ein Bankenkonsortium unter Führung von *Oppenheim* durchgeführt worden[1] und das Interesse von *Oppenheim* in seiner Funktion als Bankier an einem Rückkauf der Aktien daher offensichtlich.

160 Jahre später heißt das Direktorium Aufsichtsrat (internationaler könnte man *Oppenheim* heute auch als outside board member bezeichnen), und die Zweifel an Personen mit vergleichbaren Doppelfunktionen sind geblieben. Beispiele gibt es zur Genüge:

1) Schon etwas älter sind die Vorgänge um die Gesellschaften BuM und WestLB[2].

Vorstandsmitglied G der WestLB saß als stellvertretender Vorsitzender im Aufsichtsrat der BuM. Gleichzeitig war die WestLB als Hausbank Führerin des Emissionskonsortiums, das 1978 neue Aktien der BuM im Nennbetrag von 62,5 Millionen DM zeichnete und gab zusammen mit fünf anderen Banken einen - fehlerhaften - Emissionsprospekt heraus. Aufgrund dieses Prospekts wurden die neuen Aktien zum Börsenhandel zugelassen. Im April 1979 stellte die BuM ihren Konkursantrag.

Bei der sich anschließenden gerichtlichen Auseinandersetzung wurde eine Haftung der Bank aufgrund der Fehlerhaftigkeit des Prospekts nach den §§ 45, 46 BörsG gegenüber den getäuschten Anlegern bejaht[3]. Doch Konsequenzen aus der doppelten Organstellung ihres Vorstandsmitglieds ergaben sich für die Bank nicht. Denn im Rahmen der gerichtlichen Prüfung, ob eine Haftung der

---

[1] Vgl. zu diesem Vorfall Mestmäcker, Konzerngewalt, S. 242.

[2] Vgl. dazu die Entscheidungen des OLG Düsseldorf, WM 84, 586 (Vorinstanz LG Düsseldorf, WM 82, 1212); das Parallelverfahren OLG Düsseldorf, WM 81, 960 (Vorinstanz LG Düsseldorf, WM 81, 102) und zu der Klage des Konkursverwalters der BuM BGHZ 90, 381 (Vorinstanz OLG Düsseldorf, AG 83, 250).

[3] OLG Düsseldorf, WM 84, 586; anders entschied das OLG Düsseldorf aber in seiner früheren Entscheidung zu einer Parallelsache, WM 81, 960 (siehe auch FN 2).

WestLB nach den §§ 823 II BGB, 263 StGB besteht, wurde argumentiert, daß selbst wenn G als Aufsichtsratsmitglied an einer Täuschungshandlung mitgewirkt haben sollte, dieses Verhalten der WestLB jedenfalls nicht zurechenbar sei, da G nur in seiner Eigenschaft als Organmitglied der BuM und nicht zugleich in seiner Doppeleigenschaft als Organvertreter der WestLB hätte tätig werden dürfen und können[4]. Die Folge dieser Ansicht war, daß nur die Erwerber neuer Aktien Schadensersatz erhielten, da die Erwerber alter Aktien durch die §§ 45, 46 BörsG aF nicht geschützt wurden.

Auch im Zusammenhang mit dem Konkurs der BuM wurden Vorwürfe gegen die WestLB und den von ihr in den Aufsichtsrat „entsandten“[5] G erhoben. Wieder ergaben sich für die WestLB keine Konsequenzen aus der doppelten Organstellung ihres Vorstandsmitglieds und dies, obwohl G als Vorsitzendem des Aufsichtsratsfinanzausschusses vorgeworfen wurde, daß er in der Krise alles daran gesetzt haben soll, den von der WestLB gewährten und vorübergehend auf 87 Millionen DM angewachsenen Überziehungskredit durch vorrangige Befriedigung zu Lasten sonstiger Gläubiger zurückzuzahlen. Tatsächlich wurde der Kredit zum Jahreswechsel 1977/1978 auch auf unter 20 Millionen zurückgeführt[6].

Nach der Konkurseröffnung erhob der Konkursverwalter Klage gegen die WestLB (unter anderem) mit der Begründung, daß diese für die Pflichtverletzungen ihres Vorstandsmitglieds G als Aufsichtsratsmitglied der BuM hafte. Auch hier beriefen sich die verschiedenen Instanzgerichte im Rahmen ihrer Prüfung einer Haftung der WestLB nach den §§ 116, 93 AktG auf die mangelnde Zurechenbarkeit einer etwaigen Pflichtverletzung des G. Das OLG Düsseldorf als Berufungsinstanz argumentierte noch zusätzlich, daß es durchaus sachgerecht sei und der Sorgfalt eines ordentlichen Kaufmanns entspreche, „wenn G bei BuM darauf hinwirkte, daß sich BuM durch die vereinbarte Rückführung der Überziehungen zum Jahresende 1977 weiterhin das Wohlwollen der Beklagten erhielt...G befand sich in einer Doppelrolle...Er war deshalb auch verpflichtet, die Belange der Entsendungskörperschaft - der Beklagten - zu wahren“[7]. Nicht überall wurde das Verhalten des G allerdings so unkritisch beurteilt. So wurde von anderer Seite geäußert, dieser Fall zeige, daß

---

[4] OLG Düsseldorf, WM 84, 586, 598.

[5] Entsendung ist hier und im folgenden untechnisch gemeint, d.h. bezeichnet wird damit keine Entsendung iSv § 101 II AktG, sondern der tatsächliche Vorgang soll umschrieben werden.

[6] Vgl. zu den Vorgängen im einzelnen den Tatbestand in BGHZ 90, 381.

[7] OLG Düsseldorf, AG 83, 250, 255; dagegen berief sich die Revisionsinstanz nur auf die mangelnde Zurechenbarkeit: BGHZ 90, 381, 397 f.

„außenstehende Aufsichtsratsmitglieder...nicht immer zwischen ihrem Wissen als Bankier und ihrem Wissen als Gesellschaftsorgan unterscheiden könnten“[8].

Einerseits wurde von den Gerichten demnach eine Zurechnung des Verhaltens von G als Aufsichtsratsmitglied an die AG seines Vorstandsamtes mit dem Argument abgelehnt, G habe nicht in seiner Doppeleigenschaft, sondern nur als Aufsichtsratsmitglied handeln dürfen und können. Andererseits wurde mit dem gegenteiligen Argument, G habe aufgrund seiner Doppelrolle auch als Aufsichtsratsmitglied die Belange der AG seines Vorstandsamtes zu wahren, eine Pflichtverletzung des G verneint. Die am Ende des vorherigen Absatzes wiedergegebene Stellungnahme aus der Literatur scheint G dagegen vorzuwerfen, daß dieser sein Wissen um die Interessen der WestLB bei der Wahrnehmung seiner Aufsichtsratstätigkeit nicht ausgeblendet habe. Dies zeigt die Uneinigkeit darüber, welches Verhalten man von Doppelmandataren in Konfliktsituationen verlangen sollte und welche Bedeutung dies für die Zurechenbarkeit des Verhaltens hat.

2) Einig war man sich dagegen bei der Beurteilung des sog. „Schaffgotsch“ - Falles[9]. *Schaffgotsch* war persönlich haftender Gesellschafter des X - Bankhauses und gleichzeitig Vorsitzender des Aufsichtsrates der klagenden AG. Als das Bankhaus in Liquiditätsschwierigkeiten geriet, veranlaßte *Schaffgotsch* die AG, einen Wechsel zugunsten des Bankhauses über eine Million auszustellen, wodurch diese - nachdem über das Vermögen der X ein Vergleichsverfahren eröffnet worden war - einen Schaden erlitt. *Schaffgotsch* verteidigte sich mit dem Argument, er habe über die Wechselausstellung nur in seiner Funktion als Vertreter des Bankhauses mit der klagenden AG verhandelt. Der BGH verneinte aber in diesem Fall die Möglichkeit einer derartigen zur Entlastung des Beklagten führenden strikten „Spaltung“ seiner Person in zwei Funktionsbereiche[10].

Der Verurteilung von *Schaffgotsch* zur Leistung von Schadensersatz nach § 116 AktG wurde allgemein zugestimmt[11]. Ob auch einer Haftung des X - Bankhauses - falls dieses nicht in Konkurs gefallen wäre - allgemein zugestimmt worden wäre, bleibt allerdings unbeantwortet und damit die Frage nach einer etwaigen Zurechnung des pflichtwidrigen Verhaltens von *Schaffgotsch.*

---

[8] Voormann, Beirat, S.44.

[9] Vgl. BGH, NJW 80, 1629. Der Sachverhalt ist hier verkürzt wiedergegeben.

[10] BGH, NJW 80, 1629, 1630.

[11] Vgl. nur Häuser, Interessenkollisionen, S. 43 ff; Werner, ZHR 145 (1981), 252, 262 f.

3) Über die Frage, ob bei einem Fehlverhalten eines Doppelmandatars in seiner einen Organfunktion auch die AG der anderen Organfunktion eine „Mitschuld“ trifft und um die Frage, inwieweit ein Mehrfachfunktionsträger seine verschiedenen Aufgaben voneinander trennen kann und muß, wurde auch im Zusammenhang mit dem Konkurs der Bremer Vulkan Verbund AG (BVV) diskutiert.

So geriet der Aufsichtsrat und insbesondere dessen Bankenvertreter nach dem Zusammenbruch des Bremer Werftenkonzerns in die Kritik[12]. Ursache hierfür war das Bekanntwerden der Einbindung von Investitionsbeihilfen für die ostdeutschen Konzerntöchter in das zentrale Cash-Management, die zur Folge hatte, daß das Geld letztlich an die Ostwerften nicht mehr weitergeleitet werden konnte. Bei Vergleichsantragsstellung der BVV hatten die ostdeutschen Unternehmen deshalb Forderungen gegen die Konzernmutter in Höhe von 700 Millionen DM[13]. Dementsprechend konnten die Subventionen in dieser Höhe ihrer eigentlichen Bestimmung nicht mehr zugeführt werden. (In welcher Weise und wem gegenüber die Beihilfen zweckgebunden waren, ist allerdings bis heute nicht geklärt[14]).

Den Bankenvertretern im Aufsichtsrat wurde vorgeworfen, sie hätten sich in der Krise mehr in ihrer Rolle als Kreditgeber denn als Aktionärsvertreter gesehen[15]. Als konkrete Kritik soll nach einer Meldung der FAZ ein Bericht der Wirtschaftsprüfungsgesellschaft KPMG den Vorwurf enthalten, die Banken hätten bereits im Frühjahr 1995 erkennen müssen, daß der Vulkan in einer Schieflage

---

[12] Vgl. die kritische Stellungnahme des niedersächsischen Staatssekretärs Flacke, der neben der Rolle der Bankenvertreter (K. Müller-Gebel und N.Schmidt von der Commerzbank, B.Voss von der Dresdner Bank und Graf von Zech von der BHF Bank) auch die der IG Metall und deren Mitglied im Aufsichtsrat (Teichmüller) kritisch betrachtet (in DER SPIEGEL 10/96, S.106).

[13] Vgl. zur Abwicklung des Konkurses Wellensiek, ZGR 99, 234, 238 f.

[14] Zu der Klage der BvS gegen die ehemaligen Vorstandsmitglieder der BVV wegen des Verlusts von Investitionsbeihilfen für eine der ostdeutschen Werften siehe die Entscheidung des LG Bremen, ZIP 98, 561, das eine Haftung der Vorstandsmitglieder verneint. Das LG nahm an, daß die Mittelverschiebung im Verhältnis zur BvS zulässig war. Ob sie auch im Verhältnis zu der betroffenen ostdeutschen Werft zulässig war, hatte das Gericht nicht zu entscheiden und wurde von diesem auch ausdrücklich offen gelassen. Die Berufung gegen das Urteil war im Ergebnis erfolglos (vgl. OLG Bremen, ZIP 99, 1671). Allerdings nahm das OLG unter ausdrücklicher Abweichung vom LG an, daß die BvS einen Schadensersatzanspruch gegen die Vorstandsmitglieder wegen Verletzung von Vermögensbetreuungspflichten der BVV gegenüber der Treuhandanstalt gemäß §§ 823 II BGB iVm § 266 StGB hatte. Doch ging das OLG weiterhin davon aus, daß die BvS auf diesen Anspruch im Rahmen der Ausgliederung der betroffenen Ost-Werft aus dem Vulkan Verbund vertraglich verzichtet hat.

[15] So die in der FAZ v. 4.3.96, Nr.54/S.11 wiedergegebene Kritik des Bremer Regierungschefs.

war und Geld vom Osten in den Westen transferiert wurde[16]. Auch die Bundesanstalt für vereinigungsbedingte Sonderausgaben (BvS) behauptete, daß die Banken und deren Vertreter im Aufsichtsrat eine Mitschuld träfe. Dabei wurden die Banken für das Verhalten ihrer Vorstandsmitglieder im Aufsichtsrat unmittelbar verantwortlich gemacht: „Das Verhalten der Aufsichtsratsmitglieder ist trotz der persönlichen Mitgliedschaft im Aufsichtsrat unternehmerisch der jeweiligen Bank zuzurechnen“[17]. Rechtliche Konsequenzen zog die BvS aus dieser Feststellung allerdings nicht.

Besonders massive Vorwürfe wurden gegen die Commerzbank und deren Vertreter im Aufsichtsrat erhoben, weil die Commerzbank die Konten für die Durchführung des zentralen Finanzmanagements zur Verfügung stellte und daher Einblick in die Finanz- und Liquiditätslage des Vulkan-Konzerns hatte. So soll die Bank auch davon Kenntnis gehabt haben, daß die Rückführung ihrer kurzfristigen Kreditlinie im Jahre 1996 um 115 auf 80 Millionen mit zweckgebundenen Mitteln der ostdeutschen Betriebe erfolgte[18]. Hier zeigt sich das Problem, ob dem im Aufsichtsrat sitzenden Doppelmandatar das Wissen „seiner“ Bank zugerechnet werden kann und ob er dieses Wissen aus seiner einen Organfunktion in seiner anderen Organfunktion verwenden muß. Konkret stellt sich die Frage, ob die Vorstandsmitglieder der Commerzbank zu deren Lasten in ihrer Funktion als Aufsichtsratsmitglieder des Vulkan die Rückführung des Kredits mit zweckgebundenen Mitteln der ostdeutschen Konzerntöchter hätten verhindern müssen.

4) Fragen der Wissenszurechnung warfen auch die Vorgänge um den Fast-Zusammenbruch der Metallgesellschaft (MG) auf.

Zu dieser Zeit war *Ronaldo Schmitz* Vorstandsmitglied der Deutschen Bank und Vorsitzender des Aufsichtsrats der MG. In dem von der Hauptversammlung der MG im März 1994 veranlaßten Sonderprüfungsbericht wurde der Aufsichtsrat von dem Vorwurf, die riskanten Ölgeschäfte der Konzerntöchter in den USA nicht ausreichend überwacht zu haben, mit dem Argument entlastet, daß dieser den Konzern wegen mangelnder Berichterstattung des Vorstands nicht ord-

---

[16] FAZ v. 25.3.96, Nr.72/S.11 und v. 6.5.96, Nr.105/S.17.

[17] So die Erklärung der BvS laut HB v.1.7.96, Nr.124/S.1.

[18] Vgl. HB v. 1.7.96, Nr.124/S.1. In die gleiche Richtung ging der Vorwurf, einen Tag vor der Vergleichsanmeldung der Vulkan AG seien noch zwei Millionen DM zu Gunsten der Commerzbank durch Belastung eines Grundstücks abgezogen worden: vgl. FAZ v. 1.4.96, Nr.78/ S.16.

nungsgemäß habe überwachen können[19]. Gerade gegen *R. Schmitz* wurde aber der Vorwurf erhoben, er habe frühzeitig von den Ölgeschäften Kenntnis erlangt. So wurde bekannt, daß ein Mitarbeiter der „Liquidity Group" der Deutschen Bank schon im März 1992 bei den US-amerikanischen Töchtern der MG war und *Schmitz* von diesen Kontakten Kenntnis hatte[20]. Desweiteren behauptete der ehemalige Vorstandsvorsitzende der MG *Schimmelbusch*, *Schmitz* habe als Zuständiger für das Nordamerika - Geschäft der Deutschen Bank Zugang zu allen Berichten der New Yorker Filiale der Deutschen Bank über den Liquiditätskreditbedarf der MG - Töchter gehabt[21]. Der Sonderprüfungsbericht kam jedoch zu dem Ergebnis, daß *Schmitz* selbst Kenntnis nicht nachzuweisen sei und etwaige Kenntnisse von Mitarbeitern der Deutschen Bank ihm nicht angelastet werden könnten[22]. Eine Wissenszurechnung wurde von den Gutachtern demnach kategorisch abgelehnt.

Interessant für die Problematik um Aufsichtsratsmitglieder mit hauptberuflicher Vorstandsfunktion ist auch, daß in dem ersten (gescheiterten) Vergleichsentwurf zwischen *Schimmelbusch* als dem ehemaligen Vorstandsvorsitzenden der MG und der MG selbst, für den sich vor allen Dingen *Schmitz* eingesetzt haben soll, nicht nur ein Forderungsverzicht von *Schimmelbusch* gegenüber der MG, sondern auch gegenüber der Deutschen Bank und *Schmitz* persönlich vorgesehen war[23]. Ein solcher Forderungsverzicht befindet sich auch in dem inzwischen von der Hauptversammlung genehmigten Vergleich[24]. An diesem Vorgang zeigt sich besonders deutlich, daß man die Handlungen eines Doppelmandatars nicht immer nur einem seiner Tätigkeitsbereiche wird zuordnen können. In der am Anfang zitierten bildhaften Sprache von 1838 läßt sich sagen, daß hier aus *R. Schmitz* sowohl das Aufsichtsratsmitglied, das Vorstandsmitglied als auch die Privatperson *Schmitz* die Vergleichsworte geführt haben dürfte.

5) Um die Folgen einer personellen Verflechtung über die Ebene Vorstand / Aufsichtsrat auf das Verhältnis zwischen den verflochtenen Unternehmen ging es in folgendem Zusammenhang: *Martin Kohlhausen* als Vorstandsvorsitzender der Commerzbank und Aufsichtsratsmitglied bei Daimler-Benz geriet wegen

---

[19] Die Sonderprüfer waren die C&L Treuarbeit Deutsche Revision und die Wollert-Elmendorff Deutsche Industrie - Treuhand. Zu dem Inhalt des Prüfungsberichts siehe SZ v. 28./29.1.95, Nr.23/S.29; FAZ v. 28.1.95, Nr.24/S.17.

[20] Vgl. die ausführliche Sachverhaltsaufbereitung von Lenel in FS Mestmäcker, S. 255, 256 ff.

[21] Siehe FAZ v. 28.1.95, Nr.24/S.17 und das Interview von Schimmelbusch in DER SPIEGEL 2/95,S.68.

[22] Siehe FAZ v. 28.1.95, Nr.24/S.17.

[23] HB v. 12.8.96, Nr.154/S.10.

[24] Siehe FAZ v. 1.2.97, Nr.27/S.21 und v. 29.3.97, Nr.74/S.17.

seiner Handhabung dieser Doppelrolle in die Kritik. So soll er, wie ihm die FAZ vorwarf, eine Aufsichtsratssitzung dazu genutzt haben, auf eine Art Mithaftung der Daimler-Benz AG für Fokker-Anleihen zu drängen, die durch die Commerzbank emittiert worden waren und sich in deren Bestand befanden, ohne daß eine gesetzliche Verpflichtung hierzu bestanden hätte[25]. Daimler - Finanzvorstand *Manfred Gentz* soll diese Forderung unter Hinweis darauf zurückgewiesen haben, daß es für die durch Aufsichtsratsmitglieder im Unternehmen „vertretenen" Banken keine Vorzugsbehandlung geben könne[26].

6) Auch die gescheiterte feindliche Übernahme von Thyssen durch die Krupp Hoesch AG ließ Fragen nach den (Treue-) Pflichten zwischen personell verflochtenen Unternehmen aufkommen.

Krupp wurde bei dem Übernahmeversuch von den Investmentbanken der Dresdner und Deutschen Bank beraten; diese Banken hätten im Fall des Gelingens auch die erforderlichen Mittel zur Übernahme als Kredit zur Verfügung gestellt[27]. Zur gleichen Zeit waren Vorstandsmitglieder der Dresdner Bank sowohl im Aufsichtsrat von Thyssen (*B. Walter*) als auch von Krupp (*J. Sarrazin*) und ein Vorstandsmitglied der Deutschen Bank ebenfalls im Aufsichtsrat von Thyssen (*U. Cartellieri*) vertreten. Auf kritische Stimmen in der Presse, die Banken hätten ein Vorhaben unterstützt, das sich gegen die Interessen des Unternehmens richtete, in dessen Aufsichtsrat sie vertreten waren[28], reagierten die Banken mit dem Hinweis, daß man die Aufsichtsratsmandate als persönliche Mandate werte[29]; auch habe es keinen Informationsfluß gegeben[30].

Der Verweis auf das persönliche Mandat erklärt sich daraus, daß in der Literatur diskutiert wird, ob bei derartigen Übernahmefällen die Treuepflicht, die der

---

[25] So der Vorwurf der FAZ v. 12.2.96, Nr.36/S.11 und vom SPIEGEL 5/1996, S. 87, der den gleichen Vorwurf auch gegen *Jürgen Sarrazin* von der Dresdner Bank erhob. Inzwischen haben allerdings einige Zeichner von Fokker - Anleihen Klage gegen die Daimler-Benz AG auf Schadensersatz im Zusammenhang mit dem Fokker - Konkurs erhoben (vgl. FAZ v. 13.12.97, Nr.290/S.19).

[26] DER SPIEGEL 5/96, S.87.

[27] Vgl. FAZ v. 19.3.97, Nr.66/S.19: Die Finanzierung sollten die Deutsche Bank, die Dresdner Bank und Goldman Sachs sichern. Die Hauptberatung erfolgte durch die Deutsche Morgan Grenfell, daneben durch die Dresdner Kleinwort Benson und Goldman Sachs.

[28] Vgl. Mundorf in HB v. 24.3.97, Nr.58/S.2; DER SPIEGEL 14/97, S.88 und 15/97, S.96; FAZ v. 22.3.97, Nr.69/S.18: „Wenn der Gegner im eigenen Aufsichtsrat sitzt".

[29] Vgl. FAZ v. 22.3.97, Nr.69/S.18.

[30] Vgl. FAZ v. 20.3.97, Nr.67/S.17; dies betonte auch *Cartellieri* in seiner persönlichen Erklärung, abgedruckt in FAZ v. 25.3.97, Nr.71/S.17: „Selbstverständlich habe ich zu keiner Zeit Informationen über Thyssen an Krupp oder umgekehrt gegeben."

Doppelmandatar (auch) dem Unternehmen seines Aufsichtsratsamtes schuldet (hier Thyssen), auf das Unternehmen seines Vorstandsamtes (hier Deutsche und Dresdner Bank) „durchschlagen“ kann mit der Folge, daß sich Letzteres von der Finanzierung der Übernahme fernhalten muß[31]. Ob allerdings tatsächlich das sog. persönliche Mandat derartige Überlegungen überflüssig macht, wie von Bankenseite gerne suggeriert wird, bleibt später noch zu untersuchen. Denn die Behauptung von B. *Hofmann* (Vorstandsmitglied der Dresdner Bank), das persönliche Mandat entschärfe den theoretisch möglichen Interessenkonflikt, der sich aus den mehrfachen Funktionen des Mandatsträgers ergeben könne, ganz wesentlich[32], darf jedenfalls bezweifelt werden. Denn wie soll eine gesetzliche Konstruktion, die gemäß § 100 I AktG juristische Personen als solche von einer Aufsichtsratsmitgliedschaft ausschließt, tatsächlich bestehende Interessenkonflikte beseitigen ? Und wie ernst kann man die Aussage zur Unterstreichung des persönlichen Charakters der Aufsichtsratsmandate nehmen, nach der bei der Benennung von Bankenvertretern nicht die Bank, sondern die Persönlichkeit des Benannten im Vordergrund stehe, und diese Bankenvertreter auch nicht etwa nur das ihrer Bank „gehörende“ Mandat verwalteten[33], wenn beispielsweise nach dem Rücktritt von *Cartellieri* als Aufsichtsratsmitglied von Thyssen wieder ein Vorstandsmitglied der Deutschen Bank (*Carl v. Boehm-Bezing*) als Nachfolger bestellt wird[34] ?

7) Eine speziell konzernrechtliche Problematik brachte der Strafprozeß gegen *Jürgen Schneider* zutage. Zwei Drittel der Kredite an *Schneider* gemessen am Gesamtengagement der Deutschen Bank wurden durch die Hypothekenbanktochter der Deutschen Bank (Centralboden) vergeben. In deren Aufsichtsrat saßen die Vorstandsmitglieder der Deutschen Bank *Georg Krupp* und *Jürgen Krumnow*. Während nun der frühere Direktor der Deutschen Bank *Klaus Leukert* in seiner Zeugenaussage den Vorstand der Deutschen Bank auch für die Kreditvergaben der Centralboden verantwortlich machte, weil seiner Aussage

---

[31] So im Grundsatz für Übernahmefälle: Lutter, ZHR 145 (1981), 224, 244 f; im Ergebnis ebenso Singhof, AG 98, 318, 325, der diese Enthaltungspflicht der AG des Hauptamtes aus der dem Vorstandsmitglied geschuldeten Pflicht zur Konfliktvermeidung hinsichtlich dessen Nebentätigkeiten ableitet; eine abgeleitete Loyalitätspflicht lehnt Singhof dagegen ab.

[32] In HB v. 22.5.1997, Nr.96/S.B9.

[33] So Vorstandsmitglied *Hofmann* von der Dresdner Bank in HB v. 22.5.1997, Nr.96/S.B9.

[34] Vgl. FAZ v. 28.6.97, Nr.97/S.16 und deren kritischen Kommentar auf S.15: “Was muß also noch passieren, bevor sich an der traditionellen Vergabe von Aufsichtsratsmandaten in Deutschland etwas ändert ?“. Bezeichnend ist auch, daß die Deutsche Bank nach dem Ausscheiden von C. v. Boehm-Bezing aus dem Aufsichtsrat der Holzmann AG hervorhob, daß auch dessen voraussichtlicher Nachfolger G. Neipp „ein Mann der Deutschen Bank sei, über den das Institut weiterhin seinen Einfluß geltend machen werde“ (vgl. FAZ v. 2.2.2000, Nr.27/S.21 und FR v. 2.2.2000, Nr.27/S.15).

nach die Kredite immer von den besagten Doppelmandataren genehmigt werden mußten, äußerte *Kopper* in seiner Aussage, diese hätten als Aufsichtsratsmitglieder der Centralboden nicht alle verfügbaren Informationen erhalten[35].

Neben der Problematik der Verantwortlichkeit der Konzernmutter für das Verhalten ihrer Vorstandsmitglieder in Aufsichtsräten der Töchter zeigt dieser Fall, daß es im Konzernbereich noch schwieriger ist, die Tätigkeitsbereiche von Doppelmandataren voneinander zu trennen, als dies die bisherigen Beispiele für den Nichtkonzernbereich gezeigt haben. Dies verdeutlicht auch die Zeugenaussage von *Georg Krupp*. Nach einem Bericht der FAZ ließ sich seiner Aussage nämlich nicht eindeutig entnehmen, ob er den Schneider - Krediten als Vorstand oder als Aufsichtsrat zugestimmt hat[36]. Noch plastischer belegen dies die Worte von *U. Weiss* (Vorstandsmitglied der Deutschen Bank): „Wir haben im Kopf keine Trennung zwischen Deutscher Bank und der Centralboden gemacht."[37]

Die Auflistung von Beispielen um die Problematik von Aufsichtsratsmitgliedern mit hauptberuflicher Vorstandsfunktion ließe sich beliebig fortsetzen[38] bis zu den jüngsten Vorgängen um die Holzmann AG[39], doch zeigt sich schon anhand dieser Sachverhalte hinreichend, daß mit dieser Problematik vor allem Fragen der Verhaltens- und Wissenszurechnung sowie der Verhaltensanforderungen bei Interessenkonflikten nebst den Folgen für das Verhältnis der personell verflochtenen Gesellschaften zueinander verbunden sind. Diesen Fragen gemeinsam ist das grundlegende Problem, inwieweit sich die verschiedenen von einer Person wahrgenommenen Rollen tatsächlich und rechtlich trennen lassen und welche Bedeutung hierfür die vom Gesetz vorgesehene persönliche Mandatswahrnehmung hat. Desweiteren stellt sich bei Mehrfachfunktionsträgern die

---

[35] Vgl. FAZ v. 2.10.97, Nr.209/S.17 und FR v. 1.10.97, Nr.228/S.4.

[36] FAZ v. 25.9.97, Nr.223/S.19.

[37] Siehe FAZ v. 9.10.97, Nr. 234/S.17.

[38] Erinnert sei nur an die mehrmaligen Turbulenzen um den KHD-Konzern, bei dem die Deutsche Bank den Aufsichtsratsvorsitzenden - Kopper gefolgt von Endres - stellte und in die Kritik geriet. Auslöser der jüngsten Krise waren die Manipulationen bei der KHD-Tochter Humboldt Wedag. In diesem Zusammenhang verlangte die DSW, dem Aufsichtsrat die Entlastung zu verweigern, da die aggressive Akquisitionspolitik des KHD-Anlagebaus branchenbekannt gewesen sei (HB v. 13.8.96, Nr.155/S.12). Im Zusammenhang mit den Vorgängen um die Balsam AG kam es zu einer erstinstanzlichen Verurteilung eines Aufsichtsratsmitglieds der Balsam AG, das zugleich Vorstandsmitglied der als stille Gesellschafterin beteiligten Bank war, zu Schadensersatz, vgl. LG Bielefeld, ZIP 2000, 20.

[39] Dort geriet Aufsichtsratsmitglied C. von Boehm-Bezing in die Kritik, der gleichzeitig Vorstandsmitglied der Deutschen Bank ist, weil er u.a. die Sonderprüfung, die zur Aufdeckung von Fehlbeträgen in Milliardenhöhe führte, zu spät in Auftrag gegeben haben soll (vgl. FAZ v. 31.12.99, Nr.305/S.17). Inzwischen hat C. v. Boehm-Bezing seinen Rücktritt angekündigt (FAZ v. 2.2.2000, Nr.27/S.21).

Frage, ob die Wahrnehmung der verschiedenen Ämter zeitlich miteinander vereinbar ist.

Bevor eine genauere Problemaufbereitung erfolgt, wird auf die Reformvorschläge der Politik und Literatur eingegangen, die als Reaktion auf die geschilderten Fälle entwickelt worden sind.

II) Reformvorschläge in Literatur und Politik

Auf die diversen Krisen und Skandale reagierte die Politik mit verschiedenen Gesetzesentwürfen.

Die jüngste Gesetzesänderung brachte das Gesetz zur Kontrolle und Transparenz im Unternehmensbereich (KontraG)[40], das im April 1998 verabschiedet wurde. Die neue Bundesregierung hat keinen Gesetzesentwurf für diese Regelungsmaterie angekündigt.

1) Die Reaktion der Politik

Die durch das KontraG bewirkte Änderung des Aktiengesetzes hat keine wesentlichen Veränderungen mit sich gebracht[41]. Dies gilt insbesondere für den Bereich des Aufsichtsratsrechts, was zur Einschätzung der Neuregelungen als „begrenzt lästig bis begrenzt nützlich und jedenfalls im wesentlichen unschädlich“[42] führte.

Unmittelbar den Aufsichtsrat betreffend ist die Änderung von § 100 II AktG, nach der die Übernahme der Vorsitzendenposition in einem Aufsichtsrat zur doppelten Anrechnung dieses Mandats auf die wahrnehmbare Höchstzahl von Aufsichtsratsmandaten führt[43]. Weitergehend enthält ein SPD-Gesetzesentwurf[44] von 1995 eine Beschränkung der Höchstzahl auf fünf Mandate unter

---

[40] Gesetz zur Kontrolle und Transparenz im Unternehmensbereich vom 27.4.98, BGBl. 98 I-786; der Regierungsentwurf hierzu ist abgedruckt in ZIP 97, 2059 und der teilweise erheblich abweichende Referentenentwurf ist abgedruckt in ZIP 96, 2129 und 2193.

[41] Eine Übersicht über die Änderungen des Aktiengesetzes durch das KontraG gibt u.a. Claussen, DB 98, 177.

[42] So Mertens in AG Sonderheft August 97, S-70.

[43] Allerdings nicht soweit der Vorsitz in einem Tochterunternehmen wahrgenommen wird. Im Referentenentwurf des BMJ war noch vorgesehen, daß auch die Position als stellvertretender Vorsitzender zur doppelten Anrechnung führen sollte: RegE, ZIP 96, 2129, 2132.

[44] Vom 30.1.95 BT-Drcks. 13/367; vgl. auch Gesetzesentwurf vom 21.4.94 BT-Drcks. 12/7350.

Doppelzählung der Vorsitzendenfunktion[45] und eine Streichung der Priviligierung für Konzernmandate.

Ferner sind durch das KontraG die Rechte und Pflichten des Aufsichtsrats erweitert worden auf die Erteilung des Prüfungsauftrages an den Abschlußprüfer (§ 111 II 3 AktG) und damit einhergehend ist dieser künftig verpflichtet, an den Verhandlungen des Aufsichtsrats über die Vorlagen zum Jahresabschluß teilzunehmen (§ 171 I 2 AktG). Desweiteren ist für börsennotierte Gesellschaften gemäß § 110 III AktG eine Tagungspflicht von vier Aufsichtsratssitzungen im Jahr gesetzlich vorgeschrieben.

Im Rahmen der Mitteilungen an die Aktionäre nach § 125 I AktG sind die Pflichtangaben für börsennotierte Gesellschaften erweitert worden[46]. Diese müssen über die Nennung der für die Wahl zum Aufsichtsrat vorgeschlagenen Kandidaten und deren Beruf hinaus Angaben über deren Mitgliedschaften in anderen gesetzlich zu bildenden Aufsichtsräten machen[47]. Die Wahl der Aufsichtsratsmitglieder wird auch berührt durch die Neuregelung von § 328 III AktG, nach der beim Vorliegen einer wechselseitigen Beteiligung die eine Gesellschaft in der Hauptversammlung der anderen börsennotierten Gesellschaft nicht das Stimmrecht zur Wahl von Mitgliedern in den Aufsichtsrat ausüben darf.

Auch die Änderung des § 147 III AktG betrifft den Aufsichtsrat, da sie eine neue Form des Klageerzwingungsverfahrens gegen Aufsichtsratsmitglieder durch eine Minderheit von Aktionären vorsieht. In Erweiterung von § 147 I AktG aF genügen zur Einleitung dieses Klageerzwingungsverfahrens durch eine Aktionärsminderheit Anteile, die zusammen den zwanzigsten Teil des Grundkapitals oder den anteiligen Betrag von 500.000 Euro erreichen. Als weitere Voraussetzung muß der dringende Verdacht einer groben Verletzung des Gesetzes oder der Satzung durch das betreffende Aufsichtsratsmitglied bestehen. Nach dem SPD-Gesetzesentwurf ist das Minderheitsverlangen geknüpft an den zwanzigsten Teil des Grundkapitals oder den *Nennbetrag* von einer Million DM.

Im Gegensatz zu anderen in den Gesetzesentwürfen angesprochenen Regelungsmaterien[48] unterscheiden sich die Reformvorschläge der SPD und die tat-

---

[45] So auch § 100 II nF des in den Bundesrat eingebrachten Gesetzesantrages des Landes Rheinland-Pfalz, BR-Drcks. 561/97, S. 1 f.

[46] Vgl. zu dieser Vorschrift ausführlich Schröer, ZIP 99, 1163.

[47] Im Referentenentwurf war noch die Erweiterung der Pflichtangaben bei § 124 AktG angesiedelt worden, was aus Kostengründen geändert wurde, siehe RefE ZIP 96, 2129, 2133.

[48] Gemeint ist etwa das Vollmachtsstimmrecht der Banken oder die Begrenzung des Anteilsbesitzes der Kreditistitute.

sächlich durch das KontraG umgesetzten Änderungen des Aktiengesetzes hinsichtlich der Problematik um das Aufsichtsratssystem im allgemeinen und um Aufsichtsratsmitglieder mit hauptberuflicher Vorstandsfunktion im besonderen nicht wesentlich, weil sie jeweils schwerpunktmäßig nur deren quantitative (Änderung von § 100 II AktG), prozedurale (Erhöhung der Zahl der Pflichtsitzungen) und prozessuale Seite (Änderung von § 147 AktG) berühren und letztere nicht wesentlich verändert wurde bzw. verändert werden soll.

Die nur geringfügigen Änderungen der Regelungen über den Aufsichtsrat erklären sich vor folgendem Hintergrund: Die Gesetzesentwürfe und die Gesetzesänderung durch das KontraG wurden durch die anfangs der Arbeit geschilderten Fälle, die in der Öffentlichkeit auf eine Krise des Aufsichtsratssystems zurückgeführt wurden, zwar ausgelöst, aber nicht allein durch sie beeinflußt. So stellt die Problematik um Aufsichtsratsmitglieder mit hauptberuflicher Vorstandsfunktion auch einen Teilaspekt der derzeit geführten Diskussion über die „Macht der Banken“[49] dar und ist ferner ein Ausschnitt aus der nicht nur in Deutschland geführten Corporate Governance-Debatte[50]. Daß hierbei sprachlich nicht an die in den sechziger und siebziger Jahren geführte Diskussion über eine Veränderung der Unternehmensverfassung angeknüpft, sondern meist der Begriff „Corporate Governance“[51] aus dem amerikanischen Recht übernommen wird, ist sicher kein Zufall. Vielmehr findet auch inhaltlich eine Orientierung am US-amerikanischen Recht statt. Zwar werden Forderungen nach einer Übernahme des board-Systems kaum noch erhoben, zumal die Tendenz zu beobachten ist, daß durch eine stärkere Trennung zwischen inside und outside board members in den USA eine Annäherung der Systeme stattfindet[52]. Doch während bei der Diskussion in den sechziger und siebziger Jahren versucht wurde, eine Entwicklung vom Gesellschaftsrecht zum Unternehmensrecht[53] hin zu vollziehen, um auf diese Weise außerhalb der Gesellschaft stehende Interessengruppen - vor allen Dingen die Arbeitnehmer - in ihrer Rechtsposition zu stärken und in

---

[49] Vgl. Gutachten E von Mülbert zum 61. DJT und dazu Adams, ZIP 96, 1590; Peltzer, JZ 96, 842; Raiser, NJW 96, 2257. Siehe ferner Arndt, Die Bank 86, 641; Bundesverband deutscher Banken, Die Bank 95, 442; Fell, WM 95, 1484; Hansen, AG 95, R-458; v.Hippel, BB 95, 785; Mundorf, ZIP 87, 139; Pfeiffer, Die Bank 87, 271; Weber, Die Bank 95, 196; Wissmann u.a. in ZKW 90, 10.

[50] Vgl. hierzu Assmann, AG 95, 289; Fey, DStR 95, 1320 und zur Diskussion in den USA Rock, AG 95, 291 und in England, Maw, Corporate Governance.

[51] Vgl. zu diesem Begriff Behrens in FS Drobning, S. 491 ff.

[52] Darauf weist u.a. Hopt hin in FS Mestmäcker, S. 909, 912 („faktische Aufgabenteilung in Geschäftsführung und Aufsicht“); ferner Claussen AG 96, 481, 484 und Holzer/Makowski, DB 97, 688, 690.

[53] Vgl. hierzu auch Semler, Vom Gesellschaftsrecht zum Unternehmensrecht, in FS Raisch, S. 291, der eine diesbezügliche Weiterentwicklung fordert.

das Unternehmen einzubinden, sind die heutigen Forderungen betreffend die Unternehmensverfassung meist verbunden mit dem Verlangen einer stärkeren Bindung der Unternehmensleitung an die Interessen der Anteilseigner. Dies zeigt sich in der Forderung, die Unternehmensleitung müsse sich wie in den angelsächsischen Ländern in erster Linie am Shareholder Value[54] orientieren[55]. Gab es seinerzeit noch Forderungen nach der Statuierung eines Unternehmensrates[56], in dem die Träger aller Unternehmensinteressen repräsentiert sein sollten, sieht man heute die Möglichkeit zur Einbindung anderer Interessengruppen als die der Aktionäre darin, diese selbst zu Aktionären zu machen. Dies erklärt jedenfalls die Renaissance der Forderungen nach der Ausgabe von Belegschaftsaktien[57]. So wird behauptet, die Kapitalbeteiligung der Arbeitnehmer sei das geeignete Gegengewicht zum Shareholder Value[58].

Diese Tendenz zur stärkeren Ausrichtung an den Anteilseignerinteressen wird begünstigt durch die wachsende Bedeutung der institutionellen Anleger[59] und

---

[54] Vgl. zum Begriff des Shareholder Value Kübler in FS Zöllner, S. 321 ff.

[55] So Fehr in FAZ-Kommentar v. 23.2.96, Nr.46/S.15; Axel Schütz in ZKW 96, 478; von Christian Strenger (Deutsche Bank-Tochter) wurde Shareholder Value als „Wortgruppe des Jahres" bezeichnet, die „zum überfälligen Paradigmenwechsel bei der Formulierung der Unternehmensziele" geführt habe; Roland Berger in SZ v. 8.12.99, Nr.284/S.30 kritisiert, im Aktiengesetz sei nicht definiert, daß der Aufsichtsrat klar die Interessen der Eigentümer zu vertreten habe; kritisch gegenüber dieser Tendenz Semler in FS Raisch, S. 291, 298; vgl. auch die Umfrage unter den 30 DAX - Gesellschaften in ZKW 96, 481 ff und Grünewälder, AG 96, 447, der verlangt, daß man den Begriff „Value" nicht nur monetär verstehen dürfe.

[56] Vgl. Nell-Breuning in FS Kronstein, S. 57, 63, 67 ff, der im Unternehmensrat die Interessen der Anteilseigner, der Arbeitnehmer und der Öffentlichkeit vertreten wissen wollte und ferner Steinmann, Großunternehmen, passim, insb. S. 200 ff. Als Unternehmensinteressen anerkennt Steinmann die Interessen der Arbeitnehmer, Kapitaleigner, Endverbraucher, der Allgemeinheit, der Großlieferanten, Großabnehmer und Großgläubiger.

[57] Vgl. nur FAZ v. 29.9.97, Nr.226/S.28 und 29 und HB v.8./9.8.97, Nr.151/ S.K1. Auch die Diskussion um ein neues Vermögensbildungsgesetz läßt sich hierfür anführen (FAZ v. 17.6.98, Nr.138/S.17).

[58] Siehe HB v.8./9.8.97, Nr.151/S.K1 und die in FAZ v. 15.9.97, Nr.214/S.21 wiedergegebene Stellungnahme von Georg Leber, daß dort, wo der Shareholder Value dominiere, Gesetzgeber, Unternehmer und Gewerkschaften eben dafür sorgen müßten, daß möglichst viele in der Bevölkerung Shareholder werden könnten.

[59] Ebenso FAZ-Kommentar v. 2.3.96, Nr.53/S.11; Strenger HB v.9.5.96, Nr.90/S.B10. Indiz hierfür ist beispielsweise die schweizerische Gruppe mit dem schönen Namen „Visions - Anlagegesellschaften", die damit Reklame macht, daß sie gegenüber dem Management der Beteiligungsgesellschaften die Interessen der Eigentümer vertrete und versuche, deren Politik im Sinne eines hohen Shareholder Values zu beeinflussen (HB v. 25.11.96, Nr.228/ S.40).

durch den internationalen Druck der auf Deutschland in diese Richtung gehend ausgeübt wird[60].

Der Schwerpunkt der Diskussion liegt somit bei den Zusammenhängen zwischen der Unternehmensleitung (einschließlich ihrer Kontrolle) aus der Sicht der Anteilseigner und nicht aus der Sicht anderer Interessensgruppen. Insofern kann es nicht verwundern, wenn wesentliche Gesetzesänderungen fast einhellig mit der Begründung abgelehnt werden, daß auch auf der Grundlage der jetzigen Regelungen die Mißstände beseitigt werden könnten[61] und soweit Veränderungen doch angesprochen werden, diese im Zusammenhang mit einer Kritik an der Arbeitnehmermitbestimmung stehen[62]. Denn wenn man das durch eine Reform angestrebte Ziel auf die Sicherstellung der Orientierung der Unternehmenspolitik am Shareholder Value reduziert, scheint das Erreichen dieses Ziels schon dadurch möglich, daß man den unbestimmten Rechtsbegriff des Unternehmensinteresses, der die Handlungsmaxime für Vorstand und Aufsichtsrat darstellt, in dem gewünschten Sinne auslegt. Desweiteren wird erwartet, daß die eben genannten Faktoren auch ohne gesetzgeberisches Handeln zu einer stärkeren Ausrichtung der Unternehmenspolitik am Shareholder Value führen[63].

Zu Recht ist allerdings von verschiedenen Seiten Kritik an einer Glorifizierung und undifferenzierten Übertragung des Shareholder Value-Ansatzes geübt worden[64]. Denn die Verpflichtung zur alleinigen Ausrichtung der Unternehmenspo-

---

[60] So wurde in der britischen Presse nach der gescheiterten feindlichen Übernahme von Thyssen durch Krupp von einer deutschen Krankheit gesprochen, womit deutsches Konsensbestreben gemeint war, das durch eine strikte Orientierung am Shareholder Value abgelöst werden müsse: siehe FAZ v. 26.3.97, Nr.72/S.21. Vgl. auch den Bericht der FAZ v. 26.3.97, Nr.72/S.28, nach dem britische Großinvestoren sich vom Scheitern der Übernahme enttäuscht gezeigt hätten, weil sie diese als Zeichen für eine fehlende Ausrichtung am sharholder value deuteten.

[61] Vgl. nur Bea/Scheurer, DB 94, 2145, 2152; Bernhardt, ZfB 64 (1994), 1341, 1345; Fey, DStR 95, 1320, 1327; Röller, AG 94, 333 und Schilling in FAZ v. 10.5.99, Nr.107/S.35.

[62] Lutter, AG 94, 176 f; kritisch auch mm 5/96, S.49 ff und Jürgen Dusch im FAZ-Kommentar anläßlich des 20. „Geburtstages" des MitbestG, der Wettbewerbsnachteile für Deutschland durch das MitbestG befürchtet: FAZ v. 6.5.96, Nr.105/S.13.

[63] Dies wird auch schon jetzt konstatiert: vgl. Armin Ingerl in FAZ v. 26.5.96, Nr.21/S.6: „Die Interessen der Aktionäre gewinnen gegenüber den Interessen bisher im Vordergrund stehender „Stakeholder"...an Bedeutung."

[64] So stellte H. Scheib vom DSW fest: „Der Begriff des Shareholder value verführt zu vielen falschen Interpretationen. Wegen der vielen System - Unterschiede kann er aber in Deutschland nicht dieselbe Bedeutung haben wie in den USA." (siehe HB v. 31.5.96, Nr.141/S.14). Vgl. zur Kritik aus betriebswirtschaftlicher Sicht Speckbacher, DBW 57 (1997), 630 ff, der die Ansicht vertritt, daß in Deutschland die idealen Kapitalmarktbedingungen, die das Shareholder Value - Konzept voraussetze, nicht gegeben seien.

litik an den Aktionärsinteressen läßt sich im deutschen Recht nicht mit dem Sinn und Zweck des Mitbestimmungsgesetzes vereinbaren[65]. Die Zielrichtung des Mitbestimmungsgesetzes wiederum wird getragen von der Sozialpflichtigkeit des Eigentums gemäß Art.14 II GG[66]. (Davon abgesehen ist das Shareholder Value-Konzept in den USA in seiner dortigen Ausprägung auch nicht unumstritten[67]).

Ferner haben die am Anfang geschilderten Fälle gezeigt, daß bei den Unternehmenskrisen, die im Zusammenhang mit der Problematik um Aufsichtsratsmitglieder mit hauptberuflicher Vorstandsfunktion standen, nicht nur die Aktionärsinteressen, sondern auch Gläubigerinteressen, öffentliche Interessen und Arbeitnehmerinteressen betroffen waren. Zwar gehen die Vertreter des Shareholder Value-Ansatzes davon aus, daß eine wertorientierte Unternehmenssteuerung letztlich allen Interessengruppen Vorteile bringe[68], doch kann dies nicht darüber hinwegtäuschen, daß die Interessen der sog. stakeholder nur noch wahrgenommen und berücksichtigt werden dürfen, soweit sie sich mit der wertorientierten Unternehmenssteuerung vereinbaren lassen, d.h. soweit sie sich aus dem Shareholder-Interesse ableiten lassen. Auch eine stärkere Beteiligung der Mitarbeiter am Unternehmen kann diese Konsequenz nicht abmildern, da nach dem Shareholder Value-Konzept die Mitarbeiteraktionäre nur bezogen auf die Wahrung ihrer Rechte als Aktionäre, nicht aber ihrer Rechte als Arbeitnehmer gestärkt werden. Denn das Aktionärsinteresse wird typisiert verstanden als das Interesse an einer langfristigen Ertrags- und Wertsteigerung des Unternehmens. Geschützt werden sollen demnach allein die vermögensrechtlichen Interessen der Aktionäre. Wenn von einer Stärkung der Position der Aktionäre gesprochen wird, sind damit weder die spezifischen Interessen von Arbeitnehmeraktionären noch die Interessen der in Deutschland in letzter Zeit verstärkt auftretenden Aktionäre gemeint, die versuchen, mittels Anteilsbesitz ihre politischen Vorstellungen durchzusetzen[69].

---

[65] Siehe dazu später unter C I 7c. Vgl. ferner die Kritik von H. Arentz in HB v. 11.6.96, Nr.110/S.8 und die Stellungnahme der Dresdner Bank in ZKW 96, 488.

[66] Vgl. hierzu die Mitbestimmungsentscheidung des BVerfG u.a. abgedruckt in NJW 79, 699, 702 ff.

[67] Siehe FAZ v. 31.5.96, Nr.125/S.24.

[68] So etwa Fehr in FAZ v. 23.2.96, Nr.46/S.15: „In diesem Sinne schließt das Konzept des Shareholder Value die Interessen der Arbeitnehmer auf längere Sicht nicht aus."

[69] Jüngst zu Tage getreten ist diese Tendenz in der Hauptversammlung von RWE, bei der eine Minderheit von Aktionären den Ausstieg von RWE aus der Kernenergie als Ziel verfolgte: FAZ v. 13.12.96, Nr.291/S.20. Auftrieb bekommen hat diese Gruppe von Aktionären dadurch, daß Henry Nold - Erbe des Millionärs Erich Nold - die Stimmrechte seiner Aktienpakete seit März 1996 dem Dachverband der Kritischen Aktionärinnen und Aktionäre überläßt: vgl. Personality-Spalte der FAZ v. 30.5.96, Nr.124/S.18.

2) Die Reformvorschläge in der Literatur

Die schon bei den oben erörterten Gesetzesentwürfen festgestellte Konzentration auf quantitative, prozedurale und prozessuale Aspekte gilt weitgehend auch für die Stellungnahmen in der Literatur. So finden sich Vorschläge zur Begrenzung der zulässigen Höchstzahl im Sinne von § 100 II AktG, die zwischen drei und sieben schwanken[70], teilweise kombiniert mit der Forderung nach einer Doppelanrechnung von Aufsichtsratsvorsitzmandaten. Der prozedurale Schwerpunkt zeigt sich in den zahlreichen Vorschlägen zur organisatorischen Ausgestaltung der Aufsichtsratstätigkeit. So gibt es Forderungen nach einer höheren Sitzungsfrequenz[71], dem obligatorischen Erlaß einer Aufsichtsratsgeschäftsordnung[72], einer Verkleinerung der Mitgliederzahl[73], nach der Festlegung eines Katalogs von zustimmungspflichtigen Geschäften[74], einer höheren Vergütung[75], einem Selbstbeurteilungssystem[76] und vor allen Dingen nach vermehrter Ausschußbildung[77] und hierbei wiederum nach der Bildung von audit commitees[78]. Ferner wird versucht, eine Art Verhaltenskodex für Aufsichtsratsmitglieder zu entwickeln[79].

---

[70] Baums, ZIP 95, 11, 17 (5 Mandate); Fey, DStR 95, 1320, 1324 (Doppelzählung des Vorsitzes); Lutter, ZHR 159 (1995), 287, 302 (5 Mandate); Scheffler, AG 95, 207, 209 („weise Selbstbeschränkung auf 6-7 und für den Vorsitz auf 2-3"); Wenger (3 Mandate): vgl. DIE ZEIT v. 14.6.96, Nr.25/S.27; die Effektivität von solchen Regeln bezweifelnd: v. Hippel, BB 95, 785, 789.

[71] Bernhardt, ZfB 64 (1994), 1341, 1345 (6-8 Sitzungen); Fey, DStR 95, 1320, 1323 (8 Sitzungen); Lutter, ZHR 159 (1995), 298 (§ 110 III AktG als Muß-Regel).

[72] Hommelhoff in Picot (Hrsg.): Corporate Governance, S. 1, 4.

[73] Baums, Wirtschaftsdienst 1996/IV, S. 171, 172; Fey, DStR 95, 1320, 1323 (Obergrenze 12); Lutter, ZHR 159 (1995), 287, 298.

[74] Siehe Bernhardt, ZfB 64 (1994), 1341, 1348 f; Kropff, Reformbedarf, S. 1, 20; Lutter, ZHR 159 (1995), 287, 301.

[75] Bernhardt, ZfB 64 (1994), 1341, 1348 f; Dichtl, WiST 92, 189; Fey, DStR 95, 1320, 1324; Götz, AG 95, 337, 351; Lutter, ZHR 159 (1995), 287, 303.

[76] Langenbucher/Blaum, DB 94, 2197, 2203.

[77] Lutter, AG 94, 176, 177; ders. ZHR 159 (1995), 287, 298; Möllers, ZIP 95, 1725, 1730 f; Servatius, AG 95, 223.

[78] Vgl. hierzu ausführlich Langenbucher/Blaum, DB 94, 2197; ferner Fey, DStR 95, 1320, 1321, 1323; Götz, AG 95, 337, 347 f; Lück, DB 99, 441; ablehnend Hofmann, DB 90, 2333, 2339, der ein solches Gremium für auf deutsche Verhältnisse nicht übertragbar hält.

[79] Vgl. Arbeitskreis in DB 95, 1 und hierzu zu Recht kritisch Lutter, DB 95, 1925; Fey, DStR 95, 1320, 1323; Potthoff, DB 95, 163; Theisen, AG 95, 193. Weitergehend zur Entwicklung von „Corporate Governance-Grundsätzen" vgl. Schneider/Strenger, AG 2000, 106, 109.

Diese Vorschläge beziehen sich auf eine Änderung der Aufsichtsratsarbeit, sind aber nicht zugeschnitten auf die spezifischen Probleme, die mit der doppelten Organstellung von Aufsichtsratsmitgliedern mit hauptberuflicher Vorstandsfunktion verbunden sind. Lediglich die Vorschläge zu § 100 II AktG beziehen sich auf das Problem der zeitlichen Belastung von Mehrfachfunktionsträgern. Das materielle Problem der Interessenkonflikte von Aufsichtsratsmitgliedern mit hauptberuflicher Vorstandsfunktion oder auch anderer Gruppen von Aufsichtsratsmitgliedern wird dagegen kaum aufgegriffen. Nur die Forderungen nach einem Verbot der Wahrnehmung von Mehrfachmandaten in Konkurrenzunternehmen[80] stehen in diesem Zusammenhang. Ansonsten zieht man sich meist auf ethische Appelle an die Selbstverantwortung der Doppelmandatare zurück, ganz so, als bestünde Einigkeit darüber, was als selbstverantworliches Verhalten in Konfliktsituationen von Mehrfachorganen anzusehen ist.

Daß der Schwerpunkt der Vorschläge sich auf die Ausgestaltung der Rahmenbedingungen der Aufsichtsratstätigkeit bezieht, ist insofern unbefriedigend, als wesentliche Änderungen und damit auch Verbesserungen durch diese kaum zu erwarten sind[81]. Ferner sprechen die Vorschläge eine Reihe von Punkten nicht an, die durch die jüngsten Unternehmenskrisen bezogen auf Mehrfachmandatsträger in die allgemeine Diskussion geraten sind, wie etwa Fragen der Verhaltens- und Wissenszurechnung und, allgemeiner, welche Auswirkung die Wahrnehmung der einen Organtätigkeit auf die andere hat. Dies mag daran liegen, daß prozedurale Regeln eben wegen ihrer geringen Eingriffsintensität wenig Konfliktpotential bieten, wodurch leichter ein breiter Konsens zu erzielen ist und die tatsächlichen Durchsetzungsmöglichkeiten steigen. Auch die Tendenz und der Versuch des Gesetzgebers des KontraG, die Rolle der Gerichte über eine Änderung von § 147 AktG zu stärken, weist auf die Schwierigkeit der Konsensbildung im Parlament hin mit der Folge, daß man die materiellen Probleme gerne der dritten Gewalt zuschiebt[82].

Im Vergleich zu den prozeduralen Regelungen dürfte es daher schwieriger sein, einen Konsens hinsichtlich der erforderlichen Reaktionen auf die Probleme, die

---

[80] Nachweise in FN 514; siehe auch SPD-Gesetzesentwurf, BT-Drcks. 13/367, § 25a GWB nF.

[81] A.A. Hoerdemann, ZRP 97, 44, 47, der davon ausgeht, daß auch durch die Änderung von Rahmenbedingungen ein politisch wirksames Zeichen gesetzt werden könnte. Ulrich Seibert (Regierungsdirektor des BMJ) sprach bei seinem Vortrag vor der Frankfurter Juristischen Gesellschaft über den Referentenentwurf selbst nur davon, daß dieser Minimallösungen biete, und bezeichnete das Vorgehen des BMJ als Mikrochirurgie.

[82] Besonders deutlich wird dies in der Begründung des RefE zum KonTraG ZIP 96, 2129, 2133 zu § 124 AktG nF: „Die Frage, ob im Einzelfall eine Inkompatibilität anzunehmen ist und welche Rechtsfolgen daran zu knüpfen sind, kann der Rechtsprechung überlassen bleiben."

mit der Wahrnehmung mehrerer Organfunktionen durch eine Person verbunden sind, zu erzielen. In der Öffentlichkeit wird vor allen Dingen die Wahrnehmung von Aufsichtsratsmandaten durch Vorstandsmitglieder von Banken und Versicherungen als Problem empfunden. Hinsichtlich dieser Gruppe von Mehrfachorganmitgliedern besteht jedoch schon Uneinigkeit im Ausgangspunkt. So wird die tatsächliche Bedeutung dieser Gruppe von Aufsichtsratsmitgliedern unterschiedlich eingeschätzt; gerade Stellungnahmen von Seiten der Banken weisen immer wieder darauf hin, daß ihr zahlenmäßiger Einfluß überschätzt werde[83] und daß der Grund für die Übernahme von Mandaten nicht im eigenen Interesse liege, sondern die Initiative von den anderen Gesellschaften ausginge[84]. Überwiegend wird dagegen diese Gruppe der Aufsichtsratsmitglieder als bedeutend, mit Macht- und Einflußpotential ausgestattet, eingeschätzt. Doch die Frage, inwieweit dieser Einfluß mißbraucht[85] wird und ob man die Aufsichtsratstätigkeit von solchen Industrievertretern grundsätzlich positiv[86] oder negativ[87] beurteilen sollte, wird (erwartungsgemäß) unterschiedlich beurteilt. Diese unterschiedliche Einschätzung erklärt sich schon daraus, daß man verschiedene Auffassungen davon hat, was überhaupt als Mißbrauch der Organstellung anzusehen ist. Die selbe Handlung kann von einer Person aus ökonomischer Perspektive als Senkung von Transaktionskosten gefeiert werden, einem Anderen aus wirtschaftswissenschaftlichem Blickwinkel als unerwünschte Wettbewerbsverzerrung[88] erscheinen oder einem Dritten als Verletzung der Verschwiegenheitspflicht. Dieses wiederum erklärt sich daraus, daß hinter diesen verschiedenen Ansichten auch unterschiedliche Einschätzungen von der Funktion der Aufsichtsräte ste-

---

[83] Bundesverband deutscher Banken, Die Bank 95, 442; Arndt, Die Bank 86, 641, 643; kritisch hierzu Hansen, AG 95, R-458, 463.

[84] Arndt, Die Bank 86, 641, 643; Krupp in Hein (Hrsg.): Macht der Banken, S. 29, 33; Neuber, ZKW 90, 18, 22; Röller, ZKW 90, 16, 17; Werner, ZHR 145 (1981), 252; ebenso Kopper zitiert in mm 8/93, S.93: "Ich habe diese Aufsichtsratsmandate nicht aus Spaß übernommen, sondern weil die Firmen mir dies abverlangen."

[85] Einen Mißbrauch bestreitend: Arndt, Die Bank 87, 275, 276; Fell, WM 95, 1484, 1485.

[86] Eine grundsätzlich positive Beurteilung findet sich bei Bea/Scheurer, DB 94, 2145, 2152, die diese Art der personellen Verflechtung als Grundlage des von ihnen geforderten „strategischen Überwachungsnetzes" ansehen; Pfannschmidt in ZfB 65 (1995), 177, 198 sieht einen signifikant positiven Zusammenhang zwischen Unternehmenserfolg und Vorstands-/ Aufsichtsratsverflechtugen; auch Raiser, Kapitalgesellschaften, S.152 betont die gesamtwirtschaftlichen Vorteile; siehe ferner Ulmer, NJW 80, 1603, 1604 („nicht ohne weiteres als verfehlt zu bezeichnende Besetzungspolitik"); Reiß, Aufsichtsrat, S.48 (FN 279).

[87] Voormann, Beirat, passim, S.45: „Sofern nicht ausnahmsweise besondere Gründe vorliegen, sind...Banker am besten in ihrer Bank aufgehoben".

[88] Zu den wettbewerbsbeschränkenden Folgen von personellen Verflechtungen über Aufsichtsräte siehe Lambsdorff, ZKW 90, 12, 15; Möschel in FS Raisch, S.469, 477 ff; Schönwitz/Weber, ZgS 136 (1980), 98.

hen. Denn welche Verhaltensanforderungen man an einen Doppelmandatar stellt, hängt (auch) davon ab, ob man den Aufsichtsrat „nur" als reines Aufsichtsorgan versteht oder zugleich als Instrument zur Einbindung anderer Unternehmen zwecks Reduktion von Umweltunsicherheiten[89] und, allgemeiner, als Mittel zum Aufbau von Vertrauensverhältnissen zwischen den personell verflochtenen Unternehmen[90] ansieht.

Um sich Klarheit über den tatsächlichen Hintergrund zu verschaffen, soll zunächst anhand der Auswertung von statistischen Untersuchungen (kurz) auf die tatsächliche Bedeutung von Aufsichtsratsmitgliedern mit hauptberuflicher Vorstandsfunktion und auf die Gründe für ihre Bestellung eingegangen werden. Letzteres wird zeigen, inwieweit die Bestellungspraxis dem immer wieder betonten persönlichen Charakter der Aufsichtsratsmandate gerecht wird und welche Bedeutung dies für die Frage hat, ob die gesetzliche Konstruktion des persönlichen Mandats als Konfliktlösungsmechanismus für Doppelmandatare taugt. Anschließend wird zu untersuchen sein, inwiefern die tatsächliche Bestellungspraxis die rechtliche Einordnung der Funktion von Aufsichtsräten beeinflußt hat und welche Bedeutung dies wiederum für den Handlungsspielraum hat, der Aufsichtsratsmitgliedern bei ihrer Tätigkeit zur Verfügung steht. Daraus wird sich ableiten lassen, in welchem Maße Aufsichtsratsmitglieder Drittinteressen in ihre Tätigkeit einfließen lassen können. Unter Einbeziehung dieser Untersuchungen werden dann in den letzten drei Teilen der Arbeit die Einzelprobleme, die sich aus der doppelten Organstellung von Aufsichtsratsmitgliedern ergeben, aufgezeigt und diskutiert. Dies erfolgt getrennt für die Rechtsbeziehungen zwischen a) dem Aufsichtsratsmitglied / Doppelmandatar und der Gesellschaft, bei der es das Vorstandsmandat ausübt[91], b) dem Aufsichtsratsmitglied / Doppelmandatar und der Gesellschaft, bei der es eben diese Funktion wahrnimmt[92] und c) den zwei Gesellschaften, bei denen die unterschiedlichen Organfunktionen wahrgenommen werden, die also durch den betreffenden Doppelmandatar personell miteinander verflochten sind.

---

[89] So der betriebswirtschaftliche Ansatz von Schreyögg, AG 83, 278, 281.

[90] Vgl. Schreyögg/Papenheim-Tockhorn, ZfB 65(1995), 205, 208.

[91] Im folgenden bezeichnet als AG des Haupt-/Vorstandsamtes oder als „entsendende" AG.

[92] Im folgenden bezeichnet als AG des Aufsichtsratsamtes oder als „aufnehmende" AG.

B) Statistische Untersuchungen

I) Tatsächliche Bedeutung der verschiedenen Industrievertreter in Aufsichtsräten

Es gibt eine Vielzahl von Untersuchungen über die Zusammensetzung von Aufsichtsräten und der personellen Verflechtung über diese[93]. Leider erfassen diese Untersuchungen meist nur einen kurzen Zeitraum. Da sie zudem auf unterschiedlichen Erhebungsgrundlagen basieren, lassen sie sich auch nicht zusammen verwerten.

Lediglich die Untersuchungen der Monopolkommission erfolgen jetzt schon über einen längeren Zeitraum[94]. Als fester Bezugspunkt dienen dort die sog. „100 Größten" Unternehmen (mit der Folge, daß auch Gesellschaften anderer Rechtsform als die der AG miteinbezogen sind), zwischen denen die personellen Verflechtungen untersucht werden. Aus diesen Untersuchungen ergibt sich folgendes Bild:

Der prozentuale Anteil der Mandatsträger in den Kontrollorganen (Aufsichts-, Verwaltungs- und Beiräte) der „100 Größten" betrug für Vertreter aus dem Bankenbereich:
1978: 5,5 + 3,1; **1980**: 5,9 + 2,5; **1982**: 5,1 + 2,3; **1984**: 5,7 + 2,7; **1986**: 5,2 + 2,8; **1988**: 5,4 + 1,0; **1990**: 5,4 + 2,9; **1992**: 4,9 + 2,3 **1994**: 4,9 + 1,7 und **1996**: 4,9 + 1,5 %[95].
Für den Versicherungsbereich schwanken die Zahlen zwischen für **1978** 0,9 + 0,5 % und für **1996** 1,3 + 0,6 %. Für den Anteil von Vertretern der Industrie insgesamt pendeln die Angaben zwischen für **1978**: 15,7; **1980**: 16,6; **1982**: 15,6; **1984**: 15,5; **1986**: 13,4; **1988**: 14,4; **1990**: 12,7; **1992**:11,8; **1994**: 10,8 und für **1996**: 11,5 %.

---

93 Pfannschmidt, Personelle Verflechtungen und ders. ZfB 65 (1995), 177; Schiffels, Unternehmenskooperation; Vogel, Aktienwirklichkeit; Albach/Kless, ZfB 52 (1982), 959; Leimkühler, WpG 96, 305; Poensgen, ZgS 136 (1980), 209; Schönwitz/Weber, ZgS 136 (1980), 98; Volkmann/Kronenberg ,WSI-Mitteilungen 94, 481; Ziegler, KölnerZ, 36 (1984), 557; vgl. auch die Übersicht bei Mülbert, 61. DJT, E 20.

94 Verwertet werden im folgenden das 3. Hauptgutachten 1978/79 - 12. Hauptgutachten 1995/1996 (BT-Drcks. 8/4404; 9/1892; 10/1791; 10/5860; 11/2677; 11/7582; 12/3031; 12/8323; 13/5309; 13/11291).

95 Die erste Zahl bezieht sich auf Geschäftsführungsmitglieder von Unternehmen aus dem Kreis der „100 Größten"; die zweite Zahl auf sonstige Vertreter, d.h. auf nicht zur Geschäftsführung gehörende Mitarbeiter, ehemalige Geschäftsführungsmitglieder, wenn sie noch Mitglied des Aufsichtsrats sind, und Vertreter, deren Unternehmen nicht zu den „100 Größten" gehören.

Der Anteil von Vorstandsmitgliedern / Geschäftsführern in den Kontrollorganen der „100 Größten" beträgt somit zwischen 10,8 und 16,6 % mit allerdings in jüngster Zeit sinkender Tendenz. Wenn man berücksichtigt, daß bei dieser Erhebung auch die Mandate der Arbeitnehmervertreter als Grundlage für die prozentuale Berechnung mitgezählt worden sind, also Mandate, die Industrievertreter nicht wahrnehmen können, und ferner Geschäftsführer von Gesellschaften, die nicht zu den „100 Größten" gehören, nicht erfaßt sind, läßt sich eine erhebliche Bedeutung der Gruppe der Industrievertreter feststellen. Die eben genannten Faktoren berücksichtigend dürfte der Anteil von hauptberuflichen Geschäftsleitern bezogen nur auf die Anteilseignermandate im Aufsichtsrat bei Großunternehmen ca. 30% betragen, wobei mit wachsender Bedeutung der jeweiligen AG auch der Anteil von Industrievertretern, insbesondere von Bankenvertretern, zunimmt[96].

SCHREYÖGG/PAPENHEIM-TOCKHORN kamen bei ihrer Untersuchung von 56 Großunternehmen aus 9 verschiedenen Branchen im Zeitraum vom 1969 bis 1988 sogar auf einen Anteil von 41% an den Anteilseignermandaten[97].

Innerhalb der Gruppe der Industrievertreter kommt den Banken und Versicherungen, insbesondere den drei Großbanken und der Allianz AG, herausragende Bedeutung zu. Dies zeigt sich nicht nur an der oben dargestellten prozentualen Beteiligung, sondern auch an anderen Faktoren. So schwankt die Zahl der Gesellschaften, die zu den „100 Größten" gehören und in deren Kontrollorganen Vorstandsmitglieder der Deutschen Bank sitzen, seit den Erhebungen der Monopolkommission zwischen 27 und 40. Bei der Dresdner Bank schwankt die Anzahl zwischen 17 und 22, bei der Commerzbank zwischen 10 und 17 und bei der Allianz zwischen 8 und 19. Andere Großunternehmen erreichen eine auch nicht annähernd gleich große Anzahl[98]. Ferner wurde beispielsweise nach einer Untersuchung von HANSEN im Jahr 1993 jedes vierte von den Anteilseignern gewählte Aufsichtsratsmitglied der 30 DAX - Gesellschaften von einer Bank gestellt und in 13 Fällen sogar der Aufsichtsratsvorsitz übernommen[99], dem all-

---

[96] Vgl. hierzu die Tabelle bei Hofmann, DB 90, 2333, 2337: Bei den dort ausgewählten DAX-Aktiengesellschaften betrug der Anteil der Vorstandsmitglieder anderer Unternehmen an den Anteilseignermandaten im Aufsichtsrat im Jahre 1988 deutlich über 50%.

[97] In ZfB 65 (1995), 205, 218.

[98] 1994 lag die Zahl der entsandten Geschäftsführungsmitglieder der Siemens AG als drittgrößtem Unternehmen beispielsweise bei 4.

[99] Hansen, AG 95, R-458, 463; zur Häufigkeit der Übernahme des Vorsitzes siehe auch Schönwitz/Weber, ZgS 136 (1980), 98, 105 und die Untersuchung der Monopolkommission von 1978: Bei den 100 umsatzgrößten Aktiengesellschaften saßen in 75 Aufsichtsräten Bankenvertreter und in 31 Fällen stellten sie hierbei den Vorsitzenden ! Zu älteren Daten vgl. Hopt in Horn/Kocka (Hrsg.), S.227, 234.

gemein besondere Bedeutung zugemessen wird[100]. Bezogen auf alle 261 von HANSEN untersuchten Gesellschaften ergaben sich 372 einfache Mandate zuzüglich 59 Vorsitzmandaten für die Banken. Hierbei zeigte sich auch eine Macht-/Mandatskonzentration auf bestimmte Personen. So nahm 1993 *H. Kopper* (Deutsche Bank) allein 8 Aufsichtsratsmandate in DAX-Gesellschaften wahr, wobei er in einem Fall auch den Vorsitz ausübte[101]. Allerdings hat die Deutsche Bank im Jahre 1997 erklärt, neuerdings die Strategie zu verfolgen, den Vorsitz in Aufsichtsräten anderer Unternehmen durch eigene Vorstandsmitglieder nicht mehr übernehmen zu lassen[102].

Eine Untersuchung von VOGEL zeigt für kleinere Aktiengesellschaften (mit 200 - 2000 Arbeitnehmern) ein ähnliches Bild. Seine Befragung ergab, daß 26% aller Aufsichtsratsmandate Mitglieder inne hatten, die zugleich Vorstand oder Geschäftsführer anderer Gesellschaften waren. Beschränkt auf die Anteilseignerrepräsentanten lag die Quote entsprechend höher bei 45%[103]. Auch hier stellten die Bankenvertreter mit 8% aller Anteilseignermandate die stärkste Gruppe der „Externen" dar.

II) Gründe für die Bestellung von Vorstandsmitgliedern anderer Gesellschaften in Aufsichtsräte

In der betriebswirtschaftlichen Literatur werden die Gründe für die Bestellung von Aufsichtsratsmitgliedern mit hauptberuflicher Vorstandsfunktion im Rahmen der Frage diskutiert, warum es zu personellen Verflechtungen über die Ebene Vorstand / Aufsichtsrat kommt[104]. Als Erklärungsansatz für diese Art der personellen Verflechtung wird die personale von der institutionellen Theorie unterschieden. Nach der personalen Theorie wird das betreffende Vorstands-

---

[100] Siehe nur Potthoff/Theisen in FS 40 Jahre Der Betrieb, S.53, 73.

[101] 1996 hatte er Aufsichtsratsmandate inne bei Daimler Benz und Mannesmann als Vorsitzender und ferner bei Bayer, LH, Münchener Rück, RWE, Veba, Akzo, Solvay und Xerox: vgl. DER SPIEGEL 31/96, S.63.

[102] Vgl. WiWo v. 24.4.97, Nr.18, S.9; jüngstes Beispiel für die Umsetzung dieser Strategie ist die Aufgabe des Aufsichtsratsvorsitzes bei der Holzmann AG durch Carl v. Boehm-Bezing im Zusammenhang mit der Finanzkrise der Holzmann AG, wobei der Vorsitz nicht von einem anderen Vorstandsmitglied der Deutschen Bank übernommen werden soll, vgl. FAZ v. 2.2.2000, Nr.27/ S.21.

[103] Allerdings unter Einbeziehung der ehemaligen Geschäftsleiter. Für abhängige Gesellschaften betrug die Quote sogar 63,3% und für unabhängige Gesellschaften 41%: Vogel, Aktienwirklichkeit, S.138.

[104] Vgl. dazu Pfannschmidt, Personelle Verflechtungen, passim und ders. in ZfB 65 (1995), 177; Schreyögg/Papenheim-Tockhorn, ZfB 65 (1995), 205 und dies. in AG 94, 381; Schreyögg, AG 83, 278.

mitglied aufgrund seiner Person als Aufsichtsratsmitglied bestellt[105] - sei es aufgrund seiner Qualifikation oder aufgrund persönlicher Beziehungen - und nicht im Hinblick auf die Gesellschaft, deren Geschäftsleiter es ist. Die personelle Verflechtung zwischen den Unternehmen wird daher als Zufallsprodukt angesehen[106]. Nach der institutionellen Theorie werden dagegen die Geschäftsleiter als Repräsentanten „ihrer" Unternehmen gewählt, d.h. nicht aufgrund ihrer Person, sondern aufgrund ihrer Funktion als Geschäftsleiter des jeweiligen Unternehmens, um auf diese Weise gezielt eine personelle Verflechtung herzustellen. Die ökonomischen Motive für dieses Vorgehen werden in der Senkung von Transaktionskosten oder in der Reduktion von Umweltunsicherheiten gesehen[107]. Konkreter werden Wettbewerbsvorteile, bessere Überwachungs- und Informationsmöglichkeiten und höhere Einflußmöglichkeiten - auch indirekter Art - genannt.

Gestützt wird die institutionelle Theorie durch jüngere Untersuchungen zur Rekonstruktionspolitik der Unternehmen hinsichtlich sog. gebrochener Aufsichtsratsbeziehungen. Hierbei wird untersucht, ob, wenn eine personelle Verflechtung über ein Aufsichtsratsmandat abbricht (durch das Ausscheiden der betreffenden Person aus dem Aufsichtsrats- oder Vorstandsamt), diese Verflechtung mittels Berufung eines anderen Vorstandsmitglieds desselben Unternehmens wiederhergestellt wird. Dieser Umstand wird dann als Indiz dafür gewertet, daß das betreffende Aufsichtsratsmitglied als Repräsentant „seines" Unternehmens bestellt wurde, um die Verflechtung mit dem anderen Unternehmen gezielt wiederherzustellen.

Eine Untersuchung, die sich auf 56 Kapitalgesellschaften im Zeitraum von 1969 bis 1988 bezog[108], kam dabei zu folgendem Ergebnis: Von 355 „gebrochenen Verflechtungen" wurden 172 = 48% direkt, d.h. durch Berufung eines Mandatsträgers aus dem Leitungsorgan desselben Unternehmens, rekonstruiert. In weiteren Fällen (insgesamt 57%) wurde zumindest eine erneute Verflechtung zu einem Unternehmen derselben Branche hergestellt (sog. funktionale Rekonstruktion).

- Daß auch solche funktionalen Rekonstruktionen ein Indiz für institutionsbezogene Vergaben der Mandate sein können zeigt etwa die Besetzungspolitik der

---

[105] Zu personeninduzierten Mehrfachmandaten siehe Pfannschmidt, ZfB 65 (1995), 177, 195 f.

[106] Poensgen, ZgS 136 (1980), 209, 219: „We are ...driven to the conclusion that interlocking directorates mostly are the accidental result of two unrelatet companies wanting to have the same qualified person on the board".

[107] Vgl. Schreyögg, AG 83, 278, 281.

[108] Schreyögg/Papenheim-Tockhorn, ZfB 65 (1995), 205.

Metallgesellschaft. Dort wird im Wechsel ein Vorstandsmitglied der Deutschen Bank oder der Dresdner Bank zum Aufsichtsratsvorsitzenden gewählt[109] -

Die Dauer der Verflechtung betrug für 71% der untersuchten Unternehmensverbindungen 15 Jahre und länger. Für den Bankenbereich zeigt sich ein noch deutlicheres Bild: Dort wurden 120 von 150 = 80% „gebrochener Aufsichtsratsbeziehungen" direkt rekonstruiert (unter Berücksichtigung funktionaler Rekonstruktionen sogar 85 %).

Bei diesen Zahlen ist zu berücksichtigen, daß in den Fällen, in denen eine direkte Rekonstruktion nicht festgestellt werden konnte, nicht notwendig personale Gesichtspunkte den Ausschlag für die Mandatsvergabe gegeben haben müssen. So kann der Grund für die fehlende Rekonstruktion auch darin liegen, daß die geschäftliche Beziehung zwischen zwei Unternehmen nur auf eine bestimmte Dauer angelegt war. Dies belegt etwa eine Zeitungsnotiz, wie diese:

"Heinz Garsoffky übernimmt das (Aufsichtsrats-)Mandat, das Helmut Massier, der Vorstandsvorsitzende der Kaufring AG, niedergelegt hat, nachdem die durch gegenseitigen Aktienbesitz untermauerten geschäftlichen Verbindungen zwischen Kaufring und Horten Zug um Zug gelöst worden sind"[110].

In einem solchen Fall ist die nicht erfolgte Rekonstruktion geradezu ein Beleg dafür, daß die Mandatsvergabe vorher institutionenbezogen erfolgte.

Eine weitere Untersuchung[111], die sich auf die personellen Verflechtungen zwischen 492 Unternehmen zum Stichtag des 31.12.1989 bezog, stützt ebenfalls die Annahme, daß Vorstandsmitglieder und andere Geschäftsleiter in der Regel als Repräsentanten „ihrer" Unternehmen in Aufsichtsräte gewählt werden. Denn sie stellte einen positiv signifikanten Zusammenhang zwischen der Höhe des Anteilsbesitzes und den Vorstands-/ Aufsichtsratsbeziehungen bei den Unternehmen, welche die Anteile hielten, zu den Unternehmen, an denen die Anteile gehalten wurden, fest. Gleiches ergab sich für das Fremdkapitalvolumen im Verhältnis zur Zahl der Bankenvertreter in den Aufsichtsräten. Ferner war die durchschnittliche Anzahl der Personenverbindungen zwischen Unternehmen, die in einem Zulieferer-/ Abnehmerverhältnis standen, signifikant höher als zwischen Unternehmen ohne eine solche Beziehung. Diese Korrelationen zeigen, daß bei der Wahl von Aufsichtsratsmitgliedern Faktoren eine Rolle spielen,

---

[109] Siehe FAZ v. 1.10.97, Nr.238/S.27. So hat 1993 *Schmitz* (Deutsche Bank) seinerzeit das Amt von *Röller* (Dresdner Bank) übernommen. Ähnliches gilt für die Besetzungspolitik bei RWE: vgl. FAZ v. 19.9.97, Nr.218/S.23.

[110] FAZ v. 17.2.96, Nr.41/S.15.

[111] Pfannschmidt, Personelle Verflechtungen, passim und ders. in ZfB 65 (1995), 177.

die nicht von der zu wählenden Person, sondern von der hinter dieser Person stehenden Gesellschaft abhängen.

Die dargelegten Untersuchungen belegen, daß Vorstandsmitglieder in der Regel als Repräsentanten „ihrer“ Unternehmen bestellt werden und somit in erster Linie aufgrund ihrer Funktion und nicht aufgrund ihrer Persönlichkeit[112]. Die Untersuchungen schließen zwar nicht aus, daß im Einzelfall eine Bestellung aus rein personenbezogenen Motiven erfolgt, doch spricht eine hohe Wahrscheinlichkeit für eine funktionsbezogene Berufung. Bezeichnend hierfür ist auch die Aussage von *H. Kopper*, der Vorstand der Deutschen Bank lehne jede Woche zwei Wünsche nach einer Übernahme von Aufsichtsratsmandaten ab[113]. Solche Wünsche werden demnach an die Bank als solche gerichtet und nicht an ein bestimmtes Vorstandsmitglied persönlich. In dieses Bild paßt auch die Aussage von *Sassmannhausen*, er habe nach seinem Rücktritt aus dem Vorstand der Preussag AG seine Aufsichtsratsmandate den betreffenden Gesellschaften „zur Verfügung gestellt“, wovon diese allerdings keinen Gebrauch gemacht hätten[114]. Dies zeigt deutlich die von *Sassmannhausen* selbst empfundene Verknüpfung des Aufsichtsratsmandats mit seiner hauptberuflichen Position.

Ein weiteres Indiz für die Institutionsbezogenheit der Vergabe von Aufsichtsratsmandaten ist in der Existenz von Anstellungsverträgen für Vorstandsmitglieder zu sehen, durch die Vorstandsmitglieder verpflichtet werden, bei Beendigung ihres Vorstandsamtes auch etwaige Aufsichtsratsämter niederzulegen, oder welche die Verpflichtung festlegen, auf Wunsch der AG (des Vorstandsamtes) Aufsichtsratsmandate zu übernehmen[115]. Auch die Tatsache, daß Vorstandsmitglieder häufig Vorarbeiten für ihre Aufsichtsratstätigkeit von Angestellten der AG ihres Hauptamtes (die sog. Stäbe) vornehmen lassen, spricht für die institutionsbezogene Vergabe dieser Aufsichtsratsmandate.

Offen bleibt bei den geschilderten Untersuchungen allerdings die Frage, von welchem der Unternehmen einer Verflechtung über die Vorstands- / Aufsichtsratsebene die Initiative zur Herstellung dieser personellen Verflechtung ausgeht. Während SCHREYÖGG/PAPENHEIM-TOCKHORN vor allen Dingen die Interessen der Unternehmen hervorheben, die durch die Berufung von Vor-

---

[112] Ähnlich Ziegler KölnerZ 36 (1984), 585, 610: „Schließlich sind zwar wohl die meisten, aber nicht alle Mandatsverbindungen stärker an die jeweilige Position als an die Person gebunden...“. Ein tatsächliches Beispiel ist der Aufsichtsratsvorsitz der Daimler Benz AG, der traditionell vom Vorstandssprecher der Deutschen Bank wahrgenommen wird: vgl. FAZ v. 31.10.96, Nr.254/S.17 und HB v. 31.10.96, Nr.211/S.14.

[113] Abgedruckt in DER SPIEGEL 31/96, S.63.

[114] Abgedruckt in FAZ v. 15.4.96, Nr.88/S.18.

[115] Solche Vertragsregelungen finden sich in diversen Formularhandbüchern: Siehe dazu und zu der Zulässigkeit solcher Regelungen später unter D II.

standsmitgliedern in ihren Aufsichtsrat die personelle Verflechtung herstellen[116], schätzt PFANNSCHMIDT die Vorteile für das „entsendende“ Unternehmen als höherwertig ein[117]. So ergibt seine Untersuchung zwar einen signifikant positiven Zusammenhang zwischen Vorstands-/ Aufsichtsratsverflechtungen und dem Unternehmenserfolg, aber nicht für Aufsichtsrats-/ Vorstandsverflechtungen und dem Unternehmenserfolg[118].

Diskutiert wird die angesprochene Frage hauptsächlich für Bankenvertreter. Von Bankenseite wird gern betont, daß die Initiative zur Übernahme von Aufsichtsratsmandaten nicht von ihr ausgehe[119]. Doch sprechen gerade bezogen auf die großen Publikumsgesellschaften die Indizien für ein eigenes Interesse der Banken an personellen Verflechtungen (was allerdings nicht ausschließt, daß die konkrete Initiative zu der Verflechtung trotzdem von der „anderen Seite“ ausgeht). Denn gerade bei diesen ist ihre zahlenmäßige Bedeutung hinsichtlich Aufsichtsratsmandaten besonders groß und damit auch die „Investitionen“ der Banken in diese durch ihre Vorstandsmitglieder wahrgenommenen Ämter. Gemeint mit „Investitionen“ sind hier die Zustimmungen der Banken zu diesen Nebentätigkeiten ihrer Vorstandsmitglieder und dem damit verbundenen Verzicht auf einen Teil der Arbeitsleistung und ferner die zusätzliche Bereitstellung eigener Mitarbeiter, der sog. Stäbe, die Vorarbeiten zu der Aufsichtsratstätigkeit der Vorstandsmitglieder leisten. Diese Verhalten läßt sich nicht mehr allein mit Kundenservice zugunsten der Gesellschaften, bei denen die Aufsichtsratsmandate wahrgenommen werden, erklären[120]. Bestätigt wird die Annahme eines eigenen Interesses der Banken an der Aufsichtsratstätigkeit ihrer Mitarbeiter auch für die Übernahme von Beiratsmandaten durch eine Umfrage von GAUGLER/ HEINBURGER aus den Jahren 1982/83. Bei dieser erklärten 37,7% aller befragten Beiratsmitglieder und 65,1% der hauptberuflich im Banksektor Tätigen,

---

[116] Trotzdem lassen sie es letztlich offen, ob es sich bei Verflechtungen über Bankenvertreter um Kooptationsbeziehungen von Seiten der aufnehmenden Unternehmen oder (auch) um Kontrollbeziehungen von Seiten der Banken handelt: AG 94, 381, 387 (FN 29).

[117] ZfB 65 (1995), 177, 189, 193: „Eine Verflechtung von Fremdkapitalgebern im Aufsichtsrat hätte aus Transaktionskostensicht vor allem für Fremdkapitalgeber Vorteile“. Trotzdem läßt er die Frage nach der Wirkungsrichtung der Herstellung von personellen Verflechtungen ausdrücklich offen.

[118] Pfannschmidt, ZfB 65 (1995), 177, 198.

[119] Vgl. Bundesverband deutscher Banken, ZBB 94, 70, 73; offen gelassen wird die Frage von Schiffels, Unternehmenskooperation, S. 248 dessen diesbezügliche Untersuchung zu keinem signifikanten Ergebnis kommt.

[120] Generell stellt PFANNSCHMIDT in ZfB 65 (1995), 177, 189 hierzu fest: „Die aufwendige Einrichtung und Langfristigkeit personeller Verflechtungen läßt sich nur rechtfertigen, wenn die Transaktion wiederholt stattfindet und für beide Unternehmen hinsichtlich des Volumens und des Ertrages erhebliche Bedeutung hat.“

die Vertretung eigener geschäftlicher Interessen bzw. die Vertretung der Interessen ihrer Arbeitgeber sei ein wesentliches Motiv oder sogar ausschlaggebend für ihre Mitwirkung im Beirat eines anderen Unternehmens[121].

Ein eindeutiges Ergebnis zu der Frage, von welcher Seite die Initiative zur Herstellung von personellen Verflechtungen ausgeht, läßt sich somit weder für die Bestellung von Bankenvertretern in einen Aufsichtsrat noch für sonstige Industrievertreter belegen. Jedenfalls handelt es sich bei den personellen Verflechtungen über Aufsichtsräte nicht um einseitige Interessenbeziehungen[122]; meist werden diese daher im „Einverständnis“[123] beider Gesellschaften zustande kommen. Dies bedeutet, daß die Doppelmandatsträger in der Regel von der AG ihres Hauptamtes aufgrund ihrer Funktion „entsandt“ und von der AG des Aufsichtsratsamtes aufgrund dieser Funktion „aufgenommen“ werden. Die Institutionsbezogenheit der Ämterübernahme kann man daher als beidseitig bezeichnen.

Dadurch, daß die doppelte Organstellung in den Fällen der funktionsbezogenen Bestellung von Aufsichtsratsmitgliedern bewußt und gezielt herbeigeführt wird, steigt die Wahrscheinlichkeit von Interessenkonflikten, weil das betreffende Organmitglied dann nicht nur aufgrund seiner allgemeinen Qualifikation, sondern (auch) aufgrund seiner Informations- und Einflußmöglichkeiten, die mit der jeweiligen Organstellung/Funktion verbunden sind, bestellt bzw. „entsandt“ wird. - Denn wenn dies nicht beabsichtigt wäre, läge es näher, jemanden mit vergleichbarer Qualifikation zu nehmen, zu „dessen“ Gesellschaft keine bedeutende geschäftliche Beziehung besteht. Diese nicht qualifikationsbezogene Zielsetzung bei der Auswahl von Kandidaten ist auch eine Erklärung für die geringe Bedeutung von head huntern bei der Suche nach geeigneten Aufsichtsratsmitgliedern[124]. - In dem Moment aber, in dem der Doppelmandatar eine dieser

---

121 Die Untersuchung ist wiedergegeben bei Voormann, Beirat, S.44 f.

122 So auch Schönwitz/Weber, ZgS 136 (1980), 98, 110.

123 Einverständnis ist hier untechnisch gemeint, da nach der formalen Zuständigkeitsordnung in der AG des Aufsichtsratsamtes der Doppelmandatar durch die Hauptversammlung gewählt wird und in der AG des Vorstandsamtes deren Aufsichtsrat der Nebentätigkeit des Doppelmandatars zustimmen muß. Tatsächlich wird ein Vorstandsmitglied aber nicht gegen den Willen seiner Kollegen ein Aufsichtsratsamt übernehmen und die Hauptversammlung wählt in der Regel die vom Vorstand erwünschten Aufsichtsratsmitglieder, auch wenn dieser formal gesehen kein Vorschlagsrecht hat. Tatsächlich wird daher im Regelfall die personelle Verflechtung im Einverständnis beider Vorstände zustande kommen.

124 Vgl. hierzu HB v. 7./8.4.95, Nr.14/S.K1, das mitteilt, daß das Executive-Search-Unternehmen Delta Management Consultants GmbH erstmals eine Gesellschaft gegründet hat, die eine solche Dienstleistung anbietet. Vgl. auch HB v. 14./15.2.97, Nr.32/S.18: Egon Zehnder International berichtet, daß bei der Besetzung von Beirats- und Aufsichtsratsmanda-

Möglichkeiten zugunsten einer der beteiligten Gesellschaften (oder zu deren Ungunsten nicht) benutzt, stellt sich die Frage der Zulässigkeit oder Pflichtgemäßheit des Verhaltens, weil dann beide Pflichtenbereiche berührt sind.

Dieses wiederum spricht dafür, daß das, was in der Öffentlichkeit als Krise des Aufsichtsratssystems empfunden wird, doch mehr ist als nur die Folge menschlichen Versagens einiger Aufsichtsratsmitglieder, das sich nie ausschließen läßt[125]. Es handelt sich vielmehr um ein strukturelles Problem, das durch die funktiosbezogene Vergabe der Aufsichtsratsmandate (mit-)enstanden ist. So ist es sicher auch kein Zufall, daß die in der Presse angegriffenen Personen zumeist der hier angesprochenen Personengruppe angehören[126].

Die geschilderten Untersuchungen haben gezeigt, daß hauptberuflich als Vorstandsmitglieder Tätige und insbesondere Vorstandsmitglieder von Banken eine zahlenmäßig erhebliche Bedeutung bei der Wahrnehmung der Anteilseignermandate in Aufsichtsräten zukommt. Ferner ließ sich den Untersuchungen entnehmen, daß die tatsächliche Bestellungspraxis für Aufsichtsratsmitglieder in erster Linie auf die Funktion des Kandidaten und nicht auf seine Person ausgerichtet ist. Dies bedeutet, daß der insbesondere von Bankenvertretern geäußerte und eingangs der Arbeit wiedergegebene Verweis auf den persönlichen Charakter der Aufsichtsratsmandate als Konfliktlösungsmechanismus nicht überzeugen kann.

Im folgenden bleibt zu zeigen, welche rechtlichen Konsequenzen sich aus dem Spannungsverhältnis zwischen der gesetzlichen Konstruktion des persönlichen Mandats zur tatsächlichen Bestellungspraxis ergeben.

---

ten in jüngster Zeit zunehmend die Hilfe von Personalberatern in Anspruch genommen werde. Dies soll aber in erster Linie für mittelständische Unternehmen gelten.

[125] In diesem Sinne aber Lutter, AG 94, 176; Martens, ZHR 159 (1995), 567, 589 („Restrisiko, das in der Natur des Menschen liegt"); Röller, AG 94, 333, 336 („bedauerliche Einzelfälle"); vgl. ferner Claussen, AG 96, 481, 484: „Das Aufsichtsratsamt ist wie kaum ein anderes Rechtsfeld persönlichkeitsabhängig, insoweit vielleicht nur noch dem Eherecht vergleichbar", der aus diesem fragwürdigen Vergleich das Fehlen eines gesetzlichen Regelungsbedarfs ableitet.

[126] Siehe hierzu die am Anfang der Arbeit geschilderten Fälle.

C) Problembeschreibung

I) Die Bestellungspraxis und die gesetzliche Konstruktion des persönlichen Mandats.

In der Literatur wird immer wieder darauf hingewiesen, daß das Gesetz die Berufung von Vorstandsmitgliedern in Aufsichtsräte anderer Gesellschaften grundsätzlich nicht verbiete und somit das Gesetz das Entstehen von Interessenkonflikten akzeptiere[127]. Daß es eine generelle gesetzliche Unvereinbarkeit von Aufsichtsrats- und Vorstandsmitgliedschaft in verschiedenen Gesellschaften nicht gibt, ist unbestritten. Doch sagt der Nichtausschluß einer bestimmten Berufsgruppe (hauptberufliche Vorstandsmitglieder) nichts darüber aus, ob auch die Benennung einer Person aus dieser Berufsgruppe zu einem bestimmten Zweck noch dem gesetzlichen Leitbild entspricht.

So widerspricht die Bestellung eines Vorstandsmitglieds mit dem Ziel der Herstellung einer personellen Verflechtung zwischen zwei Gesellschaften über den Aufsichtsrat dem Zweck der gesetzlichen Konstruktion des persönlichen Mandats, der gerade in der Gewährleistung der Unabhängigkeit des Aufsichtsrats von „fremden" juristischen Personen zu sehen ist[128]. Denn der Gesetzgeber entschied sich ausdrücklich gegen die Möglichkeit, daß juristische Personen als solche über ihre Vertreter in Aufsichtsräten als Mitglieder sitzen. Während es vor 1937 in der Literatur durchaus umstritten war, ob eine juristische Person Aufsichtsratsmitglied sein kann[129] (§ 243 HGB in der damaligen Fassung legte nur fest, daß der Aufsichtsrat aus drei von der Generalversammlung zu wählenden Mitgliedern besteht), entschied sich der Gesetzgeber dann dafür, nur natürliche Personen als Aufsichtsratsmitglieder zuzulassen (§ 86 II 1 AktG 1937, heute § 100 I AktG). Diese Regelung läßt sich auch nicht nur mit gesetzgebungstechnischen Gründen der Art erklären, daß man lediglich die Wahrnehmung des Amtes durch verschiedene vertretungsberechtigte Personen der juristischen Person vermeiden wollte[130]. Denn in Deutschland wurde seinerzeit die

---

[127] Steinbeck, Überwachungspflicht, S. 66; Heuking/Jasper, DStR 92, 1438 („provoziert dies geradezu"); Raiser, Kapitalgesellschaften, § 15, Rz 99 spricht davon, daß das Gesetz bewußt Rollenkonflikte in Kauf nähme.

[128] Ähnlich Raiser, ZGR 78, 391, 400, der aus diesem Grunde eine Einflußnahme der juristischen Person auf den betreffenden Doppelmandatar für unzulässig hält.

[129] Dies bejahend: v. Hofmannsthal, Bank-Archiv 30, 307; aA Rospatt, Bank-Archiv 30, 308; vgl. ferner die Nachweise bei Brodmann, HGB, § 243, S. 275 f.

[130] So aber Koenen, Zurechnung, S. 99; Mestmäcker, Konzerngewalt, S. 262; Ulmer in FS Stimpel, S. 705, 718. Dieser Aspekt war nur einer unter vielen, wie im folgenden gezeigt

Lösbarkeit des Problems, welches damit verbunden ist, daß juristische Personen in der Regel mehrere vertretungsberechtigte Organmitglieder haben und dementsprechend als Aufsichtsratsmitglied verschiedene Vertreter zu den Sitzungen schicken könnten, erkannt. So erwog LEHMANN schon 1912 in seinem Gutachten zum 31. DJT, ob nicht Handelsgesellschaften als Aufsichtsratsmitglieder zugelassen werden sollten, verbunden mit der Verpflichtung, einen ständigen Vertreter zu benennen. Folge dieses Vorschlags sollte sein, daß eine Person als Aufsichtsratsmitglied unter Bezugnahme auf ihre Eigenschaft als Vertreter einer Handelsgesellschaft gewählt werden konnte[131].

Eine ähnliche Regelung findet sich heute in Art.5 II der EG-Strukturrichtlinie[132]. Die Regelung ist notwendig, weil es Mitgliedsstaaten gibt, in denen juristischen Personen zu Aufsichtsratsmitgliedern gewählt werden können[133].

Dementgegen setzte sich BRODMANN vor 1937 vehement gegen die Möglichkeit einer Mitgliedschaft von juristischen Personen in Aufsichtsräten ein und führte für seine Ansicht unter anderem an:

„Die Gegner sehen nicht, daß die juristische Person zwar Vermögen haben kann und Schulden, daß sie aber gar keine moralischen Qualitäten besitzt. Sie ist natürlich nicht unmoralisch, aber sie ist ethisch indifferent...Sie ist in sich ethisch absolut farblos und für das Recht da unbrauchbar, wo es diesem gerade auf das Ethische in der Person ankommt“[134].

Da man davon ausgehen kann, daß die Diskussion in der Literatur die Aktienrechtsreform beeinflußt hat, läßt sich den Worten von BRODMANN entnehmen, daß bei der Einführung der ausdrücklichen Beschränkung der Aufsichtsratsmitgliedschaft auf natürliche Personen (auch) die Vorstellung eine Rolle gespielt hat, daß bei juristischen Personen die Gefahr eines Mißbrauchs der Or-

---

wird. Auch Brodmann, HGB, § 243 unter 2c führt dieses Argument nur neben vielen anderen an.

[131] Lehmann, 31. DJT, S. 539.

[132] „Sofern die Gesetze der Mitgliedstaaten vorsehen, daß Mitglieder des Aufsichtsorgans auch juristische Personen sein können, müssen diese einen ständigen Vertreter bestellen, für den dieselben Bedingungen und Verpflichtungen gelten, wie wenn er persönlich Mitglied des Aufsichtsorgans wäre, unbeschadet der Haftung der juristischen Person, die er vertritt.“ Eine vergleichbare Regelung findet sich auch in Art.69 des Verordnungsvorschlags über das Statut der Europäischen Aktiengesellschaft. Der Vorschlag für die EG-Strukturrichtlinie und der Vorschlag einer Verordnung über das Statut der Europäischen Aktiengesellschaft sind u.a. abgedruckt in Lutter, Unternehmensrecht, S. 176 ff und S. 724 ff.

[133] Z.B. Frankreich und Belgien.

[134] Brodmann, HGB, § 243 unter 2c, S. 275.

ganstellung besonders groß ist (aufgrund deren „ethischer Blindheit"). Vermutlich glaubte man die durchaus wahrgenommenen Interessenkonflikte, die mit der Aufsichtsratstätigkeit von hauptberuflich als Vorstandsmitglieder Tätigen verbunden sind (die Rolle von Bankenvertretern wurde schon damals als Problem diskutiert[135]) mit einer Ermöglichung der Aufsichtsratsmitgliedschaft für juristische Personen zu verstärken und entschied sich deshalb gegen eine solche[136].

Ob man mit dem Ausschluß juristischer Personen von der Wählbarkeit zu Aufsichtsratsmitgliedern wirklich eine größere Unabhängigkeit der Mandatsträger erreicht hat, ist allerdings zu bezweifeln. Denn diese gesetzliche Konstruktion kann an der oben aufgezeigten Faktizität, daß Vorstandsmitglieder und andere Geschäftsleiter als Repräsentanten „ihrer" Unternehmen in die Aufsichtsräte bestellt werden, nichts ändern. Vielmehr könnte die Folge des Ausschlusses sein, daß im Aufsichtsrat nichts geschieht und nichts unterbleibt, „das nicht genauso geschehen würde, wenn die juristische Person als solche in der Verwaltung vertreten wäre"[137] und diese juristische Person gleichzeitig die Möglichkeit hat, sich formal auf ihre Nichtmitgliedschaft im Aufsichtsrat zu berufen, soweit es um Fragen der Haftungsverpflichtung, der Stimmverbote oder der Wissenszurechnung geht. Daß genau dies geschieht, haben die Beispielsfälle am Anfang gezeigt, in denen sich die angegriffenen juristischen Personen auf die mangelnde Zurechenbarkeit der Aufsichtsratstätigkeit ihrer Vorstandsmitglieder unter Verweis darauf, daß die Aufsichtsratsmandate persönliche Mandate seien, beriefen.

Somit sitzen zwar faktisch die Gesellschaften selbst - vertreten durch ihre Vorstandsmitglieder - in den Aufsichtsräten anderer Gesellschaften, worauf auch der Sprachgebrauch (Banken-, Konzernvertreter usw.) hinweist, rechtlich gesehen aber nicht. Tatsächlich nimmt der Personenkreis das Mandat *als* Vorstandsmitglied wahr, rechtlich dagegen als Privatperson, deren Hauptberuf (zufällig) die Vorstandsstellung in einer anderen Gesellschaft ist. Es fragt sich daher, welche rechtlichen Folgen dieses Auseinanderfallen von Realität und gesetzlicher Konstruktion hat.

---

[135] Siehe hierzu mit Literaturhinweisen Hopt in Horn/Kocka (Hrsg.): Großunternehmen, S. 227, 230.

[136] So war auch die Argumentation von Rospatt in Bank-Archiv 30, 308, 309 gegen die Ansicht von v. Hofmannsthal (ebenda s. 306), daß eine ihr Vorstandsmitglied „entsendende" AG für eine Pflichtverletzung ihres Vorstandsmitglieds als Aufsichtsrat haften müsse als Konsequenz aus der Annahme, daß in Wirklichkeit die AG selbst Aufsichtsratsmitglied sei: „Damit aber würde der AR vollends zum Tummelplatz der widerstreitenden Interessen - und zwar nunmehr auf gesetzlicher Grundlage - werden, ein Zustand, der kaum geeignet sein würde, das Vertrauen des Publikums zu fördern."

[137] So Mestmäcker, Konzerngewalt, S. 263.

1) Inkompatibilität

Die radikalste Reaktion wäre es, die Bestellung von Vorstandsmitgliedern zu Mitgliedern des Aufsichtsrates einer anderen Gesellschaft für unzulässig zu erklären, wenn diese nicht wegen ihrer Person, sondern faktisch in ihrer hauptberuflichen Funktion als Vorstandsmitglied berufen werden.

So vertritt etwa VOORMANN (für Beiräte), daß auch die Intention, die hinter einer Benennung steht, zu einer Inkompatibilität führen kann[138]:

„Richtig erscheint deshalb, die Bestellung von Nichtgesellschaftern zu Beiratsmitgliedern von der Intention der Bestellung abhängig zu machen. Nicht die Mitwirkung Dritter an sich ist unzulässig, wohl aber die Verfestigung einer (an sich zulässigen) Einflußnahme auf die Gesellschaft durch Eindringen in die Gesellschaft..."

VOORMANN leitet die von ihm angenommene Inkompatibilität aus dem Prinzip der Verbandssouveränität ab[139]. Diese soll schon dann verletzt sein, wenn die Gefahren einer Fremdsteuerung offen zutage treten, etwa dadurch, daß die Mitwirkung im Beirat a priori auf Betreiben eines Außenstehenden erfolgt ist[140]. Übertragen auf den Aufsichtsrat könnte dies bedeuten, daß eine hauptberufliche Vorstandsstellung dann mit der Übernahme eines Aufsichtsratsamtes inkompatibel ist, wenn die Initiative zur Wahl dieses Doppelmandatars nicht von der aufnehmenden, sondern von der ihr Vorstandsmitglied „entsendenden" (außenstehenden) AG ausgegangen ist.

Nun ist es schon fraglich, ob man die für fakultative Beiräte vertretene Auffassung auf Aufsichtsräte übertragen kann. Diese Frage kann jedoch dahingestellt bleiben, da gegen den wiedergegebenen Ansatz nicht nur Praktikabilitätsprobleme[141] und die mit ihnen verbundene Rechtsunsicherheit sprechen, sondern auch materiell die Ableitung einer Inkompatibilität aus dem Prinzip der Verbandssouveränität nicht überzeugt. Denn dieses Prinzip führt nur zur Unzulässigkeit der Statuierung von Entscheidungsbefugnissen auf Dritte, die *keine* Organstellung inne haben[142]; ein Verbot der Fremdorganschaft gibt es bei Kapitalgesellschaften gerade nicht. Als Aufsichtsratsmitglieder sind die Vorstandsmit-

---

[138] Voormann, Beirat, S. 115 und speziell für Beiräte mit Aufsichtsfunktion S. 118 f. Schon Brodmann, HGB, § 243, S. 276 appelierte an die Gerichte, diese „sollten aufhören zu verkennen, daß die Verwendung des Aufsichtsrats hierzu ein Mißbrauch dieser Institution ist, unvereinbar mit unserem Gesetz."

[139] Voormann, Beirat, S. 111, 114 ff.

[140] Voormann, Beirat, S. 119.

[141] So die Kritik von Teubner, ZGR 86, 565, 571.

[142] Vgl. hierzu ausführlich Wiedemann in FS Schilling, S. 105, 111 ff.

glieder der „entsenden“ AG aber nicht mehr Dritte. Das Gesetz sieht als Schutz für die aufnehmende AG die Einbindung des berufenen Doppelmandatars in organschaftliche Pflichten und damit die Bindung an die Interessen der aufnehmenden AG vor. Zur Sicherung der Einhaltung dieser Pflichten bestimmt das Gesetz in erster Linie einen repressiven Schutz in Form von Schadensersatzansprüchen der Gesellschaft und zwar nicht nur gegenüber dem Aufsichtsratsmitglied selbst, sondern in den Fällen des § 117 AktG auch gegenüber Dritten, die Einfluß auf das Aufsichtsratsmitglied haben. Ein solcher Dritter kann auch eine juristische Person sein, die ihr Vorstandsmitglied in den Aufsichtsrat der geschädigten AG „entsandt“ hat[143]. Ein negatorischer Schutz, der prophylaktisch vor der Gefahr künftiger Pflichtverletzungen schützt, ist nur durch die eng formulierten Inkompatibilitätsregeln des § 100 I AktG gegeben und durch die theoretische Möglichkeit einer vorbeugenden Unterlassungsklage nach den §§ 1004 BGB, 117 I, II AktG[144]. Soweit nicht nur eine abstrakte, sondern eine konkrete Gefahr der Pflichtverletzung besteht, wird der negatorische Schutz durch § 103 AktG mittels Abberufungsmöglichkeit ergänzt.

Aufgrund der Abgeschlossenheit dieses Schutzsystems läßt sich nicht zusätzlich aus dem Grundsatz der Verbandssouveränität eine Inkompatibilitätsregel, die an die Intention der Bestellung anknüpft, ableiten.

2) Gleichstellung

Die im Vergleich zu dem eben erörterten Ansatz „umgekehrte“ Reaktion wäre es, die Bestellung eines Vorstands- zum Aufsichtsratsmitglied mit der beschriebenen Intention in der Weise rechtlich umzusetzen, daß die AG (juristische Person) trotz § 100 I AktG so behandelt wird, als sei sie selbst Aufsichtsratsmitglied[145]. Es handelte sich dabei um die Gleichstellung einer AG (der des Vorstandsamtes) mit ihrem Organmitglied und nicht um die hiervon zu unterscheidende und in der Literatur vielfach diskutierte Frage, wann eine Gleichstellung zwischen juristischer Person und ihren Mitgliedern, den Gesellschaftern, gerechtfertigt ist[146]. Die Intention der Benennung führte hiernach nicht zu deren

143 Siehe KK-Mertens, AktG, § 117, Rz 14 und § 76, Rz 86 mwN.

144 Vgl. zu letzterem KK-Mertens, AktG, § 117, Rz 9.

145 So für den Konzernbereich Rehbinder, Konzernaußenrecht, S. 256; vgl. ferner Matthießen, Stimmrecht, S. 372 (FN 100); Reiß, Aufsichtsrat, S. 139; ablehnend v. Hofmannsthal, Bank-Archiv 30, 308, 309; Lutter, ZHR 145 (1981), 224, 229: „...an dieser auf die Person bezogene Struktur des Aufsichtsratsamtes sollte man strictissime festhalten“; kritisch auch Hopt in Feddersen/Hommelhoff/Schneider (Hrsg.): Corporate Governance, S. 285, 307: „...a solution...which treats the bank as being on the corporation's board by means of its agent seems too crude.“

146 Zu dieser Form des Durchgriffs siehe Kübler, Gesellschaftsrecht, § 23; zu dieser Unterscheidung vgl. Zöllner, Schranken, S. 277 ff.

Unzulässigkeit, sondern man würde diese in der Weise verrechtlichen, daß man die „entsendende“ AG selbst als Aufsichtsratsmitglied behandelt, weil dies mit der Bestellung bezweckt war und die Mandatsübertragung auf das einzelne Vorstandsmitglied hierzu nur der einzige mögliche „Umweg“ war, da eine AG als solche nach dem Gesetz nicht wählbar ist.

Auf eine Gleichstellung in diesem Sinne läuft es letztlich hinaus, wenn in der Literatur vertreten wird, daß - im Falle einer institutionsbezogenen Vergabe des Aufsichtsratsmandates - eine AG für das Fehlverhalten ihres Vorstandsmitglieds als Aufsichtsratsmitglied einer anderen AG dieser generell nach den §§ 116, 93 AktG iVm § 31 BGB haften muß[147]. Denn die Annahme einer generellen Haftung ist nur dann in sich stimmig, wenn man davon ausgeht, daß die „entsendende“ AG in einem Rechtsverhältnis zur aufnehmenden AG steht, das dem eines Aufsichtsratsmitglieds entspricht. Anderenfalls ließe es sich nicht rechtfertigen, die „entsendende“ AG generell für die Verletzung von Aufsichtsratspflichten durch ihr Vorstandsmitglied einstehen zu lassen[148].

Eine so weitgehende Gleichstellung würde voraussetzen, daß sich der ganze Normenkomplex über den Aufsichtsrat in folgender Weise interpretieren ließe: Bei der Anwendung der Normen müßte *grundsätzlich* die Intention der Wahl eines Aufsichtsratsmitglieds mit der Konsequenz Berücksichtigung finden, daß bei einer institutionsbezogenen Bestellung eines Aufsichtsratsmitglieds die betreffende Institution (AG) als „eigentliches“ Aufsichtsratsmitglied anzusehen wäre. Bei der konkreten Fallanwendung müßte dann die Frage gestellt werden, wann der Sinn und Zweck einer Norm es erfordert, daß doch zwischen dem Aufsichtsratsmitglied und der AG seines Hauptamtes differenziert wird.

Daß dies allerdings nicht dem derzeitigen System des Aktiengesetzes entspricht, zeigt sich nicht nur an § 100 I AktG, sondern exemplarisch auch an § 115 AktG. Denn diese Norm sieht als Regelfall in Absatz 1 die Einwilligungspflicht des Aufsichtsrats für den Fall der Gewährung eines Kredits an ein Aufsichtsratsmitglied (persönlich) vor. Als ausnahmsweise angeordnete Erweiterung dieser Grundpflicht sieht Absatz 3 die Einbeziehung von Krediten an die hinter einem Aufsichtsratsmitglied stehende AG, also die AG seines Vorstandsamtes, vor.

3) Teleologische Gleichstellung im Einzelfall

Gewissermaßen zwischen den beiden zuerst dargestellten Ansätzen liegt es, einzelne Normen in dem Sinne teleologisch auszulegen, daß die Vorstandsstel-

---

147 Dies wird vertreten von Koenen, Zurechnung, passim. Krause, BB 51, 677, 680 spricht von der Annahme eines de-facto-Vertretungsverhältnisses, lehnt aber selbst eine solche Konstruktion ab. Siehe hierzu auch unter F III.

148 Vgl. hierzu auch später unter F III 1.

lung des Aufsichtsratsmitglieds in der anderen Gesellschaft unter grundsätzlicher Trennung zwischen dem Aufsichtsratsmitglied und „seiner“ AG, Berücksichtigung finden kann. Eine Gleichstellung, wie unter 2) beschrieben, wird dann nicht als Regelfall, sondern nur für die Tatbestandsmerkmale einzelner Normen vorgenommen, bei denen sich dies aus deren Sinn und Zweck ergibt.

Ein Beispiel für diese Art der Gleichstellung ist es, wenn das Stimmverbot des § 34 BGB auf Abstimmungen im Aufsichtsrat über Rechtsgeschäfte, die nicht mit dem Aufsichtsratsmitglied selbst abgeschlossen werden sollen, sondern mit der Gesellschaft, deren gesetzlicher Vertreter er ist, ausgedehnt wird[149]. Diese sich im Wortlaut des § 34 BGB nicht widerspiegelnde Gleichsetzung eines Rechtsgeschäftes des Aufsichtsratsmitgliedes mit einem Rechtsgeschäft, das nicht von ihm, sondern von der von ihm repräsentierten AG abgeschlossen wurde, wird begründet mit dem Sinn des Stimmverbots, nämlich dem Ausschluß von an dem Geschäft Eigeninteressierten[150].

4) Gleichstellung im Einzelfall als „Durchgriff“

Zu einer Gleichstellung im Einzelfall kommt es auch, wenn man die Gleichstellung nur dann annimmt, wenn sich eine juristische Person in einer bestimmten Situation geriert, als wäre sie selbst das Aufsichtsratsmitglied der anderen Gesellschaft, indem sie Einfluß auf die durch ihr Vorstandsmitglied ausgeübte Aufsichtsratstätigkeit nimmt. Der „Durchgriff“ auf die hinter dem Aufsichtsratsmitglied stehende AG würde sich dann auf diese bestimmten Situationen beschränken. Die Intention bei der Bestellung bzw. Annahme des Aufsichtsratsamtes wäre dann allein nicht ausreichend für eine Gleichstellung eines Aufsichtsratsmitglied mit der AG seines Hauptamtes.

Die Frage, wann ein Nichtorgan, das auf eine andere Gesellschaft aber wie ein Organ Einfluß nimmt (über die formal als Organ bestellte Person), selbst als Organ zu behandeln ist, wird unter dem Stichwort des sog. faktischen Organs diskutiert[151]. Der Schwerpunkt der Diskussion liegt allerdings bei der Frage nach der straf- und zivilrechtlichen Verantwortung von „faktischen Geschäftsführern“, d.h. von Hintermännern sog. Strohmanngeschäftsführer, doch könnte der Gedanke des faktischen Organs auch auf die Wahrnehmung von Aufsichtsratsmandaten übertragbar sein. Denn die Idee dieser Rechtsfigur ist es, daß denjenigen, der Organmacht in Anspruch nimmt, auch Organverantwortlichkeit

---

[149] Vgl. dazu später unter E II 1.

[150] Siehe dazu später unter E II 1.

[151] Nicht gemeint sind hier die fehlerhaft bestellten Organe. Vgl. zur Rechtsfigur des faktischen Organs Karsten Schmidt, Gesellschaftsrecht, § 14 III 3; Stein, Das faktische Organ, insb. S. 143 ff und kritisch Reiner, Gesellschaftsinteresse, S. 157 ff.

treffen soll, wobei dieses (formale) Nichtorganmitglied auch eine juristische Person sein kann. Dem entspricht es, wenn z.B. im schweizerischen Recht vertreten wird, daß auf eine AG, die eigene Vertreter in den Verwaltungsrat einer anderen AG delegiert hat, in diesem Sinne durchgegriffen werden kann, wenn sie über ihre Vertreter tatsächlich an der Willensbildung der anderen AG teilnimmt; nicht dagegen, wenn der Gewählte sein Amt frei und ohne Instruktionen seitens der delegierenden Gesellschaft ausüben kann[152].

Letztlich geht es auch hier, wie bei dem unter 3) dargestellten Ansatz, um die teleologische Auslegung einzelner Normen. Die teleologische Fragestellung lautet konkret, ob eine Norm in dem Sinne auszulegen ist, daß sie auch (juristische) Personen erfaßt, die formal keine Organstellung inne haben, sich aber deren Befugnisse anmaßen[153]. Demgegenüber verlangt der unter 3) dargestellte Ansatz die Prüfung, ob die teleologische Auslegung unabhängig von dem Verhalten der „entsendenden" AG, eine Gleichstellung des Aufsichtsratsmitglieds mit der AG seines Hauptamtes rechtfertigt.

Die Folgen des spezifischen Unrechtsgehalts der Anmaßung von Organbefugnissen unter Nutzung des Einflusses auf ein Organmitglied sind im deutschen Recht allerdings für den Aufsichtsrat der Aktiengesellschaft durch § 117 AktG abschließend geregelt. Denn Schutzzweck von § 117 AktG ist die Integrität des Verwaltungshandelns[154]. Dies bedeutet, daß die Idee der Rechtsfigur des faktischen Organs nur im Rahmen der Auslegung von § 117 AktG einfließen kann. Dem trägt etwa die zutreffende Ansicht Rechnung, nach der über die §§ 117 AktG, 31 BGB auch Gesellschaften, die eine Person (ihr Vorstandsmitglied) in den Aufsichtsrats der geschädigten AG „entsandt" haben, für dessen Einflußnahme haften, wenn es deren Einfluß zur Geltung bringt[155]

5) Die „Rollentrennung" als Konfliktlösungsansatz

In ihrer Tendenz gegensätzlich zu den Versuchen eine (partielle) Gleichstellung von Doppelmandataren und der von ihnen in Aufsichtsräten repräsentierten Gesellschaften zu erreichen, ist der Ansatz, eine strikte Trennung zwischen den verschiedenen Organfunktionen zu vollziehen[156]. Dies geschieht in der Weise,

---

[152] Vgl. Forstmoser, Verantwortlichkeit, S. 131, N 499 ff.

[153] Ähnlich Karsten Schmidt, Gesellschaftsrecht, § 14 III 3 („Normanwendungsproblem") und Stein, Das faktische Organ, S. 75.

[154] Hüffer, AktG, § 117, Rz 1; KK-Mertens, AktG, § 117, Rz 11.

[155] KK-Mertens, AktG, § 117, Rz 14; Ulmer in FS Stimpel, S. 705, 714 f und für den Konzernbereich Wäldle, DB 72, 2289, 2290; siehe dazu auch später unter F III.

[156] Vgl. zum Rollentrennungsansatz Dreher, JZ 90, 896, 900; Singhoff, AG 98, 318, 323; kritisch Wardenbach, AG 99, 74, 76.

daß der Doppelmandatar als doppelter Rollenträger in dem Sinne qualifiziert wird, daß sein Handeln einer seiner Rollen zugeordnet wird und er als Konsequenz dieser Zuordnung sein Handeln dann auch nur an den Pflichten dieser Funktion ausrichten darf[157].

Die Frage, auf welche Weise und mit welcher Rechtsfolge die hauptberufliche Vorstandsstellung eines Aufsichtsratsmitglieds zu berücksichtigen ist, scheint sich dann nicht zu stellen, weil - wird eine Situation einer Rolle ausschließlich zugerechnet - die andere Rolle „ausgeblendet“ und damit partiell „ignoriert“ wird. Für eine Gleichstellung im obigen Sinne scheint kein Raum zu bleiben, weil es dann nicht denkbar ist, daß ein Aufsichtsratsmitglied durch eine Handlung für die beiden personell verflochtenen Unternehmen zugleich tätig ist.

Konkret wird beispielsweise vertreten, ein Doppelfunktionsträger könne (rechtlich) als Aufsichtsratsmitglied nur die Interessen des „Aufsichtsratsunternehmens“ und nicht die „seiner“ AG wahrnehmen, da er als Aufsichtsratsmitglied eben nur diese eine Rolle wahrzunehmen habe[158]. Auf die Spitze getrieben wird dieser Ansatz, wenn für Situationen, in denen eine klare Zuteilung des Handelns nicht möglich erscheint, der Doppelmandatar sich bei seinem Gesprächspartner erkundigen soll, in welcher Rolle er ihm erscheint[159], also, ob er mit ihm als Vorstandsmitglied der X-AG oder als Aufsichtsratsmitglied der Y-AG sprechen will.

Allgemeiner gesagt, wird von dem Doppelmandatar verlangt, daß er in seiner einen Rolle handelt, wie wenn er die andere Rolle nicht inne hätte und umgekehrt. Für die Situationen, in denen dem Doppelmandatar diese „Leistung“ nicht zugetraut wird, soll die Lösung darin bestehen, ihn auszuschließen; man hält ihn für verpflichtet, von seinem Amt zurückzutreten[160].

Die ausschließliche Zuordnung von tatsächlichem Verhalten und Wissen zu einer der beiden wahrgenommenen Funktionen wird oft nicht sinnvoll möglich sein und zur Fiktion geraten[161]. Dies gilt im verstärkten Maße für den Konzernbereich[162]. Dies hat seine Ursache darin, daß die personelle Verflechtung zwi-

---

157 Peltzer, JZ 96, 842, 851; ähnlich Raiser, Kapitalgesellschaften, § 15, Rz 106; Fischer, Interessenkollisionen, S. 323, 331; siehe auch Ulmer, NJW 80, 1603, 1605 ff.

158 Peltzer, JZ 96, 842, 851; ähnlich OLG Düsseldorf, WM 84, 586, 598.

159 Kümpel, WM 96, 653, 659.

160 Siehe Raiser, Kapitalgesellschaften, § 15 Rz, 106.

161 Dies wird teilweise von den Vertretern des „Rollentrennungsansatzes“ auch gesehen; besonders deutlich etwa Ulmer, NJW 80, 1603, 1606.

162 So bezeichnet Raiser, Kapitalgesellschaften, § 53, Rz 12, es als realitätsfern, den Ansatz der Aufgliederung der Pflichtenbindung nach der jeweiligen Tätigkeit im Konzernbereich anzuwenden.

schen den Gesellschaften nicht Zufall ist, sondern gewollt ist und es nicht überzeugt, (rechtlich) Handlungen einseitig zuzuordnen, um Funktionsvermischungen zu vermeiden, wenn tatsächlich genau diese Funktionsvermengung gewollt war. Vielmehr sollte man diese Absicht in die rechtliche Bewertung einfließen lassen, wie dies für die oben geschilderten teleologischen Ansätze zutrifft.

Kritisch und ablehnend gegenüber einem strikten Rollentrennungsansatz äußerte sich auch der BGH in der am Anfang der Arbeit erläuterten „Schaffgotsch"-Entscheidung[163]:

„Die Spaltung einer Person mit kollidierenden Pflichten in solche Verhaltensweisen, die nur dem einen, nicht aber zugleich dem anderen Verantwortungsbereich zugeordnet werden können, ist, wenn tatsächlich beide Bereiche betroffen sind, nicht möglich."

Sinnvoll ist es dagegen, für die Bestimmung der rechtlichen Pflichten nach den verschiedenen Funktionen zu differenzieren. So wurde in der Literatur das Beispiel gebildet, daß eine AG eine andere AG beliefert, bei der ihr Vorstandsmitglied im Aufsichtsrat tätig ist. Wenn nun diese andere AG durch einen Produktfehler geschädigt wird, den der Doppelmandatar in seiner Eigenschaft als Vorstandsmitglied der liefernden AG dieser gegenüber zu vertreten hat, soll er dafür der belieferten AG in seiner Eigenschaft als Aufsichtsrat nicht nach § 93 AktG haften[164]. Diese Art der Differenzierung nach den wahrgenommenen Funktionen ist überzeugend. Denn die rechtlichen Pflichten lassen sich im Gegensatz zu tatsächlichem Verhalten klar aufteilen. Nur im Einzelfall zu beantworten ist allerdings die Frage, inwieweit die eine Organfunktion die konkreten Verhaltenspflichten für die andere Funktion beeinflußt, z.B., in welchem Umfang in der einen Organfunktion erworbene Fähigkeiten und Kenntnisse in der anderen Organfunktion nutzbar gemacht werden müssen[165].

6) Zwischenergebnis

Abstrakt gesehen ist keine der unter 2), 3) und 4) dargestellten rechtsmethodischen Reaktionsmöglichkeiten logisch vorrangig und sie schließen sich gegenseitig nicht aus, weil sich letztlich alle drei Ansätze als Normanwendungsprobleme darstellen lassen[166] mit dem Unterschied, daß sich unter 3) die Frage stellte, ob schon die abstrakte Lage einer zweifachen Organfunktion bei der

---

[163] BGH, NJW 80, 1629, 1630.

[164] KK-Mertens, AktG, § 93, Rz 28.

[165] Dazu später unter E III.

[166] Parallelen lassen sich hier ziehen zu der im Rahmen der Frage nach einer Gleichstellung von juristischen Personen und ihren Gesellschaftern bestehende Unterscheidung von Durchgriffs- und Normanwendungslehre; vgl. dazu Kübler, Gesellschaftsrecht, § 23 I.

Auslegung der betreffenden Norm zu berücksichtigen ist, während es unter 4) darauf ankam, ob die konkrete Wahrnehmung dieser Doppelfunktion zu einer Gleichstellung durch teleologische Auslegung führt, wobei auf den beschränkten Anwendungsbereich des letzten Ansatzes schon hingewiesen wurde. Wie schon ausgeführt, entspricht der unter 2) dargestellte Gleichstellungsansatz nicht der derzeitigen Gesetzessystematik. De lege lata bietet somit vor allen Dingen der unter 3) dargestellte teleologische Ansatz die Möglichkeit, den Besonderheiten der institutionsbezogenen Bestellungspraxis Rechnung zu tragen.

Ob es materiell überzeugt, im Sinne des unter 1) dargestellten Ansatzes (de lege ferenda) die gesetzlichen Inkompatibilitätsvorschriften zu erweitern und/oder (de lege lata) durch eine möglichst strikte Rollentrennung im Sinne des fünften Ansatzes Interesseneinbringung in die AG von Außen zu verhindern oder - mit entgegengesetzter Tendenz - die von dem Aufsichtsratsmitglied faktisch repräsentierte AG in das Rechtsverhältnis Aufsichtsratsmitglied / AG des Aufsichtsratsamtes miteinzubeziehen, hängt von der Funktion ab, die man Aufsichtsräten zuschreibt. Insbesondere davon, in welchem Maße man Aufsichtsratsmitglieder als Interessenvertreter ansieht und Interesseneinbringung für zulässig hält.

7) Die Aufsichtsratsfunktion aus rechtlicher Sicht

Das oben beschriebene Auseinanderfallen der Realität der Bestellung von Aufsichtsratsmitgliedern vom gesetzlichen Leitbild scheint auch das rechtliche Verständnis der Funktion von Aufsichtsräten beeinflußt zu haben.

Dies erklärt sich u.a. daraus, daß die Berücksichtigung der Praxis der institutionsbezogenen Vergabe von Aufsichtsratsmandaten die institutionellen (anstelle der persönlichen) Interessenkonflikte bei der Wahrnehmung der Aufsichtsratstätigkeit in den Vordergrund treten läßt, also solche, die auf der personellen Verflechtung zwischen zwei Gesellschaften beruhen. Und während eine gezielte Einbindung irgendwelcher persönlicher Interessen als Organfunktion kaum in Betracht kommt, kann die Einbindung anderer institutioneller Interessen durchaus als sinnvoll erscheinen, um die Berücksichtigung der Ansichten einer für die AG wichtigen Interessengruppe sichergestellt zu wissen[167].

So wird der Aufsichtsrat teilweise nicht als homogenes Aufsichtsorgan, sondern als Interessenvertretungsorgan dargestellt, nämlich als Organ für die Durchsetzung und Einbindung externer Interessen. Die Auffassung vom Aufsichtsrat als Interessenvertretungsorgan zeigt sich in Äußerungen, die für den Aufsichtsrat

---

[167] So auch die wirtschaftswissenschaftlichen Ansätze zur Erklärung, warum personelle Verflechtungen enstehen: siehe hierzu schon oben unter B II.

das Prinzip der „Institutionalisierung von Interessenkonflikten“ feststellen[168], ihn als „unternehmenspolitische Integrationsinstanz“ bezeichnen[169] oder ihn als Mittel ansehen, um den mit der AG in enger Geschäftsbeziehung stehenden Unternehmen Teilnahme an der corporate governance zu gewähren[170]. Ein weiteres Indiz hierfür ist es, wenn beispielsweise Bankenvertreter in Aufsichtsräten als „Sprecher der Kapitalgeber“ bezeichnet werden[171]. Denn Interessen sind nur dann institutionalisiert bzw. integriert, wenn sie auch wahrgenommen werden dürfen und als Sprecher einer Interessengruppe kann nur derjenige bezeichnet werden, der die Interessen dieser Gruppe einbringen darf, ja eigentlich sogar muß. Teilweise hat man den Eindruck, daß der Aufsichtsrat eine Art Doppelfunktion zu erfüllen hat: zum einen als Kontrollorgan und zum anderen als „Interessenintegrationsinstanz“[172].

Meist wird allerdings nicht deutlich, ob mit derartigen Umschreibungen nur die tatsächliche Situation beschrieben wird oder ob der wiedergegebenen Struktur des Aufsichtsrats als interessenpluralistisch zusammengesetztem Organ auch rechtliche Relevanz beigemessen wird[173]. Desweiteren bleibt unklar, welche Strukturmerkmale als konstituierend dafür angesehen werden, ob Aufsichtsratsmitglieder als Interessenvertreter bezeichnet werden können oder nicht. Wenn aber z.B. WESTERMANN betont, es sei nicht unproblematisch, wenn man jegliche Einflußnahme auf Aufsichtsratsmitglieder für unzulässig halte, weil der Aufsichtsrat zur Artikulation und Abwägung der auf das Unternehmen bezogenen Interessen verstanden werden könne[174], kommt darin zum Ausdruck, daß der interessenpluralistischen Zusammensetzung des Aufsichtsrats auch rechtliche Relevanz beigemessen werden soll. Gleiches gilt für die am Anfang erwähnte Entscheidung des OLG Düsseldorf im Fall BuM/WestLB[175], in wel-

---

[168] Matthießen, Stimmrecht, S. 412 ff; Raiser, Kapitalgesellschaften, § 15, Rz 99; Weisser, Corporate Opportunities, S. 182.

[169] Brinkmann, Unternehmensinteresse, S. 276.

[170] Matthießen, Stimmrecht, S. 412 f.

[171] So Lutter in ZHR 145 (1981), 224, 227.

[172] Brinkmann, Unternehmensinteresse, S. 248 („Kontrollorgan und unternehmenspolitische Instanz“); ähnlich Ulmer, NJW 80, 1603, 1604, wenn er davon spricht, daß der Aufsichtsrat auch der nützlichen, wenn auch nicht ausdrücklich (!) im Aktiengesetz verankerten Funktion, der Pflege der Geschäftsbeziehungen zu dienen habe.

[173] Aus diesem Grunde ebenfalls kritisch Rittner in FS Hefermehl, S. 365, 368 betreffend Umschreibungen des Unternehmensinteresses („...oft nicht hinreichend klar ist, ob de lege lata oder de lege ferenda, ob juristisch oder ökonomisch - soziologisch argumentiert wird.“).

[174] Westermann in FS Beusch, S. 876, 885; ähnlich Raiser, ZGR 78, 391, 396 („Richtige Balance zwischen institutioneller Unabhängigkeit und berechtigtem Außeneinfluß“).

[175] OLG Düsseldorf, AG 83, 250.

cher der Doppelmandatar für verpflichtet gehalten wurde, die Belange der WestLB im Aufsichtsrat der BuM zu wahren, wodurch der tatsächlich wahrgenommenen Doppelrolle auch rechtliche Relevanz beigemessen wurde.

Unbeantwortet bleibt bei den oben wiedergegebenen Äußerungen neben der Frage nach den Rechtsfolgen der festgestellten Integration von Interessenkonflikten, welche Interessen genau institutionalisiert sein sollen/dürfen und wie eine Interessengruppe abzugrenzen ist. Unklar bleibt z.B., ob nun ein Bankenvertreter nur Sprecher seines Instituts sein soll oder aller Kapitalgeber (einschließlich der Eigenkapitalgeber ?) oder nur der Großkapitalgeber und wieso eigentlich nicht der Warenkapitalgeber...?[176]

Ein paralleles Problem findet sich insoweit bei der Diskussion um den immer noch ungeklärten und umstrittenen Begriff des Unternehmensinteresses[177], dem alle Aufsichtsratsmitglieder verpflichtet sind[178]. Zwar wird überwiegend vertreten, daß das Unternehmensinteresse nicht allein gleichzusetzen ist mit den Interessen der Anteilseigner[179], doch welche Interessen zu berücksichtigen sind und in welcher Form, ist umstritten[180].

Die festgestellte Parallele ist nicht zufällig, sondern hat ihre Ursache darin, daß die Auffassung vom Begriff des Unternehmensinteresses sich auf das Verständnis von der Funktion und Funktionsweise des Aufsichtsrates (und umgekehrt) auswirkt. Deshalb finden sich auch sowohl bei Erklärungen zur Funktionsweise der Arbeitnehmermitbestimmung als auch bei Erläuterungen zu einem prozedural bestimmten Begriff des Unternehmensinteresses Hinweise auf die gleiche konfliktsoziologische Formel „Integration durch Konflikt“[181] wie sie oben für die Funktionsweise von Aufsichtsräten wiedergeben wurde.

---

[176] Zu solchen Abgrenzungsproblemen vgl. Steinmann, Großunternehmen, S. 176 ff.

[177] Vgl. hierzu u.a. Brinkmann, Unternehmensinteresse; Laske, ZGR 79, 173; Raisch in FS Hefermehl, S. 347; Raiser in FS R. Schmidt, S. 101; Teubner, ZHR 148 (1984), 470.

[178] Vgl. nur Hüffer, AktG, § 76, Rz 12 ff; KK-Mertens, AktG, § 76, Rz 28; aA Mülbert, ZGR 97, 129 ff.

[179] Vgl. KK-Mertens, AktG, §76, Rz 11: „Doch sind eindimensionale Zielsetzungen für ein Großunternehmen und sein Führungspersonal heute schlichtweg illusorisch.“

[180] Zumeist werden die zu berücksichtigen Interessen beschränkt auf die der Anteilseigner, der Arbeitnehmer und die der Allgemeinheit (siehe Hüffer, AktG, § 76, Rz 12; KK-Mertens, AktG, § 76, Rz 16, 32). Die Interessen der Vertragspartner (und damit auch die einer „entsendenden“ AG) werden als Sonderinteressen meist nicht dazugezählt.

[181] So z.B. Brinkmann, Unternehmensinteresse, S. 203 ff; Kunze, ZHR 144 (1980), 100, 116 („Institutionalisierung des Arbeitnehmerinteresses“); Semler in FS Raisch, S. 291, 295; kritisch Schmidt-Leithoff, Unternehmensleitung, S. 95.

Daher wird im folgenden auf den Begriff des Unternehmensinteresses und seine Bedeutung für das Verständnis von der Funktionsweise der Aufsichtsräte und für den Umgang mit Interessenkonflikten von Aufsichtsratsmitgliedern mit hauptberuflicher Vorstandsfunktion eingegangen.

a) Der „Vorrang des Unternehmensinteresses“ als Lösungsansatz

Die Auswirkungen des Verständnisses vom Begriff des Unternehmensinteresses auf das Verständnis von der Funktionsweise des Aufsichtsrates zeigt sich, wenn in der Literatur versucht wird, das grundsätzliche Problem der Verhaltenspflichten von Aufsichtsratsmitgliedern bei Interessenkonflikten mit der Formel des „Vorrangs des Unternehmensinteresses“[182] zu lösen. Gemeint ist damit, daß ein Aufsichtsratsmitglied bei der Wahrnehmung seiner Tätigkeit an das Unternehmensinteresse der AG seines Aufsichtsratsamtes gebunden ist und diesem Vorrang vor allen anderen Interessen einzuräumen hat, wobei dieser Vorrang eben auch hinsichtlich der Interessen der AG seines Hauptamtes Geltung haben soll.

Aus diesem zutreffenden und in dieser allgemeinen Form auch unbestrittenen Ansatz wird teilweise die Schlußfolgerung gezogen, Interessenvertretung im Aufsichtsrat sei (rechtlich) nicht möglich. Zwar dürften die durch ein hauptberufliches Vorstandsmitglied repräsentierten Interessen in die Diskussion eingebracht werden, aber die konkrete Entscheidung dürfe sich nicht an ihnen ausrichten[183]. (Dies entspricht dem oben geschilderten „Rollentrennungsansatz“, nach dem ein Doppelfunktionsträger in seiner einen Rolle sein Handeln auch nur an den Pflichten dieser Rolle ausrichten darf).

In Wirklichkeit leitet die Formel vom „Vorrang des Unternehmensinteresses“ - statt die materiellen Probleme zu beantworten - nur auf die Frage über, was das Unternehmensinteresse ist und wie und von wem es festgelegt wird[184]. Denn die Tatsache, daß Aufsichtsratsmitglieder das Unternehmensinteresse des Unternehmens, bei dem sie diese Funktion wahrnehmen, nicht verletzen dürfen, sagt nichts darüber aus, ob nicht durch die Einbringung von Drittinteressen das Unternehmensinteresse unter Umständen erst konkretisiert wird[185]. Ebensowenig

---

[182] Vgl. Hoffmann, Aufsichtsrat, Rz 500 und 109; Potthoff/Trescher, Das Aufsichtsratsmitglied, S. 39, Raiser, Kapitalgesellschaften, § 15, Rz 104, 106.

[183] Peltzer, JZ 96, 842, 851: „Man darf nur als Aufsichtsrat und damit als Interessenwahrer des Unternehmens handeln.“; Westermann in FS Beusch, S. 871, 886.

[184] So zu Recht Lutter, Vertraulichkeit, § 12 II 2, S. 126 (FN 13).

[185] Vgl. etwa Raiser, Kapitalgesellschaften, § 15, Rz 105: „Gerade auch die Berücksichtigung spezieller Interessen entspricht dem Unternehmensinteresse...Für die Aufsichtsratsmitglieder stellt sich so gesehen nicht die starre Alternative zwischen Unternehmensinteresse und Son-

wird damit beantwortet, ob nicht unterhalb der durch das Unternehmensinteresse gesetzten Ausübungsgrenze die Aufsichtsratsmitglieder ihren breiten Beurteilungsspielraum einseitig mit den Sonderinteressen ihrer Interessengruppe / AG ausfüllen dürfen[186] oder vielleicht sogar müssen[187], wenn sie vertraglich von der AG ihres Hauptamtes dazu verpflichtet worden sind[188]. In letzter Konsequenz - wenn man eine Verpflichtung zur Wahrnehmung des repräsentierten Gruppeninteresses annähme - wäre es dann auch denkbar, daß die Verhaltensweise eines Aufsichtsratsmitglieds, die keine Pflichtverletzung gegenüber dem „Aufsichtsratsunternehmen" darstellt, trotzdem eine Pflichtverletzung gegenüber dem „Vorstandsunternehmen" sein könnte[189]. Ferner muß man konstatieren, daß die Vorrangformel als Konfliktlösungsansatz in den Fällen nicht weiter hilft, in denen sich eine Handlung nicht eindeutig einem Tätigkeitsbereich zuordnen läßt.

So richtig die Feststellung ist, daß ein Aufsichtsratsmitglied bei der Ausübung seiner Tätigkeit dem Unternehmensinteresse der AG dieses Amtes Vorrang vor anderen Interessen (einschließlich derjenigen der AG seines Hauptamtes) zu gewähren hat, so aussagelos bleibt sie aus den genannten Gründen, wenn nicht klar ist, was unter dem Unternehmensinteresse zu verstehen ist.

b) Die unterschiedlichen Ansätze zum Begriff des Unternehmensinteresses

aa) Eine monistische Auffassung[190], die eine strikte Ausrichtung der Handlungen der Unternehmensorgane an den Interessen der Aktionäre verlangt[191], läßt

---

derinteresse, sondern ein Abwägen zwischen ihnen und mit den anderen im Aufsichtsrat artikulierten Sonderinteressen."

[186] So auch Matthießen, Stimmrecht, S. 354 und diese Möglichkeit bejahend S. 414; ebenso Raiser, Kapitalgesellschaften, § 15 Rz 105, wenn die Interessenverfolgung nicht starr und einseitig ist; dies ablehnend dagegen Hoffmann, Aufsichtsrat, Rz 109; Westermann in FS Beusch, S. 886.

[187] So im Ergebnis OLG Düsseldorf, AG 83, 250. Meist wird allerdings davon ausgegangen - soweit Interesseneinbringung überhaupt für zulässig gehalten wird -, daß es dem Aufsichtsratsmitglied freistehe, ob es seine Entscheidung nur am Unternehmensinteresse oder auch am Interesse des repräsentierten Interessenträgers ausrichtet; kritisch gegenüber derartigen Strukturmustern aber Steinmann, Großunternehmen, S. 201.

[188] Zur Zulässigkeit solcher Verpflichtungen siehe unten D VIII.

[189] Vgl. hierzu unten D IX und die gegenüber einer solchen Konsequenz ablehnenden Stellungnahmen im Diskussionsbericht in ZHR 145 (1981), 271, 272.

[190] Vgl. vor allem Wiedemann, Organverantwortung, S. 298 und ders. ZGR 75, 385, 423 ff und neuerdings Mülbert, ZGR 97, 97, 129 ff, 155. „...alleinige Ausrichtung auf ein verbandsrechtlich konzipiertes Formalziel..., also regelmäßig auf die Gewinnmaximierung..."; vgl. ferner Kübler in FS Zöllner, S. 321, 335, der dem monistischen Ansatz „formale Eleganz" bescheinigt.

keinen Raum für die Einbindung verschiedener Interessen über den Aufsichtsrat als institutionellen Rahmen[192]. Teilweise wird zwar davon ausgegangen, daß die optimale Nutzung des investierten Kapitals nicht den Aktionären, sondern der Öffentlichkeit geschuldet wird[193]. Doch führt auch dieser Ansatz zu den gleichen rechtlichen Folgen wie die klassische monistische Theorie, weil die Organe ihr Handeln ebenfalls an einer Politik der Gewinnmaximierung ausrichten müssen[194].

Für Aufsichtsratsmitglieder mit hauptberuflicher Vorstandsfunktion hätte die Zugrundelegung dieses Verständnisses zur Folge, daß zwar die Interessen der AG ihres Hauptamtes Berücksichtigung finden können, soweit sie sich aus dem Aktionärsinteresse ableiten lassen; sie wären aber nicht Vertreter „ihrer“ AG, sondern allein als Anteilseignervertreter tätig.

bb) Die pluralistischen Konzepte gehen dagegen davon aus, daß das Unternehmensinteresse sich nicht reduzieren lasse auf das (typisierte) Aktionärsinteresse, sondern sich bilde aus sämtlichen relevanten Einzel- und Gruppeninteressen. Zu der Frage, welche Interessen denn nun als relevant anzusehen sind, werden allerdings die unterschiedlichsten Kombinationen vertreten. Unbestritten ist allein die Erheblichkeit der Aktionärs- und Arbeitnehmerinteressen[195]. Zusätzlich werden teilweise einbezogen die Interessen der Allgemeinheit, der Geschäftspartner, der Gläubiger, der Verbraucher, der Genußscheininhaber, der Gewerkschaften usw.[196].

Bei den Konzepten, die das Unternehmensinteresse sehr weit im Sinne von pluralistisch definieren, bleibt allerdings meist offen, ob die betreffende Personen-

---

[191] Deutlich Wiedemann, ZGR 75, 385, 425: „Die Verwaltung dieser Mittel hat dann aber notwendig zugunsten der Aktiensparer zu erfolgen, und diese Ziel muß die oberste Wertungsmaxime der aktienrechtlichen Unternehmensleitung bilden...“, der dies aus dem Anlegerschutzprinzip ableitet und ausdrücklich betont, daß sich an dieser Struktur durch die damals bevorstehende Einführung des Mitbestimmungsgesetzes nichts ändern wird (S. 431 f).

[192] Vgl. Bleicherl/Leberl/Paul, Unternehmensverfassung, S. 25.

[193] Junge in FS Caemmerer, S. 547.

[194] Siehe zu der Gleichheit der Rechtsfolgen Kübler in Hopt/Teubner (Hrsg.): Corporate Governance, S. 429, 439.

[195] Hüffer, AktG, § 76, Rz 12; KK-Mertens, AktG, § 76, Rz 16 (einschränkend allerdings Rz 18); Fitting/Wlotzke/Wißmann, MitbestG, § 25, Rz 95 f; Kübler, Gesellschaftsrecht, § 32 III 4; Raiser, Kapitalgesellschaften, § 15, Rz 105.

[196] Bezeichnend für die Unklarheit über die Relevanz der verschiedenen Interessen Nirk, Handbuch der Aktiengesellschaft, der in Rz 711 die Interessen der Aktionäre, Arbeitnehmer, Geschäftspartner und der Allgemeinheit für erheblich hält und in Rz 712 die Interessen der Geschäftspartner wieder wegläßt.

gruppe, deren Interessen zu berücksichtigen sind, einen Anspruch oder auch nur die Möglichkeit organschaftlicher Repräsentation haben sollte, wie sie vom Gesetzgeber für die Arbeitnehmer statuiert worden ist. Auch ist es zweifelhaft, aus der Einführung der Arbeitnehmermitbestimmung die Schlußfolgerung zu ziehen, daß eine vergleichbare Interessenvertretung auch anderen Gruppen möglich sein muß[197]. Denn für die Gruppe der Arbeitnehmer wurde diese Art der Repräsentation gesetzlich eingeführt und dementsprechend haben diese Aufsichtsratsmitglieder auch eine andere Legitimationsgrundlage als die Anteilseignervertreter (abgesehen davon, daß vielfach vertreten wird, durch die Einführung der Arbeitnehmermitbestimmung habe sich nichts an der rechtlichen Konzeption des Aufsichtsrats als homogenem Organ, das keine Interessenvertreter kenne, geändert[198]).

Daher ist es kein Widerspruch, daß, obwohl es nach den pluralistischen Konzepten verschiedene zu berücksichtigende Interessen gibt, deren Verfechter nicht davon ausgehen, daß diese Interessen durch Interessenvertreter im Aufsichtsrat in das Unternehmen eingebracht werden, sondern vielmehr eine Verpflichtung jedes Organmitglieds sehen, für sich eine Abwägung der relevanten Interessen vorzunehmen[199].

Für Aufsichtsratsmitglieder mit hauptberuflicher Vorstandsfunktion bedeutet dies, daß selbst nach den Konzepten, welche die Interessen der Geschäftspartner (und damit auch diejenigen einer ihr Vorstandsmitglied „entsendenden" AG), in das Unternehmensinteresse miteinbeziehen, sie diese Interessen zwar unabhängig von ihrer Ableitbarkeit aus dem Aktionärsinteresse einbringen können, aber trotzdem im Aufsichtsrat nicht als Vertreter dieser Interessen, sondern als „normale" Anteilseignervertreter tätig sein sollen. Die Anteilseignervertreter sind danach alle demselben „Abwägungsprogramm" verpflichtet, können allerdings im Rahmen ihres unternehmerischen Ermessens zu unterschiedlichen Ergebnissen kommen.

---

[197] Für eine Vergleichbarkeit von Arbeitnehmervertretern mit Anteilseignervertretern, die spezifische hauptberufliche Interessen haben (etwa Bankenvertreter) Raiser, Kapitalgesellschaften, § 15, Rz 99 ff; anders dagegen Bleicherl/Leberl/Paul, Unternehmensverfassung, S. 89 („Die Institutionalisierung gilt dabei nur für die Kapitalgeber- und Arbeitnehmervertreter, nicht für andere Interessen.").

[198] Vgl. KK-Mertens, AktG, Vorb. § 95, Rz 4. Noch weitergehend Mülbert, ZGR 97, 129; kritisch gegenüber dem Homogenitätsgrundsatz schon vor Einführung des Mitbestimmungsgesetzes Simitis, AuR 75, 321, 324, der das Homogenitätsprinzip als Ausdruck einer mitbestimmungsfremden Unternehmensstruktur ansieht.

[199] Siehe zu diesem Konzept Bleicher/Leberl/Paul, Unternehmensverfassung, S. 43 und 187.

cc) Zu einem anderen Ergebnis führt dagegen ein prozedurales Verständnis vom Unternehmensinteresse[200]. Dessen Verfechter gehen davon aus, daß dieses keine vorgegebene oder abstrakt bestimmbare Größe ist, sondern sich erst bildet als Folge des Entscheidungsprozesses im Aufsichtsrat (soweit dieser zuständig ist) in Form der Einbringung unterschiedlicher Aspekte durch die Vertreter der verschiedenen Interessengruppen. Dies hat zur Konsequenz, daß den Aufsichtsratsmitgliedern eine Doppelrolle als unternehmensrechtlicher Funktionsträger und gleichzeitig als Interessenvertreter zuerkannt wird[201]. Folge eines solchen prozeduralen Verständnisses ist ferner, daß das Unternehmensinteresse keine Ausübungsgrenze für Interesseneinbringung (im Aufsichtsrat) ist, da erst die Einbringung zur Festlegung des Unternehmensinteresses führt. Die einzige Grenze für die Interesseneinbringung sind nach diesem Konzept die Verhaltenspflichten, die an die Teilnahme am Entscheidungsprozeß gestellt werden[202]. Genannt wird beispielsweise die Pflicht, in „unvoreingenommener, zwangloser und nicht-persuasiver gemeinsamer Bemühung Einverständnisse“ zu erzielen[203].

Allerdings ergibt sich aus einem prozeduralen Verständnis des Unternehmensinteresses und der Funktionsweise von Aufsichtsräten als „Interessenintegrationsinstanz“ nicht zwangsläufig, daß Vorstandsmitglieder als Interessenvertreter gerade „ihrer“ AG anzuerkennen sind. Denn auch von einem prozeduralen Standpunkt aus stellt sich die Frage, welche Interessengruppen über ihre Interessenvertreter an der „Interessenvergemeinschaftung“ teilhaben dürfen bzw. welche Interessen exakt durch das einzelne Aufsichtsratsmitglied rechtlich repräsentiert sein sollen. So könnte man Aufsichtsratsmitglieder mit hauptberuflicher Vorstandsfunktion generell als Anteilseignervertreter oder als Industrievertreter, ebensogut aber auch als Branchenvertreter oder, enger, als Vertreter der AG ihres Vorstandsamtes einstufen.

Naheliegend ist es, sich insoweit an der Legitimationsgrundlage der verschiedenen Aufsichtsratsmitglieder zu orientieren und sie damit in einer Doppelrolle als Funktionär des Unternehmens und Repräsentanten ihrer Wähler zu sehen[204].

---

200 Ein solches wird vertreten (mit Unterschieden) von Brinkmann, Unternehmensinteresse, passim und Laske, ZGR 79, 173, 196 ff; vgl. auch Kübler in Hopt/Teubner (Hrsg.): Corporate Governance, S. 429, 440.

201 Vgl. Brinkmann, Unternehmensinteresse, S. 269; ähnlich Raiser, ZGR 78, 391, 396.

202 Siehe Kübler in Hopt/Teubner (Hrsg.): Corporate Governance, S. 429, 440: „Director's duties and liabilities cannot be expressed in terms of results but only in terms of behaviour.“; vgl. ferner Laske, ZGR 79, 173, 199, der von der Verfassung des Interessenvergemeinschaftungsprozesses spricht.

203 So Laske, ZGR 79, 173, 200; vgl. auch Brinkmann, Unternehmensinteresse, S. 305.

204 Raiser, ZGR 78, 396; diesen Ansatz verfolgen auch Klinkhammer/Rancke, Verschwiegenheitspflicht, S. 2: „...zusätzlich in Rechtsbeziehung zu ihrer Wählerschaft bzw. zum Entsendungsberechtigten iSd § 101 II AktG.“ Sie vergleichen daher auch das Verhältnis zwischen

Folge hiervon wäre es, daß innerhalb der Anteilseigner nur zwei verschiedene Interessengruppen zu akzeptieren wären, nämlich die der Aktionäre und die der Entsendungsberechtigten im Sinne von § 101 II AktG. Hauptberufliche Vorstandsmitglieder wären als Aufsichtsratsmitglieder dann nicht Interessenvertreter ihrer AG oder ihrer Branche, sondern allein - auch wenn sie tatsächlich im Hinblick auf ihre hauptberufliche Stellung gewählt worden sind - Interessenrepräsentanten der Aktionäre[205]. RAISER, der diesen Ansatz vertritt, mildert diese Konsequenz dadurch ab, daß er für die Gruppe der hier interessierenden Aufsichtsratsmitglieder zusätzlich eine abgeschwächte Interessenvertretung zugunsten der sie faktisch entsendenden AG für zulässig hält. Er geht davon aus, daß das Aktiengesetz eine Repräsentation dieses „zweiten Kreises der Beteiligten", d.h. derjenigen, die zwar tatsächlich als Repräsentanten einer Interessengruppe, aber (rechtlich) nicht von dieser Interessengruppe, sondern von den Aktionären gewählt werden (Banken-, Versicherungsvertreter usw.), nicht ausschließe. Doch soll ein Einfluß dieser Interessengruppen nur zum Zuge kommen, „soweit er sowohl mit dem Unternehmensinteresse wie mit dem Interesse des Wahlkörpers, d.h. sämtlicher Aktionäre..., im Einklang steht."[206] Unklar bleibt bei dieser Konzeption allerdings, wie das Problem aufgelöst werden soll, daß einerseits sich das Unternehmensinteresse erst aus der Interesseneinbringung ergeben soll, diese Interessen aber von Industrievertretern in Aufsichtsräten nur dann eingebracht werden dürfen, wenn sie dem Unternehmensinteresse nicht widersprechen[207].

Auch BRINKMANN als Vertreter eines prozeduralen Ansatzes geht davon aus, daß soweit Anteilseigner Drittinteressen einbringen, z.B. im Hinblick auf ihre hauptberufliche Tätigkeit, diese Drittinteressen nicht institutionalisiert - wie etwa die Arbeitnehmerinteressen - sind, sondern die betreffenden Aufsichtsratsmitglieder diese Drittinteressen gegenüber der Interessensphäre des Unternehmens abzugrenzen und im Falle von Interessenkollisionen sich bei Abstimmungen zu enthalten hätten[208]. Auch nach diesem Modell sind Aufsichtsrats-

---

Aufsichtsratsmitglied und seiner Wählerschaft mit dem eines Abgeordneten im Bundestag zur Aktivbürgerschaft (S. 7 ff). Siehe ferner Claussen, AG 96, 481, 484, der die Aufsichtsratsmitglieder als dem Unternehmensinteresse verpflichtet ansieht, aber „mit einer Tendenz zur Interessenwahrnehmung des jeweils entsenden Wahlkörpers."

[205] Raiser, ZGR, 78, 391, 398 („Sie haben zunächst die Interessen ihrer Wählerschaft zu vertreten..."); vgl. auch Bleicher/Leberl/ Paul, Unternehmensverfassung, S. 89.

[206] Raiser, ZGR, 78, 391, 398.

[207] Siehe generell zu diesem Problem prozeduraler Ansätze Teubner, ZHR 148 (1984), 470, 485: „Es führt zu der Paradoxie, den output des Systems als Regulativ seiner eigenen Konstruktion einzusetzen."

[208] Brinkmann, Unternehmensinteresse, S. 273.

mitglieder mit hauptberuflicher Vorstandsfunktion rechtlich allein als Anteilseignervertreter und nicht als Interessenvertreter ihrer AG einzustufen.

Weiter geht dagegen der Ansatz von MATTHIEßEN. Er geht ohne weitere Unterscheidung zwischen den verschiedenen Interessengruppen davon aus, daß die Wahrnehmung von spezifischen Gruppeninteressen grundsätzlich zulässig ist, solange der Aufsichtsrat in seiner Gesamtheit seiner Überwachungsaufgabe nachkommt. Die Pflicht des Aufsichtsratsmitglieds beschränke sich darauf „die Notwendigkeit eines auch andere Interessen miteinzubeziehenden Entscheidungsprozesses“ zu akzeptieren und „sich trotz seines Interesses um Konsens“ zu bemühen[209]. Im Gegensatz zu den anderen Modellen würde dieser Ansatz für Aufsichtsratsmitglieder mit hauptberuflicher Vorstandsfunktion bedeuten, daß sie - unter Einhaltung der genannten Konsensbemühung - grundsätzlich berechtigt wären, die Interessen der AG ihres Hauptamtes einzubringen und zu vertreten.

Dieser Ansatz könnte dann gerechtfertigt sein, wenn man Aufsichtsratsmitglieder nicht notwendig - wie die oben dargestellten Ansätze - als Interessenvertreter ihrer Wähler ansähe. Dies wiederum wäre gerechtfertigt, wenn man davon ausgehen könnte, daß die Aktionäre, indem sie jemanden aus einer bestimmten Interessengruppe gewählt haben, eine organschaftliche Interessenvertretung gerade dieser Gruppe wollen und andere Gruppen durch die Nichtwahl dementsprechend ausschließen wollen[210].

Dafür, daß nach der gesetzlichen Konstruktion Interessenrepräsentanten nicht notwendig von der Gruppe gewählt werden müssen, die sie repräsentieren sollen, spricht die Existenz der Gewerkschaftsvertreter, die von den Delegierten der Arbeitnehmer gewählt werden, § 16 I MitbestG. Allerdings haben die Gewerkschaften ein Wahlvorschlagsrecht, § 16 II MitbestG, und nach § 23 I Nr.4 MitbestG die Möglichkeit zur Abberufung und somit erheblichen Einfluß darauf, wer als ihr „Vertreter“ im Aufsichtsrat sitzt. Die gesetzliche Konstruktion, die das Wahlrecht den Delegierten der Arbeitnehmer zuschreibt, erklärt sich daraus, daß die im Gesetz als Gewerkschaftsvertreter bezeichneten Aufsichtsratsmitglieder nicht Interessenvertreter der jeweiligen Gewerkschaft, sondern Vertreter der allgemeinen Arbeitnehmerinteressen sein sollen[211]. Es handelt sich

---

[209] Matthießen, Stimmrecht, S. 414.

[210] In diese Richtung gehend Wissmann, ZKW 90, 10, wenn er davon spricht, daß es das Recht der Hauptversammlung sei, ihre Vertreter in den Aufsichtsräten zu bestimmen und dabei über etwaige Interessenkonflikte eigenverantwortlich zu entscheiden; dies ablehnend dagegen Quack in FS Ritter, S. 745, 749; vgl. für die GmbH Heuking/Jasper, DStR 92, 1438, 1440.

[211] GK-MitbestG/Naendrup, § 7, Rz 7 ff; ähnlich Fitting/Wlotzke/Wißmann, MitbestG, § 7, Rz 42.

bei dem Wahlsystem für die sog. Gewerkschaftsvertreter daher konstruktiv gesehen nicht um ein Auseinanderfallen der institutionalisierten Interessengruppe von ihrer Wählerschaft. Vielmehr erklärt sich das beschriebene „gemischte" Bestimmungsrecht für die Gewerkschaftsvertreter aus der nicht klar abgrenzbaren repräsentierten Interessengruppe.

Die Gesetzessystematik gibt somit keine Anhaltspunkte dafür, daß die Aktionäre „ihre" Aufsichtsratsmitglieder (rechtlich) nicht als Anteilseignervertreter, sondern als Repräsentanten einer anderen Interessengruppe wählen.

Die Annahme, daß Aktionäre quasi auf eigene Interessenvertreter zugunsten anderer Interessengruppen verzichten, wäre auch in mehrfacher Hinsicht eine Fiktion[212]. Zum einen ist zu berücksichtigen, daß die Anteilseignervertreter zwar rechtlich von den Aktionären gewählt werden, doch in der Praxis auf die Bestellung vor allem Banken über ihre Auftragsstimmrechte Einfluß nehmen können und ferner - entgegen der gesetzlichen Konstruktion - der Vorstand, indem Aufsichtsratsmitglieder durch diesen kooptiert werden[213]. Ferner bliebe dadurch, daß das Gesetz keine bestimmten Interessengruppen im Rahmen der Anteilseignervertreter kennt, unklar, welche Interessengruppe genau durch die berufene Person repräsentiert werden soll. Auch fragt es sich, ob ein so weitgehendes Bestimmungsrecht der Aktionäre sich mit der zwingenden Verfassung der Aktiengesellschaft vertrüge[214]. Denn die Folge hiervon wäre, daß der unternehmensinterne Diskurs, durch den die Interessenintegration erreicht werden soll, sich auf die zufällig[215] im Aufsichtsrat vertretenen Interessen richtete. Dies wiederum würde die schon bestehenden Machtverhältnisse, die sich in der Zu-

212 Ähnlich Wiedemann, Organverantwortung, S.30, der die Frage untersucht, ob Aktionäre durch die Wahl eines Doppelmandatsträgers ihr Einverständnis mit einer eingeschränkten Treuepflicht desselben erklären: „Ein solcher Vorausverzicht der Aktionäre...ist fiktiv. Die Meinungsbildung in der Publikumsgesellschaft erlaubt keine Rückschlüsse auf einen solchen Erlaß. Außerdem wird die Wahl von den Depotbanken beeinflußt, die...ihren eigenen Vertretern im voraus Absolution erteilen würden."; vgl. auch Quack in FS Ritter, S. 745, 749 f.

213 Mestmäcker, Konzerngewalt, S. 91 und aus der betriebswirtschaftlichen Literatur Gerum, DBW 51 (1991), 719, 725; Gutenberg, ZfB 79, E 1, 4 („De-facto-Mitwirkung der Unternehmensleitung").

214 Quack in FS Ritter, S. 745, 749 verneint für eine ähnliche Fragestellung ein Bestimmungsrecht der Hauptversammlung, welches sich als Verzicht auswirkt, unter Heranziehung von § 93 IV 3 AktG, welcher der Hauptversammlung für Schadensersatzansprüche nur ein begrenztes Verzichtsrecht einräumt. Er untersucht konkret die Frage, ob die Hauptversammlung, wenn sie in Kenntnis von möglichen Interessenkonflikten ein Aufsichtsratsmitglied wählt, diese Konflikte in Kauf nimmt und billigt und verneint eine derartige Befugnis der Hauptversammlung.

215 Zufällig aus modelltheoretischer Sicht.

sammensetzung des Aufsichtsrats widerspiegeln auch rechtlich verfestigen[216], da nur bestimmte Interessengruppen organschaftliche Rechte hätten und deren Interessen zum originären Bestandteil des Unternehmensinteresses „erstarken" würden. Insofern läßt sich die Kritik übertragen, die generell an einer uneingeschränkt prozeduralen Bestimmung des Unternehmensinteresses geübt worden ist, nämlich, daß ein solcher Ansatz zu einer „diffusen Interessenvergemeinschaftung" bzw. einem „orientierungslosen Interessenpluralismus" führe[217]. Hieraus erklärt es sich auch, daß diejenigen, die annehmen, das Gesamtinteresse des Unternehmens lasse sich aus der Zusammenführung der einzelnen Interessenvertreter im Aufsichtsrat ableiten, teilweise idealtypisch davon ausgehen, daß der Aufsichtsrat ein modellhaftes Abbild der an dem Unternehmen Interessierten sei[218]. Tatsächlich gibt es jedoch keine Garantie für eine solche Zusammensetzung, da das Gesetz keine zwingenden Zusammensetzungsregeln für die Anteilseignervertreter kennt[219]. (Davon abgesehen besteht auch keine Einigkeit darüber, wer als am Unternehmen Interessierter anzuerkennen ist/wäre).

Dieses Problem zeigt sich auch bei dem Konzept von MATTHIEßEN, da bei ihm die Frage offen bleibt, wie es gewährleistet sein soll, daß die Gesamtheit der Aufsichtsratsmitglieder das Unternehmensinteresse nicht verletzt, wenn gleichzeitig der Einzelne lediglich verpflichtet sein soll, sich um Konsens zu bemühen und bezogen auf die Einbringung eigener Interessen bzw. denjenigen seiner Gruppe / AG keinen weiteren Beschränkungen unterliegen soll.

c) Systematische Einordnung von Aufsichtsratsmitgliedern mit hauptberuflicher Vorstandsfunktion

Die aufgezeigten Unstimmigkeiten von rein prozeduralen Ansätzen spricht dagegen, Industrievertreter im Aufsichtsrat als Interessenvertreter in dem Sinne zu akzeptieren, daß die einzige Beschränkung von Interesseneinbringung durch sie in Verhaltenspflichten betreffend den Entscheidungsprozeß läge. Das heißt, ein

---

[216] Vgl. insoweit die Kritik von Teubner, ZHR 148 (1984), 470, 481 am Dialogmodel von Brinkmann: „Praktisch dürfte das Dialogmodell darauf hinauslaufen, angesichts der unternehmensinternen Macht- und Beteiligungsstrukturen das Unternehmensinteresse den vereinigten Produzenteninteressen auf Kosten von Konsumenten und anderen gesellschaftlichen Interessen auszuliefern."

[217] Teubner, ZHR 149 (1985), 470, 481.

[218] Vgl. hierzu Bleicher/Leberl/Paul, Unternehmensverfassung, S. 87, 43 („die relvante Umwelt möglichst exakt widerspiegeln sollte").

[219] In der Diskussion ist seit längerem die Einführung von Minderheitenvertretern; für den Konzernbereich hat die Rechtsprechung den eher hilflos wirkenden Versuch unternommen, eine ausschließliche Besetzung mit Konzernvertretern unter Berufung auf das Verbot einer qualifiziert faktischen Konzernierung zu verhindern: OLG Hamm, AG 87, 38 (mit Anm. Mertens); kritisch dazu Lindemann, AG 87, 225; Timm, NJW 87, 977.

rein prozeduraler Ansatz ohne materielles Korrektiv überzeugt nicht, da er entweder zu dem beschriebenen „orientierungslosen Interessenpluralismus" führt oder, wenn man die Interessenvertreterrolle beschränkt auf die Wahrnehmung der Interessen der Wählerschaft, also der Anteilseigner und Arbeitnehmer, sich wieder die Frage nach den Grenzen der Einbringung von anderen Interessen, etwa einer „entsendenden" AG, stellt[220]. Diese Grenze kann dann aber eben nicht nur mit Verhaltenspflichten umschrieben werden.

Eine entscheidende Rolle für die rechtliche Einordnung von Aufsichtsratsmitgliedern mit hauptberuflicher Vorstandsfunktion spielt der extrem weite Ermessens- bzw. Beurteilungsspielraum, der Aufsichtsratsmitgliedern bei der Ausübung ihrer Tätigkeit zusteht.

Das grundsätzliche Bestehen eines Entscheidungsspielraums für Aufsichtsratsmitglieder bei der Ausübung ihrer Tätigkeit ist unbestritten[221]. Umstritten ist aber, ob dieser Folge eines unternehmerischen Ermessensspielraums der Aufsichtsratsmitglieder ist, oder seine Grundlage in einem Beurteilungsspielraum hat[222]. Zu greifbaren inhaltlichen Unterschieden führt dieser Streit um den richtigen Ansatzpunkt allerdings nicht. Genau genommen kann und muß man auf beide Ansatzpunkte zurückgreifen. Man kann begrifflich den Freiraum eines Aufsichtsratsmitglieds im Erkenntnisbereich als Beurteilungsspielraum und im Handlungsbereich als Ermessensspielraum bezeichnen[223], wobei der Spielraum im Handlungsbereich nur dort besteht, wo der Aufsichtsrat Leitungsaufgaben wahrnimmt. Nach dieser Differenzierung steht den Aufsichtsratsmitgliedern bei der Konkretisierung des Unternehmensinteresses ein Beurteilungsspielraum zu.

Unabhängig von dieser Einordnung ergibt sich jedenfalls aus dem Rückgriff auf die verwaltungsrechtlichen Regeln zum Ermessensgebrauch und zum Beurtei-

---

[220] So spricht Brinkmann, Unternehmensinteresse, S. 273 davon, daß diese Drittinteressen gegenüber der Interessensphäre des Unternehmens abzugrenzen seien; siehe dazu schon oben unter C I 7b, cc.

[221] BGH, ZIP 97, 883, 886 (soweit er unternehmerische Aufgaben wahrnimmt); (Vorinstanz) OLG Düsseldorf, BB 96, 230 und (Vorinstanz) LG Düsseldorf, ZIP 94, 628; vgl. hierzu auch die Besprechungen von Fischer, BB 96, 225; Nirk in FS Boujong, S. 393; Raiser, NJW 96, 552 und allgemein zum Ermessensspielraum KK-Mertens, AktG, § 76, Rz 10 ff, 16 ff.

[222] So Fischer, BB 96, 225, 226 f, der seine Ansicht damit begründet, daß der Begriff des Unternehmensinteresses ein unbestimmter Rechtsbegriff auf der Tatbestandsseite der Rechtsnorm (§ 116 AktG) sei. Zu dessen Konkretisierung stehe den Ratsmitgliedern ein Beurteilungsspielraum zu; sie hätten aber kein Ermessen auf der Rechtsfolgenseite der Norm. Vgl. auch Mutter, Unternehmerische Entscheidungen, S. 233 ff.

[223] So BGH, ZIP 97, 883, 886.

lungsspielraum[224], daß ein Aufsichtsratsmitglied eine Pflichtverletzung begeht, wenn es entweder seinen Entscheidungsspielraum nicht gebraucht, überschreitet, mißbraucht oder nicht erkennt, daß dieser auf Null reduziert ist[225]. Aus dem Verbot des Ermessensnichtgebrauchs läßt sich die Teilnahmepflicht[226] der Aufsichtsratsmitglieder an den Sitzungen, Vorbesprechungen und Abstimmungen des Aufsichtsrats und ein Untätigkeitsverbot für das Aufsichtsratsgremium als solches ableiten.

Interessant in diesem Zusammenhang ist, daß eine Umfrage des DSW unter Aufsichtsratsvorsitzenden zu dem Vorschlag, im Bericht des Aufsichtsrats nach § 171 II 2 AktG die Teilnehmer an den einzelnen Sitzungen zu nennen, eine einheitliche Ablehnung ergab[227]. Auch läßt sich einer in der Literatur vorgenommenen empirischen Untersuchung entnehmen, daß tatsächlich solche Angaben in den Geschäftsberichten nicht enthalten sind[228]. Vielmehr läßt sich einem Großteil der Berichte noch nicht einmal die konkrete Zahl der stattgefundenen Sitzungen des Aufsichtsrats entnehmen[229].

Daß ausgerechnet diese formale Pflicht, deren Einhaltung relativ unkompliziert für die Aktionäre als Außenstehende zu beurteilen wäre, für diese mangels Informationsmöglichkeit nicht überprüfbar ist, befriedigt nicht[230]. Als Mindeststandard sollten die Berichte die Anzahl der Aufsichtsratssitzungen (auch der Ausschußsitzungen) und die Fehlzeiten der einzelnen Aufsichtsratsmitglieder angeben[231]. Ergänzend bzw. für den Fall der Nichteinhaltung dieses Standards

---

224 Vgl. hierzu ausführlich Mutter, Unternehmerische Entscheidungen, S. 233 f zum Beurteilungsspielraum und S. 247 ff zum Ermessensspielraum.

225 So auch das OLG Düsseldorf in seiner Entscheidung im Fall ARAG/Garmenbeck, BB 96, 230, 232: „...ob das eingeräumte Ermessen überhaupt ausgeübt worden ist, die Grenzen des Ermessens eingehalten worden sind und von dem Ermessen zweckentsprechender Gebrauch gemacht worden ist.“

226 Deren Bestehen ist unabhängig ihrer konkreten Herleitung unbestritten. Vgl. nur Hüffer, AktG § 109, Rz 2; GK-MitbestG/Naendrup, § 25, Rz 191; Fitting/Wlotzke/Wißmann, MitbestG, § 25, Rz 92; Mutter, Unternehmerische Entscheidungen, S. 176 f.

227 DSW, Aufsichtsräte, S. 74 ff.

228 Theisen/Salzberger, DB 97, 105, 109. Untersucht wurden von den Autoren insoweit 538 Aufsichtsratsberichte.

229 Kritisch deshalb Theisen/Salzberger, DB 97, 105, 109, die von Mängeln im „technischen“ Teil des Aufsichtsratsberichts sprechen.

230 Ein extremes und kurioses Beispiel für eine Pflichtverletzung in Form der Untätigkeit nennt Schlechtriem in Kreuzer (Hrsg.): Leitungsorgane, S. 56: In England ist der Marquis von Buten im Alter von 6 Monaten in einen Verwaltungsrat gewählt worden und in den 38 Jahren seiner Zugehörigkeit nahm er nur an einer Sitzung teil.

231 Vgl. hierzu auch den Vorschlag der sog. Grundsatzkommission Corporate Governance, abgedruckt bei Schneider/Strenger, AG 2000, 106, 112, nach dem im Geschäftsbericht zu

sollte man für die Aktionäre ein diesbezügliches Auskunftsrecht einführen. Dieses sollte entgegen der jetzigen Konstruktion, die generell nur Auskunftserteilungen durch den Vorstand kennt[232], § 131 AktG, direkt gegenüber dem Aufsichtsrat bestehen. Daß auch ein diesbezügliches Informationsinteresse unter Aktionären besteht zeigt der Bericht von GROß, nach dem in Hauptversammlungen immer wieder danach gefragt wird, wie oft und wie lange der Aufsichtsrat und seine Ausschüsse getagt haben, und wer dabei gefehlt hat[233].

Schwieriger ist es dagegen, eine Ermessensüberschreitung oder einen Mißbrauch festzustellen, denn insoweit muß man wieder auf den Begriff des Unternehmensinteresses zurückgreifen. Aufgrund der Vielfalt der Interessen, die berücksichtigt werden müssen oder können zur Konkretisierung des Unternehmensinteresses (dazu gleich), ist eine Ermessensüberschreitung oder ein Ermessensmißbrauch nur in Evidenzfällen greifbar.

Folge dieses weiten Entscheidungsspielraums bei der Wahrnehmung des Unternehmensinteresses ist, daß eine rechtliche Bestimmung und Konkretisierung von außen durch Gesetzgebung und Rechtsprechung nur für Extremfälle leistbar ist und der Gesetzgeber eine Außensteuerung in erster Linie durch prozedurale Regeln wahrnimmt, wie er es z.B. durch die zwingenden Regeln für die Besetzung von Aufsichtsräten im Bereich der Arbeitnehmermitbestimmung getan hat[234]. Solche prozeduralen Regelungen entfalten allerdings auch Rückwirkungen auf die inhaltliche Dimension des Unternehmensinteresses, weil die auf diese Weise institutionalisierten Interessen durch die Institutionalisierung ein besonderes Gewicht erlangen[235]. Gerade weil der Gesetzgeber auf die konkrete Umsetzung des Unternehmensinteresses als einem organisationsinternen Prozeß durch materielle Verhaltensvorgaben nur eingeschränkt sinnvoll Einfluß nehmen kann, ist der Gesetzgeber auf prozedurale Regelungen angewiesen, bei denen dann aber die Vermutung dafür spricht, daß diese auch materielle Wirkungen entfalten sollen[236]. Zu den auf diese Weise institutionalisierten Interessen

---

vermerken ist, ob ein Aufsichtsratsmitglied an mehr als der Hälfte der Aufsichtsratssitzungen nicht persönlich teilgenommen hat.

232 So die hM: vgl. Hüffer, AktG, § 131, Rz 6; Groß, AG 97, 97, 99.

233 Groß, AG 97, 97, 99.

234 Vgl. Teubner, ZHR 149 (1985), 470, 486 ff, 488: „Außensteuerung ist zwar prozedural möglich, inhaltlich aber nur in Extremfällen."

235 So unterscheidet z.B. Semler in FS Raisch, S. 291, 298 eine (lediglich) durch § 76 AktG gebotene Interessenberücksichtigung von einem institutionalisierten Gebot zur Interessenwahrung.

236 Anderer Ansicht aber Mülbert, ZGR 97, 129, 151, 153, der aus dem Fehlen einer ausdrücklichen Vorschrift im MitbestG hinsichtlich des Unternehmensinteresses die Schlußfolge-

gehören die der Anteilseigner, die der Entsendungsberechtigten nach § 101 II AktG und die der Arbeitnehmer, letztere aufgeteilt in die der unternehmensangehörigen Arbeitnehmer, die der leitenden Angestellten und die Interessen der Gesamtheit der Arbeitnehmer[237]. Für eine Berechtigung - aber keine Verpflichtung - der Unternehmensorgane, auch die unter Umständen nicht direkt aus den genannten Interessen ableitbaren Allgemeininteressen unter Berücksichtigung von Verhältnismäßigkeitsgesichtspunkten wahrzunehmen, spricht die Entstehungsgeschichte zu § 76 AktG[238]. Denn in der Begründung des Regierungsentwurfs zur Streichung der Allgemeinwohlklausel durch das AktG 1965 heißt es, daß sich die Berücksichtigung des Allgemeinwohls von selbst verstehe und nicht ausdrücklich im Gesetz bestimmt zu werden brauche[239]. Auch läßt sich die Sozialpflichtigkeit des Eigentums gemäß Art. 14 II GG als Argument für eine Berechtigung zur Allgemeinwohlberücksichtigung heranziehen[240]; allerdings nur soweit sie eine gesetzliche Umsetzung erfahren hat.

Somit gehören die Interessen der Geschäftspartner, d.h. auch die einer ihr Vorstandsmitglied „entsendenden“ AG, nicht zu den institutionalisierten Interessen. Trotzdem können auch diese Interessen wahrgenommen werden, soweit sie sich aus den institutionalisierten Interessen ableiten lassen. Somit ist der konstruktive Unterschied zwischen den institutionalisierten und nicht - institutionalisierten Interessengruppen hinsichtlich der Einbringungsmöglichkeit ihrer jeweiligen Belange größer als der tatsächliche, weil sich die Berücksichtigung der Interessen der Geschäftspartner zumeist aus dem Interesse der Anteilseigner an guten Geschäftsbeziehungen der AG wird ableiten lassen.

Der so gezogene Rahmen von Interessen, die berücksichtigt werden müssen oder können, verdeutlicht das umfangreiche Ermessen der Aufsichtsratsmitglieder bei der Wahrnehmung ihrer Tätigkeit[241]. Hinzu kommt, daß auch die zu be-

---

rung zieht, daß das Gesetz ausschließlich prozedural gemeint sei und darüber hinausgehend keine materiell - unternehmensrechtliche Dimension habe.

237 Sinn der zwingenden Beteiligung von Gewerkschaftsvertretern nach dem MitbestG ist die gewollte Vertretung der unabhängig von dem konkreten Unternehmen bestehenden allgemeinen Arbeitnehmerinteressen: GK-MitbestG/Naendrup, § 7, Rz 7 ff; ähnlich Fitting/ Wlotzke/Wißman, MitbestG, § 7, Rz 42.

238 Raisch in FS Hefermehl, S. 347, 351. Vgl. zur Entstehungsgeschichte ausführlich Steinbeck, Überwachungspflicht, S. 76 ff, die trotz dieses Hintergrundes von der Streichung der Allgemeinwohlklausel auf einen Änderungswillen des Gesetzgebers schließt (S. 77).

239 Kropff, Begr. RegE, S.97.

240 Mit Einschränkungen Steinbeck, Überwachungspflicht, S. 78 f.

241 Zuzugeben ist den Vertretern eines monistischen Ansatzes, daß der Ermessensspielraum auf einer solchen Grundlage im Vergleich zu den pluralistischen Konzepten enger ist und greifbarer erscheint; vgl. zu diesem Aspekt Kübler in FS Zöllner, S. 321, 324. Dieser Vorteil

rücksichtigenden Gruppeninteressen nicht klar umrissen sind, da es nicht „**das** Anteilseignerinteresse“ (werden langfristige oder kurzfristige Anlegerinteressen verfolgt ?) oder „**das** Arbeitnehmerinteresse“ gibt. Dennoch sollte man auf den normativen Gehalt des Begriffs des Unternehmensinteresses nicht gänzlich verzichten[242].

Dieser normative Gehalt wird als Evidenzgrenze meist umschrieben mit der Verpflichtung auf die Erhaltung des Unternehmens als Untergrenze des Rentabilitätsziels[243]. Das heißt, die Handlungen und Maßnahmen eines Aufsichtsratsmitglieds dürfen nicht gegen die Erzielung eines angemessenen, zur substantiellen Erhaltung von Kapital- und Ertragskraft ausreichenden Gewinns gerichtet sein[244].

Dies ist allerdings nicht die einzige Grenze, die - abgeleitet aus der Bindung an das Unternehmensinteresse - den Handlungsspielraum von Aufsichtsratsmitgliedern begrenzt. Denn darüber hinaus gibt die rechtliche Ausgestaltung des Entscheidungsprozesses in der Aktiengesellschaft - und hier interessierend des Aufsichtsrates in der Aktiengesellschaft - den Rahmen vor, in dem die Konkretisierung des Unternehmensinteresses stattzufinden hat[245]. Anknüpfend an die Ausführungen zur materiell-rechtlichen Bedeutung der Interesseninstitutionalisierung bedeutet dies, daß sich die Entscheidung des Organmitglieds auf die Umsetzung der institutionalisierten oder aus ihr ableitbarer Interessen zurückführen können lassen muß. Eine Abweichung hiervon kann nur in einem engen, verhältnismäßigen Umfang durch die Wahrnehmung des Allgemeinwohls gerechtfertigt sein.

---

darf aber nicht überschätzt werden, weil der Entscheidungsspielraum immer noch weitreichend wäre.

[242] Vgl. Teubner, ZHR 149 (1985), 470, 486 ff, 488.

[243] So u.a. Hüffer, AktG, § 76, Rz 13; Clemm in FS Ritter, S. 675, 679; Klinkhammer/ Rancke, Verschwiegenheitspflicht, S. 35; Mertens, ZGR 77, 276; Raisch in FS Hefermehl, S. 347, 349, 361; Raiser in FS R.Schmidt, S. 101, 109; kritisch Kübler in Hopt/ Teubner (Hrsg.): Corporate Governance, S. 429, 440, der auf die Möglichkeit eines Auflösungsbeschlusses hinweist. Solange die Hauptversammlung einen solchen Beschluß nach § 262 I Nr.2 AktG aber nicht gefaßt hat, ist es m.E. zutreffend, den Ermessensspielraum durch die Verpflichtung auf den Erhalt des Unternehmens zu begrenzen.

[244] Vgl. KK-Mertens, AktG, § 76, Rz 22; vgl. auch Teubner, ZHR 149 (1985), 470, 483 ff, der als Element des normativen Unternehmensinteresses die Funktionsgerechtigkeit ansieht. Diese setze die Abzweigung eines möglichst hohen Ertrages zur Zukunftssicherung der Gesellschaft voraus. Zweites Element sei die Abstimmung dessen mit der Leistungsgerechtigkeit, also der Unternehmensleistungen an die Umwelt.

[245] Vgl. in diesem Zusammenhang auch Teubner, ZHR 149 (1985), 470, 486, der die gesetzgeberische Entscheidung der Einführung des MitbestG als „Aktualisierung des Unternehmensinteresses“ für bindend hält.

Daß diese Eingrenzung über die Bindung an die institutionalisierten Interessen nicht ganz konturlos und damit wertlos ist, zeigt beispielsweise der jüngst entschiedene Fall ARAG/Garmenbeck[246]. Dort ging es um die Frage, wann der Aufsichtsrat verpflichtet ist, ein ehemaliges Vorstandsmitglied auf Schadensersatz in Anspruch zu nehmen, also wann sein unternehmerisches Ermessen, ob eine Klage erhoben wird oder nicht, auf Null reduziert ist. Hier ging das Gericht zu Recht davon aus, daß die „Schonung eines verdienten Vorstandsmitglieds" grundsätzlich außerhalb des Unternehmensinteresses liegt[247] (denn die Interessen der Verwaltung gehören nicht zu den institutionalisierten Interessen) und deshalb kein ausreichender Aspekt für die Nichterhebung der Klage war.

Daneben kann man für die Bestimmung von Verhaltenspflichten auf die von den Vertretern der prozeduralen Theorien entwickelten Verhaltensstandards zurückgreifen.

(Auf den begrenzten Erkenntnisgewinn aus einer Übertragung der verwaltungsrechtlichen Regeln zur ordnungsgemäßen Ermessenswahrnehmung auf das Ermessen des Aufsichtsrats wurde schon oben hingewiesen[248].)

Für Aufsichtsratsmitglieder mit hauptberuflicher Vorstandsfunktion bedeutet dies, daß sie wie jedes andere Aufsichtsratsmitglied an diese Ausübungsgrenzen bei der Wahrnehmung ihrer Tätigkeit gebunden sind. Dies beantwortet allerdings noch nicht die Frage, ob und inwiefern sie (dennoch) eine Doppelrolle als Interessenrepräsentant einerseits und Funktionär des Unternehmens andererseits inne haben. Teilweise wird diesem „Typ" Aufsichtsratsmitglied in der Literatur sogar eine Art „Dreierrolle" zugeschrieben, indem es sowohl Interessenrepräsentant des Unternehmens, der Anteilseigner (hier soll der Schwerpunkt liegen) als auch der AG des Hauptamtes sein soll[249]. Damit wird eine Art gestufte Interessenvertretung beschrieben.

Zutreffend an der Annahme einer „Dreierrolle" ist, daß Industrievertreter ihre Sonderinteressen bezüglich der AG ihres Hauptamtes im Rahmen ihres weiten Ermessens einbringen können und durch die typischerweise stärkere Identifikation mit der AG ihres Hauptamtes im Verhältnis zu der AG ihres Aufsichtsrats-

---

[246] Vgl. FN 221; eine ausführliche Darstellung sämtlicher ARAG/Garmenbeck-Prozesse findet sich bei Grooterhorst, ZIP 99, 1117.

[247] BGH, ZIP 97, 883, 886.

[248] Diese Einschätzung teilend Mutter, Unternehmerische Entscheidungen, S. 230 ff; vgl. ferner zur Übertragbarkeit Teubner, ZHR 149 (1985), 470, 488.

[249] Vgl. Raiser, Kapitalgesellschaften, § 15, Rz 104 ff; ders., ZGR 78, 391 ff.

amtes auch einbringen werden[250]. Insoweit können sie tatsächlich als Interessenvertreter der AG ihres Hauptamtes fungieren. Trotzdem sind sie nach der gesetzlichen Konstruktion Interessenrepräsentanten der Anteilseigner und nicht der „entsendenden" AG mit der Folge, daß die durch sie faktisch repräsentierten Interessen nicht institutionalisiert sind und deshalb im Vergleich zu den gesetzlich vorgesehenen Interessengruppen höhere Anforderungen an die Unabhängigkeit der Amtsführung zu stellen sind. Einem Entsendenden nach § 101 II AktG ist daher beispielsweise ein höheres Maß an Einfluß zuzugestehen als einem nur faktisch Entsendenden.

Ein gutes Beispiel hierfür sind die Anforderungen an die Verschwiegenheitspflicht: Während für die Arbeitnehmervertreter insoweit zu Recht gefordert wird, daß eine Abwägung stattzufinden hat zwischen dem Geheimhaltungsinteresse und dem Interesse des Unternehmens an Rückkoppelung des Repräsentanten mit den Repräsentierten[251], entfällt eine solche Abwägung bei Aufsichtsratsmitgliedern mit hauptberuflicher Vorstandsfunktion als lediglich „tatsächlichen" Industrievertretern. Doch ist auch hier der konstruktive Unterschied größer als der tatsächliche, weil die Geheimhaltungspflicht auch den subjektiven Willen der Gesellschaft zur Geheimhaltung voraussetzt[252], der häufig nicht gegeben sein wird. Denn man wird oftmals ein (konkludentes) Einverständnis der AG des Aufsichtsratsamtes mit einer Informationsweitergabe des Doppelmandatars an die AG des Vorstandsamtes annehmen können, aufgrund der zumeist bewußten Herstellung der personellen Verflechtung zwischen den zwei Gesellschaften[253].

Auch in anderer Hinsicht ist der Unterschied zwischen den gesetzlich institutionalisierten und „nur" faktisch im Aufsichtsrat vertretenen Interessengruppen gering. Denn aufgrund des dargestellten weiten Ermessensspielraums und des Umstands, daß sich die Berücksichtigung der Geschäftspartnerinteressen weitgehend aus dem Aktionärsinteresse an guten Geschäftsbeziehungen der AG ableiten läßt, ist eine Wahrnehmung dieser Interessen auf legale Weise möglich. Tatsächlich ist zu vermuten, daß Doppelmandatare in erster Linie ihr Handeln an den Interessen der AG ihres Vorstandsamtes und in zweiter Linie an den In-

---

[250] Vgl. auch die Einschätzung von Simitis, AuR 75, 321, 325: „Niemand kann ernsthaft einem Bankenvertreter verwehren, bei seiner Meinungsbildung die spezifische Sicht jener Institution mit zu berücksichtigen, der er angehört."

[251] Vgl. Klinkhammer/Rancke, Verschwiegenheitspflicht, S. 12 ff und zur Notwendigkeit der Rückkoppelung zwischen den Arbeitnehmervertretern und den Beschäftigten Simitis, AuR 75, 321, 324.

[252] Hüffer, AktG, § 93, RZ 7; Klinkhammer/Rancke, Verschwiegenheitspflicht, S. 31; Lutter, Information, § 13 II 2c und 3; v. Stebut, Verschwiegenheitspflicht, S. 89 ff.

[253] Vgl. dazu später unter D X.

teressen ihrer Branche ausrichten werden. Aktionärsinteressen werden umso stärker eingebracht je größer der Anteilsbesitz der Gesellschaft des Vorstandsamtes des Doppelmandatars an der AG des Aufsichtsratsamtes ist. Wobei dies natürlich das spezifische Interesse eines institutionellen, finanzstarken Aktionärs ist, das meist auf langfristige Beteiligung angelegt ist.

Unverständlich ist daher die gesetzliche Neuregelung, nach der ein Kreditinstitut sein Auftragsstimmrecht ausgerechnet für den Fall nur auf Weisung ausüben darf, in dem dieses Kreditinstitut Anteile an der betreffenden AG in Höhe von mindestens 5% hält (§ 135 I nF). Denn gerade in einer solchen Konstellation ist der Interessenkonflikt typischer Weise geringer.

Zusammenfassend läßt sich feststellen: Nach der gesetzlichen Konstruktion sind zwar die Innenverhältnisse der institutionalisierten Interessenvertreter zu den durch sie repräsentierten Interessengruppen im Vergleich zu den Innenverhältnissen zwischen den lediglich faktischen Interessenvertretern zu den durch diese Repräsentierten anders ausgestaltet, doch in tatsächlicher Hinsicht gleichen sich diese Unterschiede mehr als aus.

Denn eine durch die von Gesetzes wegen Repräsentierten rechtlich durchsetzbare Verpflichtung der Anteilseigner- oder Arbeitnehmervertreter, die Interessen ihrer Wähler wahrzunehmen, existiert nicht. Es bestehen lediglich entsprechende Loyalitätserwartungen, die verstärkt werden durch ein (stark eingeschränktes) Abberufungsrecht im Falle ihrer Enttäuschung (§ 103 I, II AktG; § 23 MitbestG). Solange der Mandatsträger aber sein Amt ausübt, kann er dieses ohne Bindung an den Wählerwillen; ein Weisungsrecht besteht nicht[254].

Doppelmandatare als faktische Interessenrepräsentanten sind solchen Loyalitätserwartungen auch und gerade von Seiten der AG ihres Vorstandsamtes ausgesetzt. Auch werden diese Doppelfunktionsträger sich selbst stärker mit den Interessen der AG ihres Hauptamtes als mit den Interessen einer anonymen Menge von Aktionären identifizieren. Ferner steht der AG des Vorstandsamtes zwar kein gesetzliches Abberufungsrecht zu, doch werden Amtsniederlegungspflichten in den Anstellungsverträgen vereinbart[255]. Auch wenn deren Zulässigkeit zweifelhaft ist, hat die AG des Vorstandsamtes in der Regel auch informelle Möglichkeiten, auf eine Amtsniederlegung hinzuwirken, wenn sie dies will. Denn der betreffende Doppelmandatar wird nicht gegen den Willen der Mehrheit seiner Vorstandskollegen ein Mandat (weiter) ausüben[256]; auch benö-

---

[254] Vgl. dazu später unter D VIII 1.

[255] Vgl. dazu später D III.

[256] So wurde etwa die Ankündigung von R. Schmitz (Deutsche Bank), für den Aufsichtsratsvorsitz bei der MG nach der Neuwahl nicht mehr zur Verfügung zu stehen, als Reaktion auf den von Vorstandssprecher R. Breuer propagierten Teilrückzug von Vorstandsmitgliedern der

tigt der Doppelmandatar für die Amtsverlängerung einer Aufsichtsratstätigkeit die Zustimmung des Aufsichtsrats der AG seines Vorstandsamtes[257].

Einer ihr Vorstandsmitglied „entsendenden“ AG steht somit zwar - im Gegensatz zur Gruppe der Aktionäre - kein gesetzliches Abberufungsrecht zu. Tatsächlich hat sie aber die effektiveren Möglichkeiten auf eine Amtsniederlegung ihrer Repräsentanten hinzuwirken als der Kleinaktionär, der vor der kaum lösbaren Aufgabe steht, eine ¾ Mehrheit auf der Hauptversammlung erreichen zu müssen, um die Abberufung eines von ihm nicht gewollten Anteilseignervertreters im Aufsichtsrat durchzusetzen, § 103 I AktG.

Ähnliches gilt für das Wahlrecht. Zwar haben die ein Vorstandsmitglied „entsendenden“ Aktiengesellschaften - im Gegensatz zur Gruppe der Aktionäre - kein Wahlrecht für die Bestimmung der Aufsichtsratsmitglieder und in der Regel auch kein Entsendungsrecht nach § 101 II AktG. Doch braucht ein Doppelmandatar zur Übernahme eines Aufsichtsratsmandats die Zustimmung des Aufsichtsrats der AG seines Vorstandsamtes[258]. Ferner ist davon auszugehen, daß im Vorstand der AG des Hauptamtes darüber beraten wird, ob und welche Mandate von den eigenen Vorstandsmitgliedern in anderen Gesellschaften übernommen werden[259]. Damit ist gewährleistet, daß der Doppelmandatar nicht gegen den Willen der AG seines Hauptamtes in einen Aufsichtsrat gewählt wird. Desweiteren ist zu berücksichtigen, daß bei Publikumsgesellschaften für die Besetzung der Aufsichtsräte Wahlvorschläge der Aktionäre nach § 127 AktG keine Rolle spielen und entgegen der gesetzlichen Konstruktion der Vorstand einen erheblichen Einfluß auf die vom Aufsichtsrat zu erstellenden Wahlvorschläge an die Hauptversammlung nach § 124 III 1 AktG hat[260]. Eine ihr Vorstandsmitglied „entsendende“ AG, die typischerweise ein wichtiger Geschäftspartner der „aufnehmenden“ AG ist, hat - im Gegensatz zum einzelnen Aktionär - die Möglichkeit, einen engen Kontakt zum Vorstand der „aufnehmenden“ AG herzustellen und kann dadurch auf den Verwaltungsvorschlag zur Wahl der Aufsichtsratsmitglieder Einfluß zu nehmen. Irrelevant ist insofern die Frage, von welchem der beiden Unternehmen die Initiative zur Herstellung der personellen Verflechtung ausgeht, da ein Einflußpotential in beiden Konstellationen gegeben ist. Weil die Verwaltungsvorschläge in Publikumsgesellschaften (auch als Folge des Auftragsstimmrechts) nahezu immer bestätigt werden, kommt der Einflußnahme auf den Verwaltungsvorschlag ent-

---

Deutschen Bank aus Aufsichtsrats(vorsitz)posten in der Großindustrie verstanden: vgl. FAZ v. 24.4.97, Nr.95/S.20 und WiWo v. 24.4.97, Nr.18/S.9

[257] Vgl. unten D I.

[258] Vgl. unten D I.

[259] Vgl. das Zitat von *Kopper* in DER SPIEGEL 31/96, S. 63.

[260] Siehe oben FN 213.

scheidende Bedeutung zu. Falls im Aufsichtsrat der „aufnehmenden“ AG schon ein „eigenes“ Vorstandsmitglied oder ehemaliges Vorstandsmitglied der „entsenden“ AG sitzt, besteht auch auf diesem Wege eine Einflußmöglichkeit.

Trotz der fehlenden direkten Wahlmöglichkeit - ein Wahlrecht kann eine „entsendende“ AG nur in ihrer Funktion als Aktionär oder für Aktionäre in Form des Auftragsstimmrechts haben - hat eine ihr Vorstandsmitglied „entsendende“ AG somit erheblichen Einfluß darauf, ob und welcher ihrer Repräsentanten in den Aufsichtsrat einer anderen Gesellschaft gewählt wird.

Daher sind Aufsichtsratsmitglieder mit hauptberuflicher Vorstandsfunktion zwar nach der gesetzlichen Konstruktion nicht institutionalisierte Interessenvertreter der AG ihres Hauptamtes, sondern sie werden rechtlich als Anteilseignervertreter gewählt. Vor dem eben dargestellten Hintergrund erscheinen sie aber tatsächlich trotzdem mehr als Interessenvertreter „ihrer“ AG denn als Repräsentanten der Gesamtheit der Aktionäre, weil das Verhältnis zwischen Interessenrepräsentant und faktisch Repräsentierten enger ist als das zur gesetzlich institutionalisierten Interessengruppe der Anteilseigner. Dieser Umstand ist im folgenden bei der Auslegung der für die noch zu behandelnden Einzelprobleme relevanten Normen zu berücksichtigen, insbesondere bei Normen betreffend Stimmverbote, Haftungsnormen und Zurechnungsnormen.

Auch läßt sich schon an dieser Stelle konstatieren, daß es vorzugswürdig wäre, Aufsichtsratsmitglieder mit hauptberuflicher Vorstandsfunktion rechtlich als Vertreter der AG ihres Hauptamtes das Aufsichtsratsamt übernehmen zu lassen. Dies würde allerdings eine entsprechende Änderung von § 100 I AktG voraussetzen. Es handelte sich bei einer solchen Änderung des Gesetzes nicht um eine resignative Angleichung des Gesetzes an eine gesetzeswidrige Realität, sondern um eine Gesetzesänderung, welche die tatsächliche Situation transparenter macht, anstatt den Blick auf sie zu verstellen. Denn die eben beschriebene tatsächliche Situation widerspricht grundsätzlich nicht den Möglichkeiten, die das jetzige Recht bietet, hat sich aber von den historischen Vorstellungen des Gesetzgebers, aus denen sich die jetzige Regelung des § 100 I AktG erklärt, entfernt. Allerdings scheinen auch die aktuellen Stimmen, die ausdrücklich für die Beibehaltung des persönlichen Mandats von Industrievertretern plädieren[261], von der Vorstellung geprägt zu sein, daß dieses die Unabhängigkeit des Mandats gewährleiste. Tatsächlich hätte eine entsprechende Änderung von § 100 I AktG im wesentlichen zur Folge, daß Doppelmandatsträger auch rechtlich als das ausgewiesen werden, was sie tatsächlich schon sind und als was sie gewählt werden. Folge wäre auch nicht eine unerwünschte, legalisierte Stärkung des Einflusses von Industrievertretern in Aufsichtsräten. Denn auch nach einer sol-

[261] Etwa Lutter, ZHR 145 (1981), 224, 229.

chen Änderung wären Doppelfunktionsträger weiter Anteilseignervertreter und nicht institutionalisierte Interessenvertreter „ihrer“ AG, aber dieses nicht mehr als Privatperson, sondern als gesetzlicher Vertreter der AG ihres Hauptamtes.

d) Besonderheiten für Konzernvertreter ?

Für den Konzernbereich ist es unbestritten, daß Konzernvertreter im Aufsichtsrat der abhängigen AG in tatsächlicher Hinsicht kein persönliches, sondern ein Entsendungsmandat wahrnehmen[262]. Auch wird über ein verändertes Verständnis des Aufsichtsrates von abhängigen Unternehmen diskutiert. So wird für Konzernsachverhalte ausdrücklich dafür plädiert, die Vorstellung eines Mandats mit einer ungeteilten Verpflichtung auf die Belange der Bestellungskörperschaft aufzugeben[263]. Auch wird die Tätigkeit der Konzernvertreter im Aufsichtsrat als Tätigkeit für beide Unternehmen begriffen[264]: für das abhängige Unternehmen als Aufsichtsratsarbeit und für das herrschende Unternehmen als Umsetzung der Konzernleitungsaufgabe. Ferner wird vertreten, daß eine Repräsentation des herrschenden Unternehmens über einen Vertreter im Aufsichtsrat geboten sei, um ein Mindestmaß an Koordination und einheitlicher Konzernleitung zu gewährleisten[265]. Noch weitergehend wird die Konzerngeschäftsleitung teilweise sogar als verpflichtet angesehen, ein Leitungsmitglied in den Aufsichtsrat der Tochtergesellschaft zu plazieren, um (unter anderem) eine verläßliche Informationsmöglichkeit des Aufsichtsrat des herrschenden Unternehmens sicherzustellen[266].

Der Grund dafür, daß eine Interessenvertretung durch Konzernvertreter in dem Sinne, daß der Doppelmandatar auch den Interessen der herrschenden (entsendenden) AG verpflichtet ist, teilweise ausdrücklich rechtlich akzeptiert und die Wahrnehmung des Aufsichtsratsmandats auch als (Vorstands-)Tätigkeit

---

262 Vgl. nur Decher, Personelle Verflechtungen, S. 162.

263 Decher, Personelle Verflechtungen, S. 163; aA Semler in FS Stiefel, S. 719, 735, der die alleinige rechtliche Bindung an das Unternehmensinteresse des abhängigen Unternehmens betont. Raiser, Kapitalgesellschaften, § 53, Rz 12 sieht einen Widerspruch zwischen der rechtlichen Verpflichtung auf das Interesse der abhängigen Gesellschaft und der faktischen Bindung an das Konzerninteresse.

264 Decher, Personelle Verflechtungen, S. 164; Hoffmann-Becking, ZHR 159 (1995), 325, 341; Hommelhoff in FS Stimpel, S. 603, 615; Lutter, Vertraulichkeit, § 12 I („verlängerte Vorstandstätigkeit“); Martens, ZHR 159 (1995), 567, 570 f; Rehbinder, Konzernaußenrecht, S. 254 („Doppelfunktion“).

265 Vgl. Decher, Personelle Verflechtungen, S. 95 mwN; Hommelhoff in FS Stimpel, S. 603, 615; Martens, ZHR 159 (1995), 567, 570 („Präsenzpflicht des Konzernvorstandes“); Raiser, NJW 96, 2257, 2260 („zweckmäßiges und anerkanntes Mittel rationeller Konzernführung“); aA Semler in FS Stiefel, S. 719, 754.

266 Hommelhoff, ZGR 96, 156, 162.

für das herrschende Unternehmen begriffen wird, dürfte seine Ursache darin haben, daß die damit verbundene Abweichung vom gesetzlichen Leitbild als durch die speziellen konzernrechtlichen Vorschriften kompensiert angesehen wird.

So wird beispielsweise vertreten, daß eine Veranlassung des herrschenden Unternehmens im Sinne von § 311 AktG vorliegt, wenn der mit Repräsentanten der Obergesellschaft besetzte Aufsichtsrat die abhängige Gesellschaft zu einem im Interesse der Obergesellschaft liegenden nachteiligen Geschäftsakt bestimmt[267], was die Ausgleichspflicht der herrschenden AG zur Rechtsfolge hat. Auf diese Weise wird hier durch die Zurechnung des Verhaltens der Konzernvertreter / Vorstandsmitglieder als Aufsichtsratsmitglieder der abhängigen AG an die herrschende AG ein konzernrechtlicher Schutz für die abhängige AG erzielt. Entsprechendes gilt für die Literaturmeinung, die den Weisungsbegriff des § 308 I AktG so weit auslegt, daß (auch) Einflußnahmen des herrschenden Unternehmens über den Aufsichtsrat des abhängigen Unternehmens durch in diesen delegierte Konzernvertreter unter ihn fallen sollen oder als haftungsrechtlich gleichgestellt angesehen werden[268]. Auch hier ist der Zweck der weiten Auslegung, die konzernrechtlichen Schutzmechanismen der §§ 308, 309 AktG „auszulösen", also das aus § 308 II AktG abzuleitende Prüfungsrecht des Vorstands der abhängigen Gesellschaft und die Verpflichtung des die Weisung Erteilenden auf die Einhaltung der Sorgfalt eines ordentlichen und gewissenhaften Geschäftsführers und dadurch wiederum die Haftung für eine ordnungsgemäße Konzerngeschäftsführung.

Erweitert wird dieser konzernrechtliche Schutz, wenn man der (umstrittenen) Auffassung folgt, nach der eine herrschende AG für ein Fehlverhalten ihres Vorstandsmitglieds als Aufsichtsratsmitglied der Tochtergesellschaft dieser (und Dritten) über die §§ 309 I, II bzw. § 317 oder 116 AktG in Verbindung mit § 31 BGB auf Schadensersatz haftet[269].

---

267 Hüffer, AktG, § 311, Rz 17, 23 („widerlegbare Veranlassungsvermutung"); KK-Koppensteiner, § 311, Rz 18; Decher, Personelle Verflechutngen, S. 196; Emmerich/ Sonnenschein, Konzernrecht, § 20 I 2a, S.239; Rehbinder, Konzernaußenrecht, S. 254; Reiß, Aufsichtsrat , S. 111; Ulmer in FS Stimpel, S. 705, 713.

268 Emmerich/Sonnenschein, Konzernrecht, § 18 III 2, S. 316; aA Hüffer, AktG, § 309, Rz 29 (nur beim Vorstandsdoppelmandat).

269 KK-Koppensteiner § 309, Rz 27 mit der Beschränkung auf Schäden, die durch zulässige Weisung nicht herbeigeführt hätten werden können; Rehbinder, Konzernaußenrecht, S. 252 ff, 254 (für § 317), 255 (für § 309):„Soweit die Konzernleitung reicht"; Emmerich/ Sonnenschein, Konzernrecht, § 18 VI 2b, S. 326 (für § 309 AktG); aA Hüffer, AktG, § 309, Rz 28 f.

Dafür, daß man die Tätigkeit eines Vorstandsmitglieds im Aufsichtsrats einer Tochtergesellschaft auch de lege lata rechtlich als Tätigkeit für die herrschende AG ansehen kann und sollte, spricht die Regelung des § 100 II 2 AktG. Denn der Regelungsgrund für das sog. Konzernprivileg liegt darin, die Wahrnehmung von Aufsichtsratsmandaten in den Konzerntöchtern als zum üblichen Pflichtenbereich des Vorstands einer herrschenden AG anzuerkennen[270]. Nur aus dieser Sichtweise des Regelungsgrundes heraus erklärt sich das Konzernprivileg, weil der Schutzzweck des § 100 II Nr. 1 AktG, nämlich der Schutz der AG des Aufsichtsratsamtes vor einer zeitlichen Überlastung ihrer Aufsichtsratsmitglieder, vom Gesetz bei Konzernmandaten als nicht in gleicher Weise berührt angesehen wird. Denn wenn die Aufsichtsratstätigkeit in der Konzerntochter der Vorstandstätigkeit zugerechnet wird, besteht von diesem Standpunkt aus auch nicht in gleichem Maße wie bei einer sonstigen Aufsichtsratstätigkeit die Gefahr, daß durch die Übernahme zu vieler Mandate neben der Tätigkeit im Hauptamt, eines der Mandate nur unzureichend wahrgenommen wird[271]. Dies spricht gleichzeitig für die Möglichkeit einer Verhaltenszurechnung der Handlungen von Konzernvertretern in Aufsichtsräten abhängiger Unternehmen an das herrschende Unternehmen über § 31 BGB. Auch spricht der Sinn und Zweck der konzernrechtlichen Regelungen für die eben beschriebene weite Auslegung der Vorschriften.

Gegen die Entwicklung einer Art Sonderrecht für Aufsichtsräte in Konzernunternehmen - etwa hinsichtlich einer Lockerung der Anforderungen an die Unabhängigkeit der Organtätigkeit oder der Zurechnung der Aufsichtsratstätigkeit an das herrschende Unternehmen - wird eingewandt, daß beinahe jede Aktiengesellschaft oder aufsichtsratspflichtige GmbH zu einem Konzern gehöre[272]. Die statistische Häufigkeit von Konzernaufsichtsräten schließt jedoch die Entwicklung eines „Sonderrechts" nicht aus, weil die für den Gesetzgeber seinerzeit nicht abzusehende Konzentrationsentwicklung genausogut für die Entwicklung eines Sonderrechts herangezogen werden kann wie die Tatsache, daß dann das Sonderrecht sich auf den tatsächlichen Regelfall bezieht, dagegen sprechen mag. Ferner muß man sehen, daß sich das „Sonderrecht" auf die Wahrnehmung von Aufsichtsratsmandaten durch Konzernvertreter in der abhängigen Gesellschaft beziehen würde, der Aufsichtsrat der herrschenden AG davon aber nicht erfaßt wäre.

---

[270] Zum Regelungsgrund vgl. Hüffer, AktG, § 100, Rz 4.

[271] So unterscheidet Lutter, Vertraulichkeit, § 12 I, die Aufsichtsratstätigkeit in Konzerntöchtern von „echten" Nebentätigkeiten; ähnlich Martens, ZHR 159 (1995), 567, 571.

[272] Hoffmann-Becking, ZHR 159 (1995), 325, 326. Hoffmann-Becking nimmt Bezug auf eine Untersuchung von Görling (AG 93, 538, 542 f), bei der von 2800 Aktiengesellschaften 75 % einem Konzernverbund angehörten und bei weiterem 15 % die Zuordnung unklar blieb.

Entscheidend ist, daß wenn man die Wahrnehmung von Aufsichtsratsmandaten in Tochtergesellschaften durch Vorstandsmitglieder der herrschenden Gesellschaften als Form der Ausübung von Konzernleitungsmacht anerkennt, hieraus auch die weiteren rechtlichen Konsequenzen ziehen muß. Insofern gelten für diese Gruppe von Aufsichtsratsmitgliedern einige Besonderheiten (dazu im einzelnen später), die man als Sonderrecht bezeichnen kann.

(Auf die konzernrechtliche Frage, in welchem Umfang bzw. für welche Konzerntypen die Ausübung von Konzernleitungsmacht (über den Aufsichtsrat des abhängigen Unternehmens) als zulässig anzuerkennen ist, wird hier und im folgenden nicht eingegangen.)

II) Zusammenfassung

Aufsichtsratsmitglieder mit hauptberuflicher Vorstandsfunktion haben aufgrund des ihnen zustehenden Entscheidungsspielraums bei der Wahrnehmung ihrer Aufsichtsratstätigkeit und des Umstandes, daß die Bindung an das Unternehmensinteresse die Berücksichtigung von Drittinteressen zuläßt, soweit diese sich aus den institutionalisierten Interesssen ableiten lassen, in diesem Rahmen die Möglichkeit, die Interessen der AG ihres Hauptamtes einzubringen und wahrzunehmen.

Trotzdem werden sie nach der gesetzlichen Konstruktion als Anteilseignervertreter und nicht als Interessenvertreter der AG ihres Hauptamtes gewählt. Die Auswertung der wirtschaftswissenschaftlichen Untersuchungen hat jedoch gezeigt, daß in tatsächlicher Hinsicht die Doppelmandatare in ihrer Funktion als Vorstandsmitglied einer anderen Gesellschaft gewählt werden. Und auch in rechtlicher Hinsicht läßt das Gesetz dadurch, daß es eine Interessenvertretung im Sinne einer strengen Bindung der Interessenvertreter an das repräsentierte Interesse nicht kennt, den Doppelmandataren die Möglichkeit, tatsächlich mehr als Interessenrepräsentant „ihrer“ AG denn als Anteilseignerrepräsentant zu agieren. Auch wird sich im Normalfall ein Doppelmandatar stärker mit den Interessen der AG seines Hauptamtes identifizieren als mit denen seines Nebenamtes.

Als Mittel und System der Interessenrepräsentation sieht das Gesetz in erster Linie Wahl- und Abwahlrechte vor. Die Grenze des Handlungsspielraums liegt einheitlich in der Bindung an das Unternehmensinteresse. Weisungsrechte der Repräsentierten bestehen nicht. Die Informationsrechte der Repräsentierten haben einen bescheidenen Umfang (§ 171 II AktG). Bei Publikumsgesellschaften ist ferner zu berücksichtigen, daß die ganz überwiegende Anzahl der Kleinaktionäre ihr Stimmrecht für die Wahl oder auch Abberufung von Aufsichtsratsmitgliedern nicht unmittelbar selbst ausübt, sondern verfallen oder von Dritten - insbesondere von Kreditinstituten - wahrnehmen läßt. Auch bei der Wahl (oder

Abwahl) von Aufsichtsratsmitgliedern zeigt sich daher das allgemein im Zusammenhang mit der Diskussion über eine mögliche Änderung des Auftragsstimmrechts angesprochene Problem der Willensbildung in der Aktiengesellschaft, weil man von der Abstimmungspraxis in der Hauptversammlung nicht auf den Willen der Gesamtheit der Aktionäre schließen kann, sondern nur auf den der Großaktionäre, institutionellen Anleger und der Kreditinstitute. Somit ist das vom Gesetz vorgesehene Mittel zur Gewährleistung einer Interessenrepräsentation im Aufsichtsrat in der Realität für einen Großteil der Aktionäre, nämlich der Kleinaktionäre, nicht effektiv. Wie schon ausgeführt, haben die durch die Doppelmandatare repräsentierten Aktiengesellschaften tatsächlich mehr Einfluß auf die Auf- oder Nichtaufnahme und die Beendigung einer Aufsichtsratstätigkeit durch ihre Vorstandsmitglieder als die Gruppe der Aktionäre.

Die Aktionäre haben mittels ihrer (ineffektiven) gesetzlichen Rechte „unterfütterte" Loyalitätserwartungen; bei Doppelmandataren kann sich die AG des Vorstandsamtes dagegen ohnehin in der Regel auf die Loyalität ihres Vorstandsmitglied verlassen und hat zusätzlich noch Rechte vertraglicher oder Einflußmöglichkeiten tatsächlicher Art, welche über die der Aktionäre hinausgehen.

Konsequenz dieser Umstände ist, daß im Aufsichtsrat rechtliche und tatsächliche Interessenrepräsentation auseinanderfallen.

In den folgenden Teilen der Arbeit sollen die spezifischen Einzelprobleme, die mit der Aufsichtsratstätigkeit von hauptberuflichen Vorstandsmitgliedern verbunden sind, vor dem Hintergrund der bisher ermittelten Ergebnisse untersucht werden. Es wird zu prüfen sein, inwieweit durch teleologische Auslegung der vorhandenen Normen unter Berücksichtigung dieser Ergebnisse de lege lata sinnvoll auf die Problemkonstellationen reagiert werden kann.

Daneben stellt sich die Frage, welche Änderungen der gesetzlichen Regelungen über den Aufsichtsrat sinnvoll wären. (Auf das allgemeine Problem der Willensbildung in der Aktiengesellschaft und der künftigen Rolle der Aktionäre soll dabei nicht näher eingegangen werden). In den folgenden Teilen der Arbeit soll daher untersucht werden, ob und welche Änderungen der gesetzlichen Regelung im Hinblick auf die erörterten Einzelprobleme notwendig sind. Schon an dieser Stelle läßt sich aber festhalten, welche übergreifenden, d.h. über die Bewältigung der Einzelprobleme hinausgehenden, Änderungen sinnvoll wären:
Zum einen sollte man, wie schon angesprochen, die tatsächliche Situation rechtlich zutreffender widerspiegeln, indem man Vorstandsmitglieder als gesetzliche Vertreter „ihrer" Aktiengesellschaften in den Aufsichtsrat wählen läßt. Die rechtliche Unabhängigkeit des Mandats im Sinne der Weisungsfreiheit sollte dabei allerdings aufrechterhalten bleiben. Denn nach der gesetzlichen

Konstruktion kommt der Weisungsfreiheit besondere Bedeutung zu und dies ist auch konsequent angesichts einer vom Gesetz generell (auch für institutionalisierte Interessengruppen) nicht eng verstandenen Interessenrepräsentation. Das Zugeständnis eines Weisungsrechts würde das Auseinanderfallen von rechtlich vorgesehener und tatsächlicher Interessenrepräsentation noch verstärken. Weil aber die Unabhängigkeit des Mandats - wie gezeigt - durch das sog. persönliche Mandat nicht gewährleistet wird, sollte dieses aus den genannten Gründen durch die Einführung der Wählbarkeit von juristischen Personen in den Aufsichtsrat eingeschränkt werden. Stattdessen sollte zur Erreichung eines Mindestmaßes an Unabhängigkeit die Autonomie des Aufsichtsrates gestärkt werden, z.B. durch eine Erweiterung des Antragsrechts für die gerichtliche Abberufung einzelner Aufsichtsratsmitglieder[273].

Die Auskunftsrechte der Aktionäre sollten dort gestärkt werden, wo Kontrolle durch Transparenz wirksam und sinnvoll ist. Daher sollten sie auch unmittelbar gegenüber dem Aufsichtsrats bestehen. Als Beispiel genannt wurde schon das Recht, Auskunft über die Anwesenheit der verschiedenen Aufsichtsratsmitglieder bei den Aufsichtsrats- und Ausschußsitzungen zu verlangen[274].

Die Möglichkeit für Aktionäre, Aufsichtsratsmitglieder wegen einer Pflichtverletzung haftbar und ihr Verhalten gerichtlich überprüfbar zu machen, sollte erheblich erweitert werden durch eine Minimierung der jetzigen Hürden des § 147 AktG oder durch die Einführung einer Aktionärsklage[275]. Denn die schadenspräventive und verhaltenssteuernde Wirkung der vorhandenen Schadensersatzregelungen, die Doppelmandatare von einer rücksichtslosen Verfolgung der Interessen der AG ihres Hauptamtes abhalten könnte, kann nicht durchgreifen solange die Gefahr einer Inanspruchnahme aufgrund der Ineffektivität der jetzigen gesetzlichen Regelung[276] tatsächlich nicht besteht. Dies hätte zudem den positiven Nebeneffekt, daß die Verhaltenspflichten für Doppelmandatare in Konfliktsituationen durch die Rechtsprechung konkretisiert werden könnten. Es bestünde durch die Einführung einer Aktionärsklage auch nicht die Gefahr, daß die Aktionärsklage, wie die Möglichkeit zur Erhebung einer Anfechtungsklage,

---

[273] Vgl. dazu auch später unter E I 4.

[274] Vgl. oben unter C I 7c.

[275] Vgl. hierzu Ulmer, ZHR 163 (1999), 291; Krieger, ZHR 163 (1999), 343; Sünner, ZHR 163 (1999), 364 und den Diskussionsbericht zu diesen Referaten in ZHR 163 (1999), 377. Siehe ferner Kübler in FS Zöllner, S. 321, 334, der auf die Möglichkeit hinweist, dem einzelnen Aktionär die Möglichkeit zu geben, den Aufsichtsrat zur Klageerhebung aufzufordern und bei ablehnender Entscheidung, diese Entscheidung durch ein Gericht überprüfen zu lassen.

[276] Vgl. zu den Ursachen für diese Ineffektivität Thümmel, DB 99, 885, 887 f, der kritisiert, daß das KonTraG an der konzeptionellen Schwäche der gesetzlichen Regelung wenig geändert habe.

mißbräuchlich verwendet werden könnte. Denn Schadensersatzklagen in Form von Aktionärsklagen bieten kein den Anfechtungsklagen vergleichbares Erpressungspotential[277], weil sie nicht die Möglichkeit geben, eine (angeblich) rechtswidrige Handlung zu verhindern und damit zu blockieren. Ferner könnte man institutionelle Vorkehrungen[278] treffen, um die ohnehin geringe Mißbrauchsgefahr einzuschränken (beispielsweise durch Einführung einer gerichtlichen Vorprüfung hinsichtlich offensichtlicher Unbegründetheit der Klage oder durch Einschaltung von besonderen Vertretern, welche die Erfolgsaussichten einer Klage überprüfen müssen usw.).

Das Stimmrecht einer AG in der Hauptversammlung einer anderen AG (einschließlich des Auftragsstimmrechts), in deren Aufsichtsrat sie durch ein eigenes Vorstandsmitglied repräsentiert ist, sollte eingeschränkt werden, soweit die Interessen des Doppelmandatars als Verwaltungsmitglied der anderen Gesellschaft berührt sind[279].

Eine Konkretisierung der Reaktionsmöglichkeiten und Regelungsvorschläge soll im folgenden im Rahmen der Erörterung der Einzelprobleme erfolgen.

---

[277] Ebenso Kübler in FS Zöllner, S. 321, 334.

[278] Vgl. hierzu den Vorschlag von Lutter, ZHR 159 (1995), 287, 306, der eine Anlehnung an die jetzige Regelung des § 142 II AktG vorschlägt.

[279] Vgl. dazu im Einzelnen später unter F II.

D) Rechtliche Auswirkungen der doppelten Organstellung auf die Rechtsbeziehung zwischen dem Doppelmandatar und der AG seines Vorstandsamtes

In den Anstellungsverträgen von Vorstandsmitgliedern finden sich (unter anderem) auch Regelungen betreffend die Aufsichtsratstätigkeit in anderen Gesellschaften. Dies zeigt sich bei einer Auswertung verschiedener Formularbücher. Auf die Auswirkungen dieser Regelungen und ihrer Zulässigkeit soll daher im folgenden eingegangen werden.

I) Die Vereinbarung einer Zustimmungspflicht

„ Die Übernahme einer entgeltlichen oder unentgeltlichen Nebentätigkeit, von Ehrenämtern sowie von Aufsichtsrats-, Beirats- oder ähnlichen Mandaten bedarf der vorherigen schriftlichen Zustimmung des Aufsichtsrats."[280]

Solche und ähnliche Bestimmungen finden sich in allen Formularbüchern. Dies läßt auf deren weite Verbreitung in Anstellungsverträgen von Vorstandsmitgliedern schließen[281].

Ein gesetzliches Zustimmungserfordernis ist in Art. 9 I des Vorschlags zur sog. Strukturrichtlinie der EG vorgesehen[282]. In der Literatur wird teilweise vertreten, daß sich schon nach jetzigen Recht das Zustimmungserfordernis für die Übernahme von Aufsichtsratsmandaten aus der Treuepflicht eines Vorstandsmitglieds ergebe und daher keiner ausdrücklichen vertraglichen Regelung bedürfe[283].

Gegen die Annahme eines schon derzeit bestehenden gesetzlichen Zustimmungserfordernisses spricht allerdings § 88 I AktG, der ein solches Erfordernis

---

[280] Happ, Formularkommentar, 8.04

[281] Peltzer, JZ 96, 842, 850: „Es gibt kaum einen Vorstandsvertrag - und zwar branchenunabhängig - in dem die Wahrnehmung von Aufsichtsrats- und Vorstandsmandaten nicht von der Zustimmung des Aufsichtsrats oder dessen Vorsitzenden abhängig gemacht wird."

[282] Abgedruckt in Lutter, Unternehmensrecht, S. 176 ff: „Mitglieder des Leitungsorgans dürfen ohne Genehmigung des Aufsichtsorgans keine selbständige oder unselbständige Tätigkeit für eigene oder fremde Rechnung ausüben." Auch die sog. Grundsatzkommission Corporate Governance hat in den von ihr entwickelten Grundsätzen eine Zustimmungspflicht für die Übernahme von Aufsichtsratsmandaten vorgesehen, abgedruckt bei Schneider/Strenger, AG 2000, 106, 111.

[283] Hoffmann-Becking in Beck'sches Formularbuch, X.13, Anm. 3; Lutter, ZHR 145 (1981), 224, 248; Westhoff, Bankenvertreter, S. 57 (für die Tätigkeit in Beiräten); vgl. auch OLG Düsseldorf, DB 83, 1036, die eine generelle Mitteilungspflicht für alle Nebentätigkeiten annehmen.

zwar für die Übernahme von bestimmten anderen Tätigkeiten vorsieht, aber gerade nicht für die Übernahme von Aufsichtsratsmandaten. Der Gesetzgeber sah es somit seinerzeit nicht als erforderlich an, zum Schutze einer AG zwecks Erhaltung der vollen Arbeitskraft derer Vorstandsmitglieder ein solches Zustimmungserfordernis zu statuieren.

Aus heutiger Sicht läßt sich aber ein solches Zustimmungserfordernis aus der Treuepflicht ableiten.

Für Beiratsmandate kann sich das Zustimmungserfordernis schon daraus ergeben, daß nach dem Sinn und Zweck von § 88 I 2 AktG die Wahrnehmung geschäftsführender Funktionen in anderen Gesellschaften der vorherigen Zustimmung des Aufsichtsrats bedarf. In den Fällen also, in denen dem Beirat geschäftsführende Funktion zukommt[284], ergibt sich daher das Zustimmungserfordernis für eine Mandatsübernahme schon aus § 88 I 2 AktG[285].

Für Aufsichtsratsämter läßt sich dasselbe Erfordernis aus der Treuepflicht ableiten. Die Wahrnehmung eines Aufsichtsratsmandats durch ein Vorstandsmitglied hat rechtliche Auswirkungen für die AG seines Vorstandsamtes. So gibt es Literaturmeinungen, die als rechtliche Folge aus der Aufsichtsratstätigkeit eines Doppelmandatars beispielsweise die Existenz einer unmittelbaren Treuepflicht zwischen den über dieses Doppelorgan personell verbundenen Gesellschaften ableiten[286]. Ferner wird vertreten, eine AG hafte für die Wahrnehmung eines Aufsichtsratsmandats durch ihr Organmitglied über § 31 BGB[287]; desweiteren wird (unter bestimmten Umständen) angenommen, daß Vorstandsmitgliedern bei der Wahrnehmung ihrer Vorstandstätigkeit ein Stimmenthaltungsrecht zustehe[288] usw. Ferner kann die Aufsichtsratstätigkeit zu einer Einschränkung des Handlungsspielraums bei der Ausübung der Vorstandstätigkeit führen[289].

Auch wenn all dies umstritten ist, folgt schon aus der Möglichkeit dieser Konsequenzen für die AG des Vorstandsamtes deren berechtigtes Interesse daran, über die Wahrnehmung von Aufsichtsratsmandaten durch ihre Vorstandsmitglieder informiert zu werden und die Übernahme eines solchen Amtes unter Umständen zu unterbinden. Denn nur durch die Möglichkeit, die Übernahme von Aufsichtsratsmandaten durch Zustimmungsverweigerung zu verhindern, kann die AG auch die etwaigen rechtlichen Konsequenzen für sie aus Aufsichts-

---

[284] Zu den unterschiedlichen „Typen" von Beiräten und deren Kompetenzen siehe Voormann, Beirat, passim.

[285] Ebenso Westhoff, Bankenvertreter, S. 53 f.

[286] Vgl. FN 31.

[287] Vgl. die Nachweise unter F III.

[288] Heukings/Jasper, DStR 92, 1438, 1442.

[289] Siehe dazu später unter E III.

ratstätigkeiten ihrer Vorstandsmitglieder vermeiden. Neben dem Aspekt der Vermeidung von rechtlichen Konsequenzen kann auch eine Rolle spielen, daß die AG sich vor einem Ansehensverlust schützen will, weil z.B. die Wahrnehmung von Aufsichtsratstätigkeiten in Konkurrenzunternehmen in die Kritik geraten ist und man demzufolge zumindest solche Tätigkeiten durch eigene Vorstandsmitglieder vermeiden will. Denn wie am Anfang der Arbeit gezeigt, werden die durch Vorstandsmitglieder wahrgenommenen Aufsichtsratsmandate in der Öffentlichkeit der AG des Hauptamtes zugerechnet. Ein weiterer Aspekt ist, daß die AG auch die Möglichkeit haben muß, eine zeitliche Überbelastung ihrer Vorstandsmitglieder durch Nebentätigkeiten zu vermeiden. Es verstieße daher gegen die von einem Vorstandsmitglied geschuldete Treuepflicht, wenn dieses ohne die Zustimmung „seiner" AG ein Aufsichtsratsamt übernähme.

Zwar dürfte ohnehin vor der Mandatsübernahme im Regelfall im Vorstand der AG des Vorstandsamtes die Entscheidung darüber fallen, welches Vorstandsmitglied bei welcher Gesellschaft ein Aufsichtsratsamt übernehmen soll, doch ist nach der Systematik des Aktiengesetzes der Aufsichtsrat zuständig für die Zustimmungserteilung oder Verweigerung zur Übernahme von Nebentätigkeiten durch Vorstandsmitglieder. Denn aus § 84 I AktG folgt die ausschließliche Personalkompetenz des Aufsichtsrats[290]. Die Entscheidung kann auch einem Ausschuß überantwortet werden, da dies generell bei Entscheidungen über den Anstellungsvertrag möglich ist[291], was sich als Umkehrschluß aus § 107 III 2 AktG ergibt. Aus § 107 III iVm § 108 II 3 AktG ergibt sich aber auch, daß der Aufsichtsratsvorsitzende nicht allein entscheiden darf, da für beschließende Ausschüsse ein Mindestquorum von drei Mitgliedern vorgesehen ist.

Für die Übernahme einer Aufsichtsratstätigkeit durch ein Vorstandsmitglied ist somit die Zustimmung des Aufsichtsrats der AG seines Hauptamtes erforderlich. Dies schließt es allerdings nicht aus, daß die unternehmenspolitische Entscheidung, wer von den Vorstandsmitgliedern ein Mandat übernehmen soll, vorher auf der Vorstandsebene getroffen wird. Diese Entscheidung macht die Zustimmung des Aufsichtsrats aber nicht überflüssig; diese bleibt aus den genannten Gründen notwendig.

Die Vereinbarung einer Zustimmungspflicht zur Übernahme von Aufsichtsratsmandaten in Anstellungsverträgen ist somit zulässig, ergibt sich aber auch schon aus der organschaftlichen Treuepflicht von Vorstandsmitgliedern gegenüber „ihrer" AG. Sinnvoll wäre daher eine ausdrückliche Ergänzung des § 88 I 2 AktG[292].

---

[290] Hüffer, AktG, § 84, Rz 1.

[291] Hüffer, AktG, § 84, Rz 12.

[292] Vgl. auch Schneider/Burgard, DB 96, 1761, 1762.

Neben einer Zustimmungspflicht vor der Aufnahme der Tätigkeit werden teilweise auch *Mitteilungspflichten* für deren Beendigung festgelegt:

„Die Beendigung von Aufsichtsratsmandaten und ähnlichen Ämtern in anderen Unternehmen wird Herr...dem Aufsichtsratsvorsitzenden mitteilen."[293]

Die Zulässigkeit einer solchen Regelung ergibt sich aus den eben genannten Gründen. Denn die AG des Vorstandsamtes muß zum einen Klarheit über die zeitliche Belastung ihrer Vorstandsmitglieder durch Nebentätigkeiten haben und zum anderen darüber, ob sie möglicherweise Rechtspflichten aus der Aufsichtsratstätigkeit ihres Vorstandsmitglieds treffen können bzw. nicht mehr treffen können. Tatsächlich werden solche Mitteilungspflichten vermutlich deshalb festgelegt, um rechtzeitig eine Entscheidung darüber treffen zu können, ob ein solches „frei werdendes" Aufsichtsratsmandat wieder mit einem eigenen Vorstandsmitglied besetzt werden soll[294].

II) Die Vereinbarung einer Übernahmeverpflichtung

„Herr...ist verpflichtet, auf Wunsch des Vorstands, Aufsichtsratsmandate oder einen Sitz in ähnlichen Kontrollorganen bei anderen Gesellschaften zu übernehmen."[295]

Auch solche und ähnliche Regelungen finden sich in verschiedenen Formularbüchern[296] und es gibt zahlreiche Hinweise in der Literatur auf das Bestehen derartiger Vertragsgestaltungen[297]. Daneben dürfte zumindest oft eine derartige Erwartungshaltung von Seiten der AG bestehen. Wenn etwa für den Bankenbereich davon gesprochen wird, daß das „zuständige" Vorstandsmitglied in den Aufsichtsrat entsandt wird[298], heißt das nichts anderes, als intern bestimmt wird, wer ein der Bank „zur Verfügung gestelltes" Aufsichtsratsmandat übernehmen soll. Einem derartigen Wunsch wird sich das betreffende Vorstandsmitglied nur schwer entziehen können.

Bedenken gegen eine solche Regelung ergeben sich im Hinblick auf die Verpflichtung der Vorstandsmitglieder, grundsätzlich die volle Arbeitskraft „ihrer" AG zur Verfügung zu stellen, weil der Umfang der Tätigkeit für andere Gesell-

---

293 Beck'sches Formularbuch, X.13, § 1 II.

294 Vgl. zur Rekonstruktionspolitik der Unternehmen oben unter B II.

295 Münchener Vertragshandbuch (Hölters), V.48 unter § 1 III.

296 Siehe vorherige FN und Beck'sches Formularbuch, (Hoffmann-Becking), X.13 unter § 1 III.

297 Reiß, Aufsichtsrat, S. 118 FN 597; Ulmer in FS Stimpel, S. 705 ff (inzident die Zulässigkeit bejahend); vgl. auch den Sachverhalt in OLG Düsseldorf, DB 83, 1036.

298 Lutter, ZHR 145 (1981), 224, 241.

schaften bei der Übernahme von mehreren Aufsichts- und Beiratsmandaten erheblich sein kann. Gleichzeitig besteht für die Gesellschaften, in denen die Aufsichtsratsämter wahrgenommen werden, die Gefahr, daß der Mehrfachfunktionsträger seinem Hauptamt zeitlichen Vorrang einräumt und seine Aufgaben als Aufsichtsratsmitglied vernachlässigt.

1) Die gesetzliche Regelung

§ 100 II AktG beschränkt die Zahl der Aufsichtsratsmandate, die von einer Person wahrgenommen werden können, auf zehn Mandate, wobei die Wahrnehmung der Vorsitzendenfunktion zu einer Doppelanrechnung des betreffenden Mandats führt. Daneben können weitere fünf Konzernmandate aufgrund des Konzernprivilegs, § 100 II Nr.1 AktG, wahrgenommen werden. Ferner können nach h.M. zusätzliche Mandate in fakultativen Beiräten, in Nichthandelsgesellschaften und im Ausland übernommen werden, da sie nicht von § 100 II Nr.1 AktG erfaßt sein sollen[299].

Zweck von § 100 II AktG ist die Ermöglichung bzw. Absicherung einer effektiven Überwachungstätigkeit des Aufsichtsrats[300] und die Begrenzung der Konzentration von Aufsichtsratsmandaten auf einen kleinen Personenkreis[301].

Die Berücksichtigung von ausländischen und Beiratsmandaten im Rahmen von § 100 II Nr.1 AktG entspräche somit zwar dem Sinn und Zweck dieser Norm, denn die Wahrnehmung von solchen Mandaten stellt eine zusätzliche zeitliche Belastung dar und kann auch eine weitere Machtkonzentration auf einen kleinen Personenkreis bedeuten, doch das Gesetz knüpft ausdrücklich nur an Mandate in *gesetzlich* zu bildenden Aufsichtsräten an[302], vermutlich, weil den fakultativen Beiräten pauschal gesehen eine geringere Bedeutung zukommt. Dieser Gesichtspunkt gilt auch für die ausländischen Mandate, weil die Rechtsform der AG im Ausland vielfach von einem weitaus größeren Anteil von Unternehmen gewählt wird und den dortigen Aktiengesellschaften somit häufig eine geringere Bedeutung zukommt. Gegen eine Einbeziehung der ausländischen Mandate de lege lata spricht ferner, daß darüber schon vor der Aktienrechtsreform von 1937

[299] So für ausländische Mandate: Hüffer, AktG, § 100, Rz 3; KK-Mertens, AktG, § 100, Rz 15; aA Schütze, AG 67, 342. Für Beiräte: Hüffer, AktG, § 100, Rz 3; KK-Mertens, AktG, § 100, Rz 13 und für Nichthandelsgesellschaften: Hüffer, AktG, § 100, Rz 3; KK-Mertens, AktG, § 100, Rz 12.

[300] Hüffer, AktG, § 100, Rz 1; KK-Mertens, AktG, § 100, Rz 11.

[301] Vgl. vorherige FN.

[302] Anders dagegen § 86 II öAktG, der auch Sitze in fakultativen Aufsichtsräten miterfaßt. Nach § 86 II 3 öAktG können allerdings gerade Bankenvertreter bis zu 20 Mandaten wahrnehmen ! Vgl. hierzu Kropff in Semler (Hrsg.): Reformbedarf, S. 22 (FN 59).

diskutiert wurde und der Gesetzgeber nicht reagiert hat[303], mit der Folge, daß bei einer Einbeziehung dieser Mandate die Feststellung, welche Organe jeweils als dem Aufsichtsrat vergleichbar anzusehen sind, problematisch wäre[304].

Es zeigt sich, daß § 100 II AktG in seiner jetzigen Fassung einem Einzelnen die Übernahme einer Vielzahl von Mandaten, die deutlich über zehn liegen kann, ermöglicht. Dies hat zur Konsequenz, daß sich ein Vorstandsmitglied ohne Verstoß gegen § 100 AktG zu Tätigkeiten für andere Gesellschaften in erheblichem Umfang verpflichten könnte. Auch aus dem Sinn und Zweck von § 100 II AktG läßt sich keine über den Wortlaut hinausgehende Beschränkung ableiten, weil das Ziel von § 100 AktG der Schutz der Funktionsfähigkeit der Aufsichtsräte ist und nicht etwa der Schutz des Hauptberufes des einzelnen Aufsichtsratsmitglieds vor übermäßigen Belastungen durch Nebentätigkeiten; letztere Funktion fällt § 88 AktG zu.

Der Zeitaufwand, der durchschnittlich auf die Wahrnehmung eines Aufsichtsratsmandates entfällt, wird unterschiedlich eingeschätzt. Die Schätzungen bewegen sich zwischen vier bis zehn Tagen im Jahr[305], wobei sich diese auf den derzeit geleisteten und nicht auf den objektiv erforderlichen Zeitaufwand beziehen. Von dem tatsächlich geleisteten kann aber nicht auf den erforderlichen Zeitaufwand geschlossen werden.

Der „Soll-Aufwand" für ein einfaches Aufsichtsratsmandat wird nach einer neueren Studie auf 24 bis 28 Tagen geschätzt[306]. *Herbert Henzler* von Mc Kinsey sieht immerhin einen Mindestaufwand von zwölf Tagen im Jahr[307]. Unbestritten ist, daß der Zeitaufwand für den Vorsitz wesentlich höher einzuschätzen ist. Insoweit ist zu bedenken, daß meist die Personen, die viele Mandate inne haben, auch solche Vorsitzfunktionen übernehmen. Zu berücksichtigen ist ferner, daß der Zeitaufwand durch die allgemein geforderte verstärkte Ausschußbildung zunehmen wird. So veranschlagt etwa *Wieczorek* als Mitbegründer der Initiative „Global Corporate Governance" den Zeitaufwand für ein ein-

---

[303] Siehe hierzu KK-Mertens, AktG, § 100, Rz 15.

[304] So auch KK-Mertens, AktG, §100, Rz 15.

[305] Die SPD-Gesetzesentwürfe beruhen auf der Annahme von 4-6 Tagen, BT-Drcks. 12/7350 S.9 und BT-Drcks. 13/367; Bremeier/Mülder/Schilling, Praxis, S. 102, 105: 60 Stunden im Jahr und für den Vorsitz 75-160 Stunden; Mohn in mm 8/93, S. 51: 10 Tage; Scheffler, DB 2000, 433, 434: mindestens 8 Tage und für den Vorsitz mehr als das Doppelte an Zeitaufwand.

[306] Bremeier/Mülder/Schilling, Praxis, S. 105. Für den Vorsitz werden sogar 56 - 64 Tage veranschlagt.

[307] Vgl. FAZ v. 14.12.96, Nr.292/S.15.

faches Aufsichtsratsmandat mit Ausschußarbeit auf 25 bis 35 Tage (und für den Vorsitz auf 50 bis 70 Tage) pro Jahr[308].

Selbst wenn man sich an dem Unterwert der Schätzungen orientiert, ist schon mit der Übernahme von drei der zehn möglichen Aufsichtsratsmandate (zuzüglich weiterer Beiratsmandate) eine erhebliche Arbeitsbelastung verbunden. Es drängt sich daher die Frage auf, ob es für hauptberuflich als Vorstandsmitglieder Tätige eine über § 100 AktG hinausgehende Schranke für die Übernahme von Aufsichtsratsmandaten gibt; Anknüpfungspunkt hierfür könnte die Treuepflicht sein.

Eine Konkretisierung der Treuepflicht enthält § 88 AktG. Hauptzweck von § 88 AktG ist der Schutz der AG vor einem anderweitigem Einsatz der Arbeitskraft ihrer Vorstandsmitglieder[309]. Daneben ist ein Schutz vor Wettbewerbshandlungen bezweckt[310]. Wie schon erörtert, wird die Übernahme von Aufsichtsratsmandaten vom Wortlaut des § 88 I AktG aber gerade nicht erfaßt. § 88 AktG enthält jedoch keinen abschließenden Schutz der AG zur Erhaltung der Arbeitskraft ihrer Vorstandsmitglieder[311]. Außerdem ist als Rechtsfolge nur eine Zustimmungspflicht des Aufsichtsrats vorgesehen, während hier die Frage nach der Unvereinbarkeit der Übernahme einer Nebentätigkeit mit dem Vorstandsamt gestellt werden soll. Die Regelung des § 88 I AktG schließt es somit nicht aus, daß sich aus der allgemeinen Treuepflicht und / oder Sorgfaltspflicht ein weitergehender Schutz der AG vor Nebentätigkeiten ihrer Vorstandsmitglieder ergeben könnte.

In der Literatur wird teilweise statt einer Änderung der Höchstgrenze des § 100 II AktG eine Selbstbeschränkung der Vorstandsmitglieder für die Übernahme von Aufsichtsratsmandaten empfohlen[312]. Vorrangig ist jedoch die Frage, ob sich nicht eine Pflicht zu solcher Selbstbeschränkung aus den allgemeinen Vorstandspflichten ableiten läßt.

Zu diesen Pflichten gehört als Folge der Treuepflicht das Gebot, seine volle Arbeitskraft der AG zu widmen. (Dies schließt es natürlich nicht aus, daß auch mit einem Vorstandsmitglied (theoretisch) Teilzeitarbeit vereinbart werden kann,

---

[308] In mm 97, S. 68, 72. Die genannte Initiative versucht weltweit verbindliche Mindeststandards für die Arbeit von Aufsichtsräten und Boards zu entwickeln. Dem Gremium gehören internationale Konzernchefs an.

[309] Hüffer, AktG, § 88, Rz 1; KK-Mertens, AktG, § 88, Rz 1.

[310] Hüffer, AktG, § 88, Rz 2; KK-Mertens, AktG, § 88, Rz 1.

[311] KK-Mertens, AktG, § 88, Rz 1: "...jede Nebentätigkeit zu unterlassen, die nach zeitlichen Umfang und gefordertem Arbeitseinsatz die volle Ausübung des Vorstandsamtes gefährdet."

[312] Krupp in Hein (Hrsg.): Macht der Banken, S. 29, 34 („freiwillige Begrenzung"); Röller, AG 94, 33, 334 („Selbstkritische Prüfung"); Scheffler, AG 95, 209 (auf 6-7 bzw. 2-3 Mandate bei Vorsitz).

was in Deutschland allerdings selten der Fall ist. Teilzeitvorstandsmitglieder müssen dann aber in dem vereinbarten Rahmen ihre volle Arbeitskraft zur Verfügung stellen).

Aus der Sorgfaltspflicht, d.h. der Pflicht, die Sorgfalt eines ordentlichen und gewissenhaften Geschäftsleiters zu wahren, folgt, daß ein Vorstandsmitglied durch eine außerdienstliche Tätigkeit nicht so in Anspruch genommen werden darf, daß es sein Amt nicht mehr ordentlich führen kann[313].

Die Übernahme von Aufsichtsratsmandaten berührt somit sowohl die Treuepflicht als auch die Sorgfaltspflicht der Vorstandsmitglieder. Dabei ist der ableitbare Schutz der Arbeitskraft aus der Treuepflicht umfassender als der, welcher sich aus der Sorgfaltspflicht ergibt, da ein Vorstandsamt unter Umständen auch ohne Bereitstellung der vollen Arbeitskraft sorgfältig wahrgenommen werden kann.

Die Unterscheidung der sich aus der Treue- und Sorgfaltspflicht ergebenden Gebote ist von Bedeutung, weil auf die Einhaltung der Sorgfaltspflicht von Seiten der AG nicht verzichtet werden kann[314], während sich der Regelung des § 88 AktG entnehmen läßt, daß die Pflicht, die volle Arbeitskraft der AG zur Verfügung zu stellen, nicht in gleichem Maße zwingend ist, weil auf sie mittels Zustimmung des Aufsichtsrats verzichtet werden kann.

Daraus, daß § 100 II AktG die Übernahme von bis zu zehn Mandaten zuläßt, kann nicht der Rückschluß gezogen werden, die Wahrnehmung von zehn Aufsichtsratsmandaten sei automatisch mit den Vorstandspflichten vereinbar. Denn zum einen ist § 100 II AktG lediglich eine Schutznorm zugunsten des „Aufsichtsratsunternehmens" und nicht zugunsten des „Vorstandsunternehmens" und zum anderen ist die Norm auch zu undifferenziert, um derartige Schlußfolgerungen zuzulassen: So trifft sie keine Unterscheidung zwischen Personen, die das Aufsichtsratsamt als Hauptamt wahrnehmen und denen, die es als Nebenamt ausüben und ferner bleibt eine etwaige Belastung aus anderen Nebentätigkeiten unberücksichtigt. Wenn man sich die oben wiedergegebenen Einschätzungen zum erforderlichen Zeitaufwand pro Aufsichtsratsmandat vergegenwärtigt, spricht vielmehr eine Vermutung dafür, daß durch die Übernahme von zehn Mandaten neben der Vorstandstätigkeit im Regelfall die Pflicht zur Bereitstellung der vollen Arbeitskraft und zur sorgfältigen Ausübung des Vorstandsamtes verletzt wird[315] (wobei auf die Pflicht zur Bereitstellung der vollen

---

[313] KK-Mertens, AktG, § 88, Rz 6; vgl. auch KG Berlin, DB 95, 2207.

[314] KK-Mertens, AktG, § 88, Rz 6 und § 93, Rz 59.

[315] Claussen in AG 96, 481, 484 spricht davon, daß die Übernahme von 10 Mandaten neben der Vorstandstätigkeit eine Überlastung darstellt; ebenso Hommelhoff in Picot (Hrsg.): Corporate Governance, S. 1, 14 („nicht zu bewältigen").

Arbeitskraft durch vorherigen Aufsichtsratsbeschluß verzichtet werden kann). Denn selbst wenn man nur zehn Arbeitstage im Jahr pro Aufsichtsratsmandat veranschlagt - was unter dem nach neueren Studien für erforderlich gehaltenen Zeitaufwand liegt[316] - summiert sich dies bei der Übernahme von zehn Mandaten auf 100 Arbeitstage im Jahr.

Die Rechtsprechung hat sich bisher mit der Frage einer zeitlichen Überlastung von Vorstandsmitgliedern durch Nebentätigkeiten nur im Rahmen von Entscheidungen über die Reichweite des Auskunftsanspruchs von Aktionären nach § 131 AktG befaßt, wenn von Aktionären Auskunft über die Wahrnehmung von Aufsichtsratsmandaten durch die Vorstandsmitglieder der betreffenden AG verlangt und ihnen diese verweigert wurde. Die Rechtsprechung differiert insoweit sehr stark voneinander. Während das BayOblG davon ausgeht, daß die pflichtgemäße Erfüllung von Vorstandsaufgaben gänzlich unabhängig sei von der Wahrnehmung anderer Tätigkeiten und einen Auskunftsanspruch der Aktionäre daher verneint[317], geht das KG Berlin davon aus, daß sich die Übernahme von zeitaufwendigen Aufsichtsratsmandaten nachteilig auf die Sorgfalt bei der Geschäftsführung auswirken könne. Einem Vorstandsmitglied sei daher die Entlastung zu versagen, wenn es durch Aufsichtsratsmandate in konzernfremden Unternehmen überlastet wäre und sich daher den Belangen der AG nicht ausreichend widmen könne. Der Auskunftsanspruch wurde bejaht, weil die Auskunft für die Beurteilung des Tagesordnungspunktes „Entlastung des Vorstandes“ vom Gericht für erforderlich gehalten wurde[318].

Die Annahme des BayOblG, daß die Belastung durch Nebentätigkeiten keine Auswirkungen auf die Sorgfalt bei der Wahrnehmung des Vorstandsamtes haben könne, kann nicht überzeugen; anderenfalls wären etwa die Regelung des § 88 AktG, die dem Schutze der AG vor einem anderweitigen Einsatz der Arbeitskraft ihrer Vorstandsmitglieder dient, sinnlos.

Allerdings muß man berücksichtigen, daß die Übernahme von Aufsichtsratsämtern und die Wahrnehmung des Vorstandsmandats nicht beziehungslos nebeneinander stehen. Wie schon erörtert, werden die Vorstandsmitglieder aufgrund ihrer hauptberuflichen Funktion in die Aufsichtsräte anderer Gesellschaften gewählt und von der AG des Vorstandsamtes auch in dieser Funktion

---

316 Siehe oben S.76 f.

317 BayOblG, DB 96, 130, 131 (= AG 96, 189): „Ob ein Vorstandsmitglied seine Verwaltungsaufgaben ordnungs- und pflichtgemäß erfüllt und ob er sich ausreichend den Belangen der Gesellschaft widmet, hängt nicht davon ab, welche anderen Aufgaben er noch wahrnimmt.“

318 KG Berlin, DB 95, 2207 (= AG 96, 135); ebenso, wenn auch hinsichtlich des Auskunftsrechts einschränkender OLG Düsseldorf, AG 87, 22; LG Dortmund, WuB II A. § 131 AktG 2.87; LG Frankfurt, WM 94, 1929.

„entsandt", was sich eben auch an den hier angesprochenen Übernahmeverpflichtungen in den Anstellungsverträgen der Vorstandsmitglieder zeigt. Daher stellt sich die Frage, ob nicht die Tätigkeit als Aufsichtsratsmitglied zugleich als Vorstandstätigkeit für die „entsendende" AG begriffen werden kann. Denn dann könnte die Annahme des BayOblG, daß sich die Übernahme von Aufsichtsratsmandaten nicht negativ auf die Pflichtgemäßheit der Wahrnehmung des Vorstandsamtes auswirken könne, gerechtfertigt sein.

Nun wird in der Literatur zwar davon ausgegangen, daß die Wahrnehmung gewisser Funktionen und Ämter im Einzelfall unmittelbar dem Kreis der Geschäftsführungspflichten des Vorstandsmitglieds zugeordnet werden kann, doch werden als Beispiele hierfür nicht Aufsichtsratsmandate genannt, sondern ehrenamtliche Verbandsaufgaben im Interesse der AG und ähnliche Tätigkeiten[319].

Wenn man eine Übernahmeverpflichtung für Aufsichtsratsämter in Anstellungsverträgen von Vorstandsmitgliedern für zulässig hält, gehört die Übernahme der betreffenden Aufsichtsratsämter zwar zu den anstellungsvertraglichen Vorstandspflichten. Doch bedeutet dies nicht, daß auch die Ausübung dieser Ämter unmittelbar der Vorstandstätigkeit in dem Sinne zugerechnet werden kann, daß die Pflicht zur Bereitstellung der vollen Arbeitskraft und der sorgfältigen Wahrnehmung des Vorstandsamtes nicht betroffen wäre. Denn die Ausübung des Aufsichtsratsamtes ist unmittelbare Tätigkeit für die „aufnehmende" AG, wenn auch zumeist auf „Wunsch" der „entsendenden" AG. Dieses Interesse der „entsendenden" AG an der Amtsübernahme ist der Grund für den Verzicht auf eine unmittelbare Arbeitsleistung des Vorstandsmitglieds an sie selbst, man kann sie deshalb aber nicht mit einer solchen unmittelbaren Tätigkeit gleichsetzen.

Dies schließt es allerdings nicht aus, daß einzelne Handlungen des Doppelmandatars als Aufsichtsratsmitglied auch unmittelbar der Vorstandstätigkeit zugerechnet werden können. Dies wird umso eher der Fall sein, desto enger die Beziehung zwischen den personell verflochtenen Gesellschaften ist. So steigt zum Beispiel mit wachsender Anteilsbeteiligung der „Vorstands-AG" an der „Aufsichtsrats-AG" der Bezug der Aufsichtsratstätigkeit zur Vorstandstätigkeit. Eine pauschale Zurechnung der Aufsichtsratstätigkeit als Ganzes zur Vorstandstätigkeit in dem hier erörterten Sinne ist dagegen wegen des fehlenden engen Zusammenhang - wie er beispielsweise bei einer Verbandstätigkeit gegeben sein kann - nicht möglich, weil ein großer Teil der Aufsichtsratsaufgaben keinen Bezug zur Vorstandstätigkeit aufweisen wird.

Etwas anderes gilt auch hier für den **Konzernbereich**. Dort kann eine Zurechnung immer dann bejaht werden, wenn durch die Aufsichtsratstätigkeit Kon-

---

[319] KK-Mertens, AktG, § 88, Rz 2.

zernleitungsmacht ausgeübt werden soll. Aus diesem Aspekt heraus ist das Konzernprivileg des § 100 II 2 AktG, nach dem die Übernahme von bis zu fünf Konzernmandaten auf die Höchstzahl nicht angerechnet wird, gerechtfertigt und sinnvoll und sollte beibehalten werden.

Bleibt die Frage, ob eine AG mittels der anstellungsvertraglichen Übernahmeverpflichtung wirksam auf die Bereitstellung der vollen Arbeitskraft und / oder die sorgfältige Wahrnehmung des Vorstandsamtes verzichten kann. Wie schon festgestellt, kann eine AG auf die Pflicht ihrer Vorstandsmitglieder, die volle Arbeitskraft zur Verfügung zu stellen, verzichten. In der Vereinbarung einer Übernahmeverpflichtung ist ein solcher Verzicht zu sehen. Mit ihr verzichtet die AG in einem bestimmten Zeitumfang, der abhängig ist von der Zeit, die für eine sorgfältige Wahrnehmung der Aufsichtsratsmandate benötigt wird, auf eine unmittelbare Leistung der Arbeitskraft an sie selbst.

Grenze dieser Verzichtsmöglichkeit ist die Sorgfaltspflicht, auf deren Einhaltung nicht verzichtet werden kann. Dies bedeutet, ein Vorstandsmitglied kann nicht zu Mandatsübernahmen in einem Umfang verpflichtet werden, der zur Folge hätte, daß dieses seine Vorstandstätigkeit nicht mehr mit der erforderlichen Sorgfalt wahrnehmen kann, wenn es seinen Aufsichtsratsverpflichtungen ordnungsgemäß nachkommen will. Diese Grenze ist objektiv schwer zu bestimmen, da sie von der Leistungsfähigkeit des jeweiligen Vorstandsmitglieds aber auch davon abhängt, bei welchen Gesellschaften (Größenordnung, konkrete Situation der Gesellschaft usw.) die Aufsichtsratsmandate übernommen werden sollen. Weiterhin spielt es eine Rolle, ob die Aufsichtsratstätigkeit als einfaches Mitglied mit oder ohne Ausschußarbeit oder als Vorsitzender wahrgenommen wird.

Trotz der Vielzahl der zu berücksichtigenden Faktoren könnten sich Evidenzgrenzen entwickeln lassen, wobei Orientierungspunkt das Verhältnis des Umfangs der Nebentätigkeiten zur regelmäßigen Arbeitszeit als Vorstand sein könnte[320].

Diese Art der Ermittlung der Höchstzahl von Aufsichtsratsmandaten, die neben dem Vorstandsamt übernommen werden können, hat gegenüber einer gesetzlichen Regelung, wie etwa § 100 II AktG, den Vorteil, daß sie differenzierter ist. Denn im Gegensatz zum jetzigen § 100 II AktG können und müssen sämtliche anderen Nebentätigkeiten im Rahmen der Entscheidung, ob die Übernahme eines (weiteren) Aufsichtsratsmandats möglich ist, berücksichtigt werden, also beispielsweise auch ausländische Mandate oder die Tätigkeit in fakultativen

[320] So gibst es z.B. für einen Teilbereich des öffentlichen Dienstes die Vermutungsregel des § 79 II 3 HBG, nach der eine Unvereinbarkeit der Nebentätigkeit mit dem Hauptamt dann vermutet wird, wenn diese mehr als ein 1/5 der regelmäßigen wöchentlichen Arbeitszeit in Anspruch nimmt.

Beiräten. - Anderenfalls könnte die Gesamtbelastung durch Nebentätigkeiten nicht abgeschätzt werden. - Desweiteren muß die erwartete Arbeitsbelastung pro Mandat, die stark differieren kann, miteinbezogen werden. Auch muß ein „Teilzeitvorstandsmitglied“ mehr Aufsichtsratsmandate übernehmen können als ein „normales“ Vorstandsmitglied usw.

Die sich aus der Sorgfaltspflicht ergebende Grenze für Vorstandsmitglieder gilt spiegelbildlich auch für Aufsichtsratsmitglieder (und insbesondere für Vorstandsmitglieder in ihrer Funktion als Aufsichtsratsmitglieder), die ebenfalls nicht in einem Maße mit anderen beruflichen Tätigkeiten belastet sein dürfen, die ihnen eine sorgfältige Ausübung des Aufsichtsratsamtes unmöglich macht.

Ob sich tatsächlich Evidenzgrenzen für die zeitliche Unvereinbarkeit der Übernahme von Aufsichtsratsmandaten mit einer Vorstandstätigkeit entwickeln und durchsetzen können, hängt entscheidend davon ab, ob und von wem die durch die Sorgfaltspflicht gezogene Übernahmegrenze für Nebentätigkeiten erzwingbar ist.

Auf die Einhaltung dieser Grenze kann sich zunächst das betreffende Vorstandsmitglied selbst berufen. Dies verspricht nicht viel Erfolg. Denn wenn die übrigen Vorstandsmitglieder der Meinung sind, daß noch weitere Mandate übernommen werden sollten, wird sich der Einzelne einem konkreten „Übernahmewunsch“ für ein neues Aufsichtsratsmandat nur schwer entziehen können.

Ferner kann und muß sich der Aufsichtsrat der AG des Vorstandsamtes auf die sich aus der Sorgfaltspflicht ergebenden Grenze berufen und die Zustimmung zur Übernahme eines weiteren Aufsichtsratsmandats verweigern, wenn diese Grenze durch die Übernahme überschritten wäre. Aus diesem Grunde muß sich der Aufsichtsrat von dem jeweiligen Vorstandsmitglied den Zeitaufwand für die bisher übernommenen Aufsichtsratsmandate und die sonstigen Nebentätigkeiten und den für das künftig zu übernehmende Amt mitteilen lassen[321]. (Spiegelbildlich muß sich der Aufsichtsrat, der ein Vorstandsmitglied zur Wahl in den Aufsichtsrat vorschlägt, darüber informieren, ob dem Vorgeschlagenen - zumindest theoretisch - genügend Zeit für die Wahrnehmung des Amtes zur Verfügung steht).

Fraglich ist allerdings, welche Rechtsfolgen ein fehlerhafter Aufsichtsratsbeschluß hätte. Ein fehlerhafter Aufsichtsratsbeschluß liegt dann vor, wenn die Zustimmung zu einer weiteren Nebentätigkeit auch unter Berücksichtigung des Entscheidungsspielraums des Aufsichtsrats nicht mehr vertretbar ist.

---

[321] Mertens in AG Sonderheft August 1997 S-70, 71 vertritt dagegen die Auffassung, daß die Gewährleistung ausreichender Zeitkapazität nur über die Einführung eines (nicht wünschenswerten) Zulassungsamtes möglich wäre.

Den Aktionären steht ein Anfechtungsrecht nur für Hauptversammlungsbeschlüsse und nicht für Aufsichtsratsbeschlüsse zu. Hieran würde sich auch nichts durch die Einführung einer Aktionärsklage oder eines vergleichbaren Instituts ändern, wenn diese Klagemöglichkeit sich nur auf Ersatzansprüche der Gesellschaft und nicht auf Erfüllungsansprüche bezöge. Denn dann könnte ein Aktionär erst aktiv werden, wenn sich ein konkreter Schaden für die AG als Folge der Überlastung ihres Vorstandsmitglieds ergibt. Gegen eine Erstreckung bei der wünschenswerten Einführung einer Aktionärsklage auf Erfüllungsansprüche spricht, daß anderenfalls auch bei den Aktionärsklagen Mißbrauchsmöglichkeiten, vergleichbar der Situation bei Anfechtungsklagen, beständen.

Nach geltendem Recht, aber auch nach Einführung einer Aktionärsklage, haben bzw. hätten daher weder die Aktionäre der „Aufsichtsrats-AG" noch die der „Vorstands-AG" die Möglichkeit, sich auf die zeitliche Unvereinbarkeit der durch das betreffende Organmitglied übernommenen Mandate, zu berufen, um eine Überbelastung des Organmitglieds zu verhindern.

Den Aktionären bleibt die symbolische Möglichkeit, dem Vorstandsmitglied, das sie für überlastet halten, die Entlastung zu verweigern. Das kann aber nur als bedingt effektives Mittel angesehen werden, zumal die überwiegende Rechtsprechung bisher den Aktionären die zur Beurteilung erforderlichen Auskünfte verweigert[322].

Die gleiche Möglichkeit zur Entlastungsverweigerung haben die Aktionäre der „Aufsichtsratsunternehmens", wenn sie den betreffenden Mehrfachmandatar für überlastet halten.

Falls man allerdings den Aktionären ein detailliertes Auskunftsrecht gegenüber dem Aufsichtsrat zugestände, müßte dieser seine getroffenen Zustimmungsentscheidungen zur Übernahme von weitreichenden Nebentätigkeiten durch die Vorstandsmitglieder rechtfertigen. Dieses wiederum könnte präventive Effekte haben, da mit der Zunahme der Anzahl der Nebentätigkeiten, die von dem Aufsichtsrat genehmigt werden, es für diesen schwieriger wird, seine Entscheidung plausibel zu machen. Hinzu käme auch eine verstärkte Kontrolle durch die Presse, die über derartige Debatten berichten würde und dann mit genauerem Zahlenmaterial die Entscheidungsträger ebenfalls in Rechtfertigungsdruck setzen könnten.

---

[322] Vgl. OLG Düsseldorf, AG 87, 21 ff (Auskunftsanspruch nur bei konkretem Anlaß zur Besorgnis, daß der Vorstand überlastet ist); ähnlich LG Dortmund, AG 84, 83 f.

2) Vorschläge für eine gesetzliche Neuregelung

Es gibt mehrere (ältere) Gesetzesentwürfe der SPD, die eine Reduzierung der Höchstzahl des § 100 II Nr.1 AktG auf fünf Mandate vorsehen[323]. Durch das KontraG ist lediglich die Doppelanrechnung von Aufsichtsratsvorsitzmandaten eingeführt worden.

In der Literatur wird der Reformbedarf von § 100 II AktG unterschiedlich beurteilt. Überwiegend wird eine gesetzliche Reduzierung der Höchstzahl gefordert bzw. begrüßt[324]. Interessant ist allerdings, daß gerade aus Bankenkreisen die Notwendigkeit einer Änderung von § 100 II AktG verneint wird[325]. Dies berechtigt zu Zweifeln an Aussagen, daß Banken keine Vorteile aus den Aufsichtsratstätigkeiten ihrer Vorstandsmitglieder zögen. Denn dann müßten die Banken konsequenterweise die Änderungsvorschläge begrüßen, weil sie die Arbeitskraft ihrer Vorstandsmitglieder in höherem Umfang sicherten als bisher. So stehen denn auch die genannten Gesetzesvorschläge im Zusammenhang mit der Diskussion um die Macht der Banken, wobei allerdings deren Effektivität für eine Begrenzung der Bankenmacht nicht überschätzt werden sollte, weil die Regelung des § 100 II AktG personen- und nicht institutionsbezogen ist. Die Banken oder Versicherungen könnten auch nach einer Änderung von § 100 II AktG eine gleich hohe Anzahl von Mandaten wahrnehmen, wenn sie diese auf andere Führungsebenen verlagerten. Das Einflußpotential würde nicht erheblich sinken; ein Machtverlust wäre lediglich mit der Tatsache verbunden, daß sich die Informationen und Einflußmöglichkeiten aus den Aufsichtsratstätigkeiten auf mehr Personen verteilten und sich die Mißbrauchsgefahr ihrer Nutzung verringerte[326]. Aus diesem Grunde und aus dem Gesichtspunkt der zeitlichen Belastung von Mehrfachfunktionsträgern wäre eine solche „Verlagerung“ der Aufsichtsratsmandate auf untere Führungsebenen allerdings trotzdem zu begrüßen. Bezüglich der Begrenzung der „Macht der Banken“ ist ferner zu bedenken, daß schon angekündigt wurde, die Tätigkeit von Vorstandsmitgliedern könne sich im Fall der Begrenzung der Höchstzahl des § 100 AktG auf Beiräte verlagern[327], die teilweise schon neben den Aufsichtsräten in Aktiengesellschaften existieren oder gegründet werden könnten. Eine Begrenzung des Gesamteinflusses von

---

323 BT-Drcks. 12/7350 und 13/367.

324 Hommelhoff in Picot (Hrsg): Corporate Governance, S. 1, 14 (5 Mandate); Servatius, AG 95, 223; Kommission Organisation, DBW 47 (1987), 538, 541; aA Kropff in Semler (Hrsg.): Reformbedarf, S. 22; Röller, AG 94, 333, 334.

325 Siehe beispielsweise die Stellungnahme von *Hilmar Kopper* in DER SPIEGEL 31/96, S. 63.

326 So auch Raiser, NJW 96, 2257, 2260: „Immerhin liegt auch in der Verteilung der Positionen auf mehrere Köpfe...eine Teilung und damit Begrenzung der Steuerungsmöglichkeiten.“

327 Dreher, JZ 90, 896, 899.

Großunternehmen, insbesondere von Banken und Versicherungen, könnte daher nur durch eine institutionenbezogene Regelung erreicht werden[328].

So ist z.B. in Israel eine solche instituts- bzw. branchenbezogene Regelung eingeführt worden, nach der Banken in branchenfremden Unternehmen nur 25 % (bis Ende 1998 20 %) der Aufsichtsratsmitglieder stellen dürfen[329]. Eine solche Regelung wäre allerdings schwer praktikabel und hat auch keine Aussicht auf eine politische Umsetzung.

Die vorgeschlagene Herabsetzung der Höchstzahl von § 100 II AktG würde die Schwachpunkte der derzeitigen Regelung nicht beseitigen, also die fehlende Erfassung anderer Nebentätigkeiten und die fehlende Differenzierung zwischen haupt- und nebenberuflichen Aufsichtsräten und damit die generell mangelnde Flexibilität der Bestimmung. Es sollte daher versucht werden, auf die Einhaltung der sich aus der Sorgfaltspflicht ergebenden Übernahmegrenze für Aufsichtsratsmandate hinzuwirken, etwa durch die Einführung eines Auskunftsrechts der Aktionäre gegenüber dem Aufsichtsrat. Zu begrüßen ist insofern die Einführung des § 125 I 3 AktG (nF), wonach im Rahmen der Mitteilungen nach § 125 AktG einem Vorschlag zur Wahl von Aufsichtsratsmitgliedern Angaben zu deren Mitgliedschaft in anderen gesetzlich zu bildenden Aufsichtsräten beizufügen sind.

Ferner könnte durch eine Verschärfung des Haftungsrechts in Form der Erweiterung des Antragsrechts der Aktionäre nach § 147 AktG oder der Einführung einer Aktionärsklage Druck auf die Mehrfachfuntkionsträger dahingehend ausgeübt werden, keine unvereinbare Anzahl von Mandaten zu übernehmen, weil dann mit dieser Übernahme - im Gegensatz zur jetzigen Situation - ein echtes Haftungsrisiko verbunden wäre.

Als ultima ratio bliebe die Senkung der Übernahmehöchstzahl nach § 100 II AktG, falls sich auch nach der Einführung eines Auskunftsrechts und eines verschärften Haftungsrechts keine Änderungen ergeben sollten. Allerdings sollte dann die gesetzliche Übernahmehöchstzahl für hauptberuflich als Aufsichtsratsmitglieder Tätige höher sein, als für nebenberuflich Tätige.

---

328 Zur Schwäche von personenbezogenen Regelungen vgl. Möschel in FS Raisch, S. 469, 478 f, der der Durchsetzung eines institutsspezifischen Ansatzes allerdings keine Chance einräumt; Adams, ZIP 96, 1590, 1599 spricht aufgrund der Personenbezogenheit von § 100 AktG von einer Scheindebatte; siehe auch Lambsdorff, ZKW 90, 12, 13: Eine Beschränkung pro Institut ablehnend Raiser, NJW 96, 2257, 2260 unter Hinweis auf den persönlichen Charakter des Aufsichtsratsmandats.

329 Vgl. HB v. 8./9.12.95, Nr.238/S.23.

III) Die Vereinbarung einer Verpflichtung zur Niederlegung von Aufsichtsratsämtern

„Herr...ist verpflichtet, Aufsichtsratsämter, die er im Interesse der Gesellschaft wahrnimmt, bei Beendigung der Vorstandstätigkeit niederzulegen.“[330]

Derartige Regelungen scheinen eine lange Tradition zu haben. Sie finden schon in der Literatur von 1929/30 Erwähnung[331], aber auch in aktuellen Formularbüchern[332]. Auch wenn eine solche Niederlegungspflicht nicht immer ausdrücklich vereinbart sein wird, läßt sich zumindest eine derartige Praxis feststellen. Das heißt, tatsächlich wird es so gehandhabt, daß mit der Beendigung des Vorstandsamtes häufig auch das Aufsichtsratsamt niedergelegt wird[333]. Hierin zeigt sich das Interesse der AG des Vorstandsamtes, dauerhaft in der das Vorstandsmitglied als Aufsichtsratsmitglied aufnehmenden AG durch einen eigenen Interessenvertreter repräsentiert zu sein. Dabei scheint gerade ein Interesse daran zu bestehen, daß dieser Repräsentant noch aktiv für sie - die „entsendende“ AG - tätig ist. Dies läßt darauf schließen, daß die Wahrnehmung der Aufsichtsratstätigkeit beeinflußt sein soll durch die Vorstandstätigkeit. Das heißt, die Entscheidungen im Aufsichtsratsamt sollen getroffen werden vor dem Hintergrund des Wissens um die Interessen der AG des Vorstandsamtes.

Durch die Vereinbarung einer Niederlegungsverpflichtung nimmt die „entsendende“ AG Einfluß auf die Dauer der Tätigkeit ihres Vorstandsmitglieds als Aufsichtsratsmitglied des anderen Unternehmens. Dies ist deshalb problematisch, weil die auf diese Weise von der AG des Vorstandsamtes festgelegte Dauer von der Bestellungsdauer für das Aufsichtsratsamt abweichen kann. Zwar hat die von der AG des Vorstandsamtes vereinbarte Niederlegungspflicht keine Außenwirkung für die AG des Aufsichtsratsamtes; das Aufsichtsratsamt des Doppelmandatars erlischt nicht mit dem Bedingungseintritt, also hier der Beendigung der Vorstandstätigkeit. Doch könnte die „entsendende“ AG im Innenverhältnis zu ihrem (ehemaligen) Vorstandsmitglied, die Niederlegung des Aufsichtsratsamtes erzwingen. Mit einer solchen Erzwingung der Niederlegung des

---

[330] Beck’sches Formularbuch, unter § 1 III (der Text ist leicht verändert). Vergleichbare Regelungen gibt es auch im öffentlichen Dienst; beispielsweise § 83 HBG: „Endet das Beamtenverhältnis, so enden, wenn im Einzelfalle nichts anderes bestimmt wird, auch die Nebenämter und Nebenbeschäftigungen, die dem Beamten im Zusammenhang mit seinem Hauptamt übertragen sind oder die er auf Verlangen, Vorschlag oder Veranlassung seines Dienstherrn übernommen hat.“

[331] Rospatt, Bank-Archiv 29, 157, 158 (eine solche Regelung für zulässig haltend); v. Hofmannsthal, Bank-Archiv 30, 306, 308.

[332] Siehe FN 330.

[333] Häuser, Interessenkollisionen, S. 163; Koenen, Zurechnung, S. 104; Ulmer in FS Stimpel, S. 705, 710 (FN 24); Wiedemann, Organverantwortung, S. 29.

Aufsichtsratsamtes greift die AG des Vorstandsamtes jedoch in die Entscheidungsautonomie der AG des Aufsichtsratsamtes ein, die das betreffende Aufsichtsratsmitglied für einen festen Zeitraum bestellt hatte[334]. Die Annahme, daß die in § 102 I AktG geregelte Amtsdauer lediglich eine zeitliche Höchstgrenze darstelle, weswegen nicht davon ausgegangen werden könne, daß ein Aufsichtsratsmitglied sich bei der Annahme seiner Wahl zur Mandatsausübung bis zum Ablauf der Wahlperiode verpflichten wolle[335], überzeugt nicht. Schon aufgrund des Aufwands und der Kosten[336], die mit Neuwahlen und den Nachteilen, die mit einer Bestellung nach § 104 II AktG verbunden sind[337], muß davon ausgegangen werden, daß prinzipiell ein Aufsichtsratsmitglied für eine Wahlperiode gebunden sein soll.

Für die Zulässigkeit der Vereinbarung einer Niederlegungspflicht könnte allerdings § 103 II AktG, der ein jederzeitiges Abberufungsrecht für Entsendungsberechtigte vorsieht, sprechen. Doch ist diese Norm nur eine logische - wenn auch nicht zwingende - Folge des gesetzlich vorgesehenen Entsendungsrechts. Sie läßt sich aber auf den Fall einer faktischen Entsendung, die nicht auf einem in der Satzung verankerten Recht beruht, nicht ohne weiteres übertragen.

Gegen die Zulässigkeit der Vereinbarung einer Niederlegungspflicht spricht der Sinn und Zweck von § 100 I AktG, der gerade darin liegt, durch den Ausschluß juristischer Personen von der Aufsichtsratsmitgliedschaft zu bewirken, daß eine bestimmte Person für einen festen Zeitraum die Aufsichtsratstätigkeit ausübt und nicht an den Aufsichtsratssitzungen jeweils verschiedene Vertreter der juristischen Person teilnehmen können, um dadurch eine kontinuierliche und höchstpersönliche Amtswahrnehmung zu gewährleisten. Die bezweckte Wirkung von § 100 I AktG würde durch die Vereinbarung einer Niederlegungspflicht eingeschränkt. Hinzu kommt, daß es nicht unumstritten ist, ob eine Amtsniederlegung ohne Vorliegen eines (wichtigen) Grundes überhaupt zulässig ist[338]. Wenn die Vertreter, die eine jederzeitige Amtsniederlegung - solange sie nicht zur Unzeit erfolgt - für zulässig halten, dies damit begründen, daß eine Amtsniederlegung meist auf Interessenkonflikten des Niederlegenden beruhe, was akzeptiert werden solle[339], so kann diese Begründung aber gerade nicht für

334 Ähnlich Säcker, DB 77, 1791, 1793, der von einer unzulässigen Umstrukturierung des Abberufungsrechts spricht; siehe auch Klinkhammer/Rancke, Verschwiegenheitspflicht, S. 25 f.

335 So Wardenbach, AG 99, 74, 75 f.

336 Vgl. zum Kostenargument Singhof, AG 98, 318.

337 Vgl. hierzu Singhof, AG 98, 318, 322.

338 Vgl. Hüffer, AktG, § 103, Rz 17 für die Zulässigkeit; ebenso Potthoff/Trescher, Aufsichtsratsmitglied, S. 47; Wardenbach, AG 99, 74, 75; für Unzulässigkeit (außer bei Vorliegen einer derartigen Satzungsbestimmung) Schilling in FS Fischer, S. 679, 691 f.

339 Hüffer, AktG, § 103, Rz 17.

die hier gemeinten Fälle überzeugen; vielmehr dürften in der Regel die Interessenkonflikte durch die Beendigung des Hauptamtes abnehmen. Zwar sollte eine Amtsniederlegung ohne Erreichen der hohen Hürde des wichtigen Grundes, den das Gesetz auch nicht verlangt, zulässig sein. Doch muß aufgrund der negativen Folge, die mit einer Amtsniederlegung für eine AG verbunden sind, zumindest ein *sachlicher* Grund vorliegen[340]. Wenn aber eine Amtsniederlegung ohne Grund unzulässig ist (mit der Folge einer eventuellen Schadensersatzverpflichtung[341]), so kann der betreffende Doppelmandatar von der AG seines Hauptamtes hierzu nicht verpflichtet werden. Auch kann ein solcher Grund im Verhältnis zur AG des Aufsichtsratsamtes nicht durch eine Niederlegungsverpflichtung zwischen dem Doppelmandatar und der AG seines Hauptamtes geschaffen werden. Ferner begründet die tatsächlich von Vorstandsmitgliedern geübte Praxis eines parallelen Wechsels im Haupt- und Nebenamt keinen sachlichen Grund zur Amtsniederlegung[342].

Gleiches muß nach dem Gedanken des a maiore ad minus für Regelungen gelten, welche die Niederlegungspflicht für den Fall vorsehen, daß das Vorstandsmitglied bei seiner Aufsichtsratstätigkeit von den „Wünschen" der AG des Vorstandsamtes[343] abweicht oder, die eine jederzeitige Beendigungspflicht auf Wunsch der AG des Vorstandsamtes festlegen[344]. Denn bei derartigen Regelungen gelten die schon genannten Unzulässigkeitsgründe aufgrund der jederzeitigen und nicht unter eine bestimmte Bedingung gestellte Abberufungsmöglichkeit noch in verstärktem Maße. Zusätzlich wird neben dem Eingriff in die Entscheidungsautonomie der AG des Aufsichtsratsamtes hinsichtlich der Länge der Aufsichtsratstätigkeit des Doppelmandatars auch Einfluß auf die konkrete Wahrnehmung der Aufsichtsratstätigkeit ausgeübt, was einen Verstoß gegen den Grundsatz der Unabhängigkeit der Amtsausübung darstellt[345]. Denn es käme einem Weisungsrecht gleich, wenn die Nichtbefolgung von „Wünschen" die Erzwingbarkeit der Amtsniederlegung zur Folge hätte.

Falls man die Mitgliedschaft von juristischen Personen in Aufsichtsräten künftig ermöglichen sollte, müßte man allerdings als Konsequenz die Vereinbarung

---

340 Ebenso Singhof, AG 98, 318, 327.

341 Vgl. hierzu Singhof, AG 98, 318.

342 So aber Singhof AG 98, 318, 327.

343 Ebenfalls für Unzulässigkeit: Raiser, Kapitalgesellschaftsrecht, § 15, Rz 83; Reiß, Aufsichtsrat, S. 48; Potthoff/Trescher, Aufsichtsratsmitglied, S. 42, 47; aA Tank, AG 77, 34, 39.

344 Ein Beispiel hierfür findet sich im Münchener Vertragshandbuch (Hölters), V.48 unter § 1 III: „Er hat solche Ämter auf Wunsch des Vorstands jederzeit, spätestens mit der Beendigung der Bestellung zum Vorstandsmitglied niederzulegen.

345 Ähnlich Säcker, DB 77, 1791, 1793; offen gelassen bei Baumann/Reiss, ZGR 89, 157, 189.

einer Niederlegungspflicht für den Fall der Beendigung des Vorstandsamtes für zulässig halten. Eine Koppelung der Niederlegungspflicht an andere Bedingungen als diese bliebe aber unzulässig.

Es bleibt noch zu erörtern, ob sich für den **Konzernbereich** Besonderheiten ergeben.

Der Sinn der Koppelung des Aufsichtsratsamtes an die Ausübung des Vorstandsamtes ist im Konzern offensichtlich: Soweit die Konzernkontrolle mittels Übernahme eines oder mehrerer Aufsichtsratsmandate in der Tochtergesellschaft wahrgenommen werden soll, kann eine kontinuierliche Kontrolle nur gewährleistet werden, wenn die beiden Ämter auch rechtlich aneinander gekoppelt werden. Soweit man die Ausübung von Konzernleitungsmacht über die Wahrnehmung von Aufsichtsratsmandaten akzeptiert, muß man als Konsequenz in der Beendigung des Vorstandsamtes einen wichtigen Grund für die Amtsniederlegung des Aufsichtsratsamtes sehen. Der wichtige Grund liegt in der Nichtgewährleistung gleichwertiger Konzernkontrolle. Der Kontinuität der Konzernkontrolle muß dann Vorrang eingeräumt werden vor der Kontinuität der Mandatsausübung durch dieselbe natürliche Person. Deshalb ist die Vereinbarung einer Niederlegungspflicht für den Fall der Beendigung des Vorstandsamtes für den Konzernbereich schon de lege lata als zulässig zu erachten.

IV) Die Delegation von Aufsichtsratsaufgaben

In der Praxis werden in der Regel bestimmte Aufsichtsratsaufgaben von den Doppelmandataren auf Angestellte der AG ihres Vorstandsamtes, die sogenannten Stäbe, delegiert. Zwar dürfte es hierüber selten ausdrückliche Vereinbarungen geben, doch ist diese Praxis allgemein bekannt. Auch fühlten sich einige Doppelmandatare durch das Inkrafttreten des WpHG und den in ihm festgelegten Insiderhandelsverbot veranlaßt, dem Vorstand der AG ihres Aufsichtsratsamtes mitzuteilen, daß sie die Aufsichtsratsunterlagen an Mitarbeiter der AG ihres Vorstandsamtes weiterzugeben gedenken[346].

[346] Darauf weisen Lutter und Krieger hin in DB 95, 257. Die Mitteilungen sollen etwa folgenden Inhalt haben: „Die Unterlagen, die mir zur Vorbereitung der Aufsichtsratssitzungen und Ausübung meines Amtes übersandt werden, möchte ich von Mitarbeitern unseres Hauses analysieren lassen, die ihrerseits zur Verschwiegenheit auch gegenüber anderen Abteilungen verpflichtet sind, sich verpflichtet haben, gemäß den Bestimmungen des Wertpapierhandelsgesetzes weder selbst noch durch Dritte Insidertransaktionen abzuwickeln, und die Verpflichtung übernommen haben, auch gegenüber den anderen Abteilungen, aufgrund der in Aufsichtsratsinformationen enthaltenen Insidertatsachen keine Kauf- oder Verkaufsempfehlungen herauszugeben. Ich gehe davon aus, daß gegen die Weitergabe der routinemäßig versandten Aufsichtsratsvorlagen an derartige Mitarbeiter auch von ihrer Seite keine Bedenken bestehen, selbst wenn die betreffenden Vorlagen mit 'persönlich-vertraulich' gekennzeichnet sind. Wenn sie es für erforderlich halten, daß Aufsichtsratsvorlagen nur zu meiner persönli-

Oftmals wird die Zuarbeit dieser Stäbe als wesentlicher Vorteil angesehen, den die Doppelmandatare gegenüber sonstigen Aufsichtsratsmitgliedern hätten; das Vorhandensein von im Hintergrund arbeitenden Stäben wird geradezu zum Qualifikationsmerkmal erhoben[347]. Aus dem Blick gerät dabei, daß es keineswegs als selbstverständlich angesehen werden kann, wenn die Personen, die Vorarbeiten für Aufsichtsratsmitglieder leisten, weder von der „Aufsichtsrats - AG" noch von dem Aufsichtsratsmitglied selbst, sondern ausgerechnet von der AG bezahlt und bereitgestellt werden, von welcher der Doppelmandatar bei der Ausübung seines Aufsichtsratsamtes angeblich unabhängig sein soll. An dieser Praxis zeigt sich das gern geleugnete große Interesse der Industrieunternehmen und insbesondere der Banken an der Aufsichtsratstätigkeit ihrer Vorstandsmitglieder in anderen Gesellschaften, da sich anders ihre enorme Investition in diese Tätigkeiten nicht erklären läßt. So wird nicht nur teilweise auf die unmittelbare Bereitstellung der vollen Arbeitskraft des Vorstandsmitglieds verzichtet, sondern gleichzeitig auch noch bezahlte Arbeitskräfte einschließlich der Sachmittel, die diese benutzen und verbrauchen, zur Verfügung gestellt (Sekretärinnen für die Schreibarbeiten und sonstige Angestellte für die Aufbereitung, Analyse und Besprechung der Unterlagen). Die Entscheidung der „entsendenden" AG zur Bereitstellung von Arbeitskräften und -zeit läßt sich schließlich mit ihrem Unternehmensinteresse nur vereinbaren, wenn mit der auf diese Weise ermöglichten Aufsichtsratstätigkeit auch ein entsprechender Nutzen verbunden ist. Daß es den ihre Vorstandsmitglieder „entsendenden" Aktiengesellschaften dabei nicht nur um die Gewährleistung effektiver Kontrolle geht, zeigt die oben beschriebene Praxis, nach der mit der Beendigung des Vorstandsamtes häufig die Niederlegung der wahrgenommenen Aufsichtsratsämter einhergeht, obwohl durch die Beendigung des Vorstandsamtes wohl kaum automatisch die Befähigung zur Kontrolle verloren geht.

Durch die Bereitstellung eigener Arbeitskräfte nimmt die AG des Vorstandsamtes unmittelbaren Einfluß auf die konkrete Ausübung der durch ihre Vorstandsmitglieder wahrgenommenen Aufsichtsratstätigkeit. Bedenken gegen diese Praxis ergeben sich sowohl aus dem Gebot zur höchstpersönlichen Amtsausübung, aus dem Gebot zur Verschwiegenheit und hinsichtlich der Anforderungen, die an eine unabhängige Mandatsführung im Sinne des Gesetzes zu stellen sind.

---

chen Kenntnis kommen, bitte ich Sie, mir solche Unterlagen in einem separaten Umschlag unter entsprechender Kennzeichnung ('nur persönlich zu öffnen') zuzusenden."

[347] So Röller, AG 94, 333, 334 f („Denn bewährte Aufsichtsräte mit guten Stäben sind ein knappes Gut"); Peltzer, JZ 96, 842, 850.

1) Konflikt mit dem Gebot höchstpersönlicher Amtsausübung

Die Pflicht zu persönlicher Amtswahrnehmung ergibt sich aus § 111 V AktG[348] und mittelbar auch aus § 101 III AktG. Als Ausnahme zu diesem Gebot ist im Gesetz lediglich vorgesehen, daß vom Aufsichtsrat unter bestimmten Umständen Dritte als Sachverständige für Einzelprobleme herangezogen werden dürfen (§§ 109 I; 111 II 2 AktG). Eine Regelung über die Hinzuziehung Dritter für untergeordnete und / oder dauerhafte Hilfstätigkeiten enthält das Gesetz nicht. Auch gibt es keine Bestimmung darüber, wann ein *einzelnes* Aufsichtsratsmitglied, und nicht der Aufsichtsrat als Gremium, Dritte zur Unterstützung der eigenen Aufsichtsratstätigkeit beschäftigen darf.

Die Rechtsprechung hat aus dem Gesamtkomplex der genannten Normen abgeleitet, daß es mit § 111 V AktG nicht vereinbar sei, wenn ein Aufsichtsratsmitglied seine Aufgabe oder einen wesentlichen Teil davon laufend einem Außenstehenden zur selbständigen Erledigung übertrage oder auch nur bei ihrer Wahrnehmung einen ständigen Berater einschalte[349].

Die Übertragung dieser Rechtsprechung würde für Aufsichtsratsmitglieder mit hauptberuflicher Vorstandsfunktion bedeuteten, daß sie die von „ihrer" AG für die Aufsichtsratstätigkeit in einem anderen Unternehmen zur Verfügung gestellten Mitarbeiter nur in geringem Umfang, jedenfalls nicht zwecks ständiger Beratung, in Anspruch nehmen dürften. Bezeichnenderweise wird zwar die eben wiedergegebene vom BGH formulierte Position in der Literatur auch vielfach vertreten, doch werden hausinterne Experten von Vorstandsmitgliedern oftmals wie selbstverständlich nicht als externe Berater eingeordnet[350]. Hierbei wird verkannt, daß es sich bei den sog. Stäben nicht um hausinterne Experten der AG handelt, bei der das Aufsichtsratsmandat wahrgenommen wird, sondern um Mitarbeiter der AG des Vorstandsamtes und somit im Verhältnis zur AG des Aufsichtsratsamtes eindeutig um außenstehende Dritte.

---

348 Hüffer, AktG, § 111, Rz 21; KK-Mertens, AktG, § 111, Rz 89.

349 BGHZ 85, 293, 296 („Hertie") und die Vorinstanz OLG Frankfurt, AG 82, 194; vgl. zur Hertie-Entscheidung die ausführliche Besprechung von Hommelhoff, ZGR 83, 551. Konkret ging es bei der Entscheidung um die Frage, ob ein Arbeitnehmervertreter bei der Einsichtnahme in den Abschlußprüferbericht, der aufgrund eines Beschlusses nicht an die Aufsichtsratsmitglieder ausgehändigt worden war, einen Sachverständigen nach eigener Wahl zwecks Beratung hinzuziehen durfte, was vom BGH unter Bezugnahme auf § 111 V AktG verneint wurde.

350 So z.B. von Potthoff/Trescher, Aufsichtsrat, S. 41: „Externe Beratungshilfe darf das Aufsichtsratsmitglied nach der Rechtsprechung des BGH nur ausnahmsweise in Anspruch nehmen...Unverkennbar wird durch diese Rechtsprechung die Arbeit von Aufsichtsratsmitgliedern begünstigt, denen hauseigene Experten zur Verfügung stehen..."

Zweck des Gebots persönlicher Amtsausübung ist es, eine Verlagerung der Entscheidungsbefugnis nach außen, d.h. auf Dritte, zu verhindern (Schutz der Verbandssouveränität) und die Gefahr der Verletzung der Vertraulichkeit möglichst gering zu halten[351]. Es soll sichergestellt werden, daß derjenige die Entscheidungen trifft, der dem Unternehmensinteresse verpflichtet ist. Entscheidend ist, daß nicht die Überwachungstätigkeit als solche auf Dritte, und sei es auch nur teilweise, verlagert wird.

Nicht gerechtfertigt werden kann die Verlagerung von Entscheidungskompetenzen auf Dritte mit generell unzureichender eigener Fachkompetenz, mit mangelnder Zeit oder damit, daß das betreffende Aufsichtsratsmitglied der Meinung ist, anderenfalls - ohne Hinzuziehung eines Beraters - stünde sein Zeitaufwand in einem unangemessenen Verhältnis zur Vergütung[352]. Denn von einem Aufsichtsratsmitglied ist sowohl eine ausreichende fachliche Kompetenz als auch die Bereitschaft, in zeitlicher Hinsicht genügend Arbeitskraft zur Verfügung zu stellen, zu verlangen. Auf eine - aus Sicht des Mandatsträgers - im Verhältnis zu diesen Anforderungen zu niedrige Vergütung kann sich ein Aufsichtsratsmitglied nicht berufen, weil dieses dann eben die Übernahme des Mandats hätte ablehnen müssen. Aus einer niedrigen Vergütung kann keine Abschwächung des Gebots zu persönlicher Amtsausübung abgeleitet werden.

Aus dem Gesagten folgt, daß die Hinzuziehung von Mitarbeitern, welche die Aufsichtsratstätigkeit lediglich technisch unterstützen, mit § 111 V AktG vereinbar ist[353], da hierdurch nicht die Überwachungstätigkeit als solche delegiert wird. Problematisch ist allerdings die Abgrenzung, was man noch als (zulässige) untergeordnete technische Hilfstätigkeit bezeichnen kann und was schon als (unzulässige) partielle Wahrnehmung der „eigentlichen" Überwachungstätigkeit anzusehen ist.

Die Sekretärin, die Briefe für das Aufsichtsratsmitglied schreibt, die Unterlagen aufbewahrt, archiviert und ähnliche Aufgaben wahrnimmt, wird man unzweifelhaft der Kategorie zulässige Hilfskraft zum Zwecke der technischen Arbeitserleichterung zuordnen können. Denn durch solche Tätigkeiten wird kein inhaltlich gestaltender Einfluß auf die Aufsichtsratstätigkeit ausgeübt, weswegen mit ihrer Wahrnehmung auch keine Verlagerung der Überwachungstätigkeit verbunden sein kann. Gleiches gilt für Assistenten, die bestimmte Unterlagen nach einem vom Aufsichtsratsmitglied festgelegten System zusammenstellen

[351] Ähnlich Lutter/Krieger, DB 95, 257, 258.

[352] Interessant ist insofern die Einschätzung von Fey, DStR 95, 1320, 1324: „Wer qualifizierte und auch *tatsächlich selbst tätige* Aufsichtsratsmitglieder fordert, muß auch den Preis dafür zahlen, der auf dem Markt für Top - Managementleistungen gilt."

[353] Hüffer, AktG, § 111, Rz 21; KK-Mertens, AktG, § 111, Rz 72; Lutter/Krieger, DB 95, 257, 259; Potthoff/Trescher, Aufsichtsratsmitglied, S. 41.

oder durch darauf zugeschnittene Computerprogramme auswerten lassen. Bleibt der problematische Bereich der inhaltlichen Beratung durch das Ausarbeiten von Abstimmungsvorschlägen, das Diskutieren von bestimmten Problemen, das „Durchreden“ von Unterlagen usw. durch Mitarbeiter des „Stabes“.

Kann man auch für diesen Bereich davon ausgehen, daß das Gesetz dem einzelnen Aufsichtsratsmitglied diese Form der Arbeitserleichterung nicht verbauen wollte oder spricht nicht mehr dafür, daß das Gesetz das Entstehen eines zweiten dem Aufsichtsratsmitglied untergeordneten Kontrollmanagements ausschließen wollte[354] ?

Die erforderliche Abgrenzung wird in der Literatur teilweise nach dem Kriterium vorgenommen, ob es sich um Vorarbeiten handelt, die das Aufsichtsratsmitglied auch selbst hätte wahrnehmen können. Wenn dieses der Fall ist und das betreffende Aufsichtsratsmitglied die Überlegungen seiner Mitarbeiter nicht ungeprüft übernimmt, sondern diese nur als Grundlage eigener Willensbildung nutzt, soll es sich um zulässige Hilfstätigkeiten handeln. Unzulässig sollen demgegenüber Zuarbeiten sein, die das Fehlen eigener Kenntnis und Erfahrungen des Aufsichtsratsmitglieds ersetzen[355].

Diese Abgrenzung ist nicht nur praktisch undurchführbar, sondern auch ansonsten unbefriedigend. Denn bei sämtlichen Hilfstätigkeiten, die als dauerhafte Unterstützung in Betracht kommen, wird es sich um solche Tätigkeiten handeln, von denen man erwarten können muß, daß sie ein Aufsichtsratsmitglied auch selbst hätte vornehmen können, weil diesem sonst die Mindestqualifikation fehlen würde. Auch wird den Multiorganmitgliedern im Regelfall nicht die grundsätzliche Befähigung zur Wahrnehmung von Aufsichtsratsmandaten abgesprochen, sondern es wird angezweifelt, ob diese angesichts ihrer zeitlichen Belastung alle Mandate durch eigene Tätigkeit pflichtgemäß ausfüllen können. Unbeantwortet bleibt bei der eben beschriebenen Abgrenzung aber gerade die Frage, ob ein Aufsichtsratsmitglied durch die Hinzuziehung einer dem „Aufsichtsratsunternehmen“ unbekannten Zahl von Mitarbeitern das Fehlen der Möglichkeit, eigene Arbeitskraft in größerem Umfang zur Verfügung zu stellen, kompensieren darf.

Bezeichnend für das Problem ist die Antwort von *H. Kopper* (Deutsche Bank) auf die Frage eines Interviewers, wie er denn elf Aufsichtsratsmandate gleichzeitig wahrnehmen könne: „Ich mache das nicht allein, sondern in einem Gremium. Mir helfen dabei hochqualifizierte Mitarbeiter.“[356] Soll man nun diese

---

[354] Zu diesem Spannungsverhältnis siehe KK-Mertens, AktG, § 111, Rz 91.

[355] Lutter/Krieger, DB 95, 257, 259.

[356] In DER SPIEGEL 31/96, S. 63. Aufschlußreich waren auch die scharf ablehnenden Äußerungen von Bankenvertretern auf dem 61. DJT gegenüber jeglicher Kritik an der Existenz von back-offices.

Tätigkeit von hochqualifizierten Mitarbeitern nur deshalb als zulässige technische Hilfsfunktion ansehen, weil *H. Kopper* diese theoretisch auch selbst hätte vornehmen können ?

Auch systematisch überzeugt das Abgrenzungskriterium nicht, da bei der gesetzlich vorgesehenen Hinzuziehung von Dritten nach § 109 S.2 AktG gerade die Erforderlichkeit oder Gebotenheit der Beratung als Zulässigkeitskriterium angesehen wird[357]. Man wird eine Einschaltung Dritter aber nicht als erforderlich bezeichnen können, wenn die durch sie geleistete Tätigkeit ebensogut von dem Aufsichtsratsmitglied selbst hätte wahrgenommen werden können.

Aus diesem Grunde ist es auch zweifelhaft, wenn die Mitarbeit von Hilfskräften als Mittel der Professionalisierung und Effektivierung der Aufsichtsratsarbeit und aus diesem Aspekt heraus als gerechtfertigt angesehen wird[358]. Denn die Antwort auf die Frage, ob die Hinzuziehung einer größeren Anzahl von Mitarbeitern wirklich die Effektivität der Aufsichtsratsarbeit erhöht, hängt vom Blickwinkel beziehungsweise von der herangezogenen Vergleichskonstellation ab:
Ohne Zweifel ist ein hauptberufliches Vorstandsmitglied, das gleichzeitig zehn Aufsichtsratsmandate wahrnimmt, ohne back-office noch weniger zu einer sorgfaltsgemäßen Ausübung seiner Aufsichtsratsämter fähig, als ein Vorstandsmitglied in vergleichbarer Situation mit back-office. Aber gilt das auch im Vergleich etwa zu einem Vorstandsmitglied, das nur zwei Mandate ausübt und daher meint auf einen vielköpfigen Stab verzichten zu können ? Oder im Vergleich zu einem ehemaligen Vorstandsmitglied, das nun hauptberuflich Aufsichtsratsmandate wahrnimmt und schon deswegen auf ein back-office verzichtet, weil es ihm vom ehemaligen „Vorstandsunternehmen" nicht mehr zur Verfügung gestellt wird ? Von solchen ehemaligen Vorstandsmitgliedern wird jedenfalls gern betont, daß man nach Beendigung des Vorstandsamtes die Möglichkeit habe, sich intensiver mit den Unternehmen, in denen die Aufsichtsratsmandate ausgeübt werden, zu beschäftigen. Die Notwendigkeit sich selbst vorzubereiten wird im Hinblick auf die Qualität der Überwachungstätigkeit als positiv angesehen[359]. Ferner bietet das Gesetz keinen Anhaltspunkt dafür, daß es eine Einschränkung des Gebots persönlicher Amtswahrnehmung durch eine Einschaltung ständiger Berater zwecks Steigerung der Effektivität für erforderlich bzw. zulässig hält. Vielmehr läßt sich aus dem Gesamtzusammenhang der

---

[357] KK-Mertens, AktG, § 109, Rz 14; Potthoff/Trescher, Aufsichtsratsmitglied, S. 41.

[358] Dazu Lutter/Krieger, DB 95, 257 und Lutter, AG 94, 176.

[359] Siehe Personality Spalte der FAZ v. 5.1.98, Nr.3/S.17: Das ehemalige Vorstandsmitglied von RWE Friedhelm Gieske bezeichnet die nun notwendige eigene Vorbereitung auf die Aufsichtsratssitzungen als Gewinn für sich und die betreffenden Unternehmen.

relevanten Normen (§§ 109, 111 AktG) das gesetzliche Modell „eines in sich und aus sich selbst heraus leistungsfähigen Aufsichtsrats“[360] erkennen.

Auch der Gesichtspunkt der Effektivität spricht daher nicht dagegen, mit dem BGH eine Einschaltung von Assistenten zur ständigen Beratung für unzulässig zu halten.

Der Umstand, daß die Existenz von ständigen Beratern zumindest bei hauptberuflichen Vorstandsmitgliedern üblich sein mag, kann ebenfalls keine Rechtfertigung einer Verletzung des Gebots der persönlichen Amtswahrnehmung sein[361]. Vielmehr spricht viel dafür, daß der übliche Umfang der Verlagerung von Aufsichtsratsaufgaben an Mitarbeiter gegen die jetzige Gesetzeslage verstößt. Allerdings läßt sich über die Gewohnheiten in der Praxis ohnehin nur mutmaßen, da in diesem Bereich völlige Intransparenz herrscht.

Auch das Kriterium der Üblichkeit kann daher nicht als Abgrenzungskriterium fungieren.

Bleibt das Kriterium, daß die eigentliche Überwachungstätigkeit auch partiell nicht verlagert werden darf und der Hinweis des Gesetzes, daß diese Grenze beim Gesamtaufsichtsrat jedenfalls dann überschritten ist, wenn sich die Beratung durch Dritte nicht auf einzelne Problembereiche beschränkt (§§ 109 I, 111 II 2 AktG). Diese Grenze für den Gesamtaufsichtsrat läßt sich übertragen auf das einzelne Aufsichtsratsmitglied, das Beratung in Anspruch nehmen will[362]. Denn durch die Beschränkung der Beratungsmöglichkeit auf einzelne Gegenstände wird verhindert, daß der Aufsichtsrat die Überwachungstätigkeit weitgehend verlagert und seine eigene Tätigkeit auf eine Plausibilitätskontrolle der durch die Berater geleisteten Vorarbeiten beschränkt[363]. Eine Plausibilitätskontrolle kann nicht als ausreichend erachtet werden, weil sie beinhaltet, daß die Entscheidung nicht von demjenigen getroffen wird, der die Plausibiltätskontrolle vornimmt, sondern lediglich die Entscheidung eines Dritten überprüft wird. Diese Gefahr ist gerade bei der Hinzuziehung von Dritten durch *einzelne* Aufsichtsratsmitglieder (im Gegensatz zum Gremium) besonders groß, weil Multifunktionsträger auf diese Weise die an sich bestehende zeitliche Unvereinbarkeit der wahrgenommenen Ämter verdecken können. Gleichzeitig kann

[360] Hommelhoff, ZGR 83, 551, 560 ff; ihm folgend KK-Mertens, AktG, § 111, Rz 95.

[361] In diese Richtung gehend KK-Mertens, AktG, § 111, Rz 95: „Die Einschaltung von Assistenten im üblichen Maße wird durch das Gebot der höchstpersönlichen Wahrnehmung des AufsRAmtes nicht ausgeschlossen.“ Allerdings bezieht sich dieser Satz nur auf Assistenzleistungen, die dem Zwecke der Arbeitserleichterung des Aufsichtsratsmitglieds dienen.

[362] KK-Mertens, AktG, § 111, Rz 95.

[363] Von der Unzulässigkeit der Beschränkung der eigenen Aufsichtsratstätigkeit auf eine Plausibilitätskontrolle geht auch Götz in DB 95, 1949, 1952 aus, der aber trotzdem die Hinzuziehung von Hilfskräften weitgehend für zulässig hält.

niemand nachprüfen, ob die Vorarbeiten der Mitarbeiter als Grundlage für die eigene Willensbildung genutzt werden[364] oder diese nur auf ihre Plausibilität überprüft oder gar ungeprüft übernommen werden. Dieses Manko wird auch nicht dadurch ausgeglichen, daß im Falle eines Schadensersatzprozesses gegen ein Aufsichtsratsmitglied, dieses sich nicht darauf berufen könnte, sich auf seine Mitarbeiter verlassen zu haben. Zum einen ist das Haftungsrisiko in der Aktiengesellschaft - bisher - ohnehin minimal, zum anderen kann eine im Gesetz vorgesehene präventive Sicherung der Autonomie des Aufsichtsrat nicht in eine rein repressive abgeändert werden.

Hieraus folgt, daß de lege lata eine Beratung von einzelnen Aufsichtsratsmitgliedern durch Externe nur bezogen auf konkrete Einzelfragen zulässig sein kann[365], nicht aber eine ständige, da eine solche gegen die Schutzzwecke des § 111 V AktG und des in ihm festgelegten Gebots der persönlichen Amtswahrnehmung verstieße. Denn auch wenn formal das Letztentscheidungsrecht beim Mandatsträger selbst verbleibt, würde durch eine ständige Beratung durch einen Externen erheblicher inhaltlicher Einfluß auf dessen Tätigkeit ausgeübt werden.

Zulässig ist allerdings unter dem Gesichtspunkt des Gebots der persönlichen Mandatswahrnehmung die Einbeziehung der Analyseabteilungen oder sonstiger Mitarbeiter des Hauses für konkrete Einzelfragen unter den für die Hinzuziehung von externen Sachverständigen im Rahmen von § 109 I AktG entwickelten Voraussetzungen[366]. Aus § 109 I AktG läßt sich nicht ableiten, daß allein der Aufsichtsrat als solches und nicht das einzelne Aufsichtsratsmitglied befugt sein soll, für Einzelfragen externe Sachverständige heranzuziehen. Es widerspräche gerade der gewünschten eigenverantwortlichen Mandatswahrnehmung, wenn man die von einem Aufsichtsratsmitglied für erforderlich gehaltene Hinzuziehung eines Dritten von einem Mehrheitsbeschluß des Aufsichtsrats abhängig machte[367]. Auch kann das betreffende Aufsichtsratsmitglied in der Regel nicht verpflichtet sein, zunächst auf einen solchen Mehrheitsbeschluß hinzuwirken[368] bzw. vorrangig zunächst aufsichtsratsinterne Beratung zu suchen. Zwar mag es Situationen geben, in denen man von einem Vorrang gesellschaftsinter-

---

[364] Dieses Kriterium nennen Lutter/Krieger, DB 95, 257, 259.

[365] BGHZ 85, 293, 296 f, 300.

[366] D.h. Verpflichtung des Dritten zur Verschwiegenheit; Erforderlichkeit der Beratung etc.; vgl. BHGZ 64, 325; 85, 293, 300; Potthoff/Trescher, Aufsichtsratsmitglied, S. 41.

[367] Im Ergebnis ebenso OLG Frankfurt, AG 82, 194.

[368] So aber Hommehoff, ZGR 83, 551, 566; siehe aber auch OLG Frankfurt, AG 82, 194: „Der vollen eigenen Prüfungspflicht muß weiter grundsätzlich ein Recht auf Zuziehung eines Sachverständigen entsprechen, dessen Durchsetzung nicht von einem oft nicht kalkulierbaren Mehrheitsbeschluß des Aufsichtsrats abhängig sein darf."

ner Unterstützung ausgehen muß[369], etwa wenn zu erwarten ist, daß die gewünschte Information intern zu erlangen ist und auch keine anderen Gesichtspunkte gegen die Konsultation der anderen Aufsichtsratsmitglieder sprechen. Denn die Hinzuziehung eines externen Beraters ist nur zulässig, wenn sie geboten ist, und auch unter Einräumung eines Ermessensspielraums wird man in solchen Fällen die Hinzuziehung Dritter nicht mehr als geboten bezeichnen können. Doch eine darüber hinausgehende eng verstandene Verpflichtung, zunächst immer auf gesellschaftsinterne Unterstützung hinzuwirken, läßt sich dem Gesetz nicht entnehmen und wäre auch unter Praxisgesichtspunkten inakzeptabel. Es würde die Eigeninitiative der Aufsichtsratsmitglieder wesentlich bremsen. Zum einen wäre es aufgrund der geringen Sitzungsfrequenz schon organisatorisch schwierig, sich bei jedem Beratungsbedarf erst mit den anderen Aufsichtsratsmitgliedern in Verbindung setzen zu müssen. Zum anderen kann ein Aufsichtsratsmitglied gute Gründe haben, einen Verdacht oder einer Unklarheit zunächst alleine nachzugehen. Angesichts der heterogenen Zusammensetzung von Aufsichtsräten darf man die Anforderungen an eine vertrauliche Zusammenarbeit nicht überspannen.

2) Konflikt mit dem Gebot zur Verschwiegenheit

Aus dem Verschwiegenheitsgebot der §§ 116, 93 AktG könnten sich weitere Grenzen für die Zulässigkeit der Einbeziehung von Dritten bei der Aufsichtsratstätigkeit ergeben.

Ein Bestandteil der Verschwiegenheitspflicht ist es, daß bei der Weitergabe von Informationen an Dritte grundsätzlich die schonendste Art der Offenbarung zu wählen ist[370]. Hieraus folgt, daß die von Aufsichtsratsmitgliedern herangezogenen Mitarbeiter ihrerseits zur Verschwiegenheit zu verpflichten sind und zwar sowohl gegenüber Dritten als auch gegenüber anderen Abteilungen im Unternehmen („chinese walls") [371]. Daneben sind die Mitarbeiter auch ohne ausdrückliche Vereinbarung erfaßt von den gesetzlichen Verboten des Insiderhandels nach dem WpHG.

Trotzdem, d.h. auch bei einer Verpflichtung der Mitarbeiter zur Verschwiegenheit, steigt durch die Weitergabe der Unterlagen und sonstiger Informationen an die Hilfskräfte das Risiko einer Verletzung der Geheimhaltungsinteressen der

---

[369] Siehe hierzu Hommelhoff, ZGR 83, 551. Er leitet aus dem Gesetz ein Autarkiegebot für den Aufsichtsrat und hieraus wiederum den Grundsatz vom Vorrang gesellschaftsinterner Unterstützung für das einzelne Aufsichtsratsmitglied ab. Doch schränkt er dieses Gebot selbst aus dem Gesichtspunkt der Eigenverantwortlichkeit der Amtsausübung wieder ein (S.562).

[370] Hommelhoff, ZGR 83, 551, 567.

[371] Vgl. Lutter/Krieger, DB 95, 257.

AG des Aufsichtsratsamtes[372]. Schon die Tatsache für sich, daß zusätzliche Personen von Informationen Kenntnis erlangen, ist unabhängig vom Mißbrauchsrisiko für die AG des Aufsichtsratsamtes eine Beeinträchtigung ihrer Geheimhaltungsinteressen, weil diese „zusätzlichen" Personen bei ihrem Handeln das durch ihre Vorarbeit für das Aufsichtsratsmitglied erlangte Wissen nicht ausblenden können und sich eine gewisse Verwertung der Informationen nicht vermeiden läßt.

Ferner muß berücksichtigt werden, daß durch die Weitergabe von Informationen an Angestellte der AG des Vorstandsamtes nicht nur das Geheimhaltungsinteresse der AG des Aufsichtsratsamtes in erhöhtem Maße berührt ist - gerade bei der Weitergabe an Bankenmitarbeiter steigt die Gefahr des Insiderhandels -, sondern zugleich die Unabhängigkeit der Amtsausübung.

Es stellt sich daher die Frage, ob das objektive Interesse der AG des Aufsichtsratsamtes an effektiver Überwachung und Beratung durch den Aufsichtsrat, eine Weitergabe von vertraulichen Informationen und damit eine Verletzung ihrer Geheimhaltungsinteressen rechtfertigt[373]. Generell läßt sich sagen, daß die Pflicht zur Verschwiegenheit dann zurücktritt, wenn die Weitergabe der Information gerade im Interesse der betroffenen AG liegt[374]. Übertragen auf die aufgeworfene Frage heißt das, der Beratungsbedarf des Aufsichtsratsmitglieds wirkt auf den Umfang seiner Verpflichtung zur Verschwiegenheit ein[375]. Daraus könnte man schließen, daß, soweit die Weitergabe von Informationen an Hilfskräfte als Grundlage für eine effektivere Aufsichtsratstätigkeit dienen, diese gerechtfertigt ist. Doch läßt sich ein Interesse der AG des Aufsichtsratsamtes an der Weitergabe von Informationen an Hilfskräfte, die Angestellte der das Aufsichtsratsmitglied „entsendenden" AG sind, nicht ohne weiteres unterstellen. Denn die Folge ist, daß unter Umständen vertrauliche Informationen an Personen gelangen, die weder der betroffenen AG noch dem Aufsichtsratsmitglied selbst, sondern lediglich der „entsendenden" AG gegenüber, aufgrund des Arbeitsvertrages mit dieser, zur Verschwiegenheit verpflichtet sind[376]. Der einzige Schutz der AG des Aufsichtsratsamtes besteht darin, daß das Aufsichtsratsmitglied insofern das Risiko der Vertraulichkeitsverletzung durch Hilfskräfte trägt, als diese Verletzung im Rahmen der §§ 93, 116 AktG über § 278 BGB ihm zugerechnet werden könnte. Wenn jedoch ein Schaden durch die Vertraulichkeitsverletzung nicht feststellbar ist, hat die betroffene AG keine Sanktionsmöglich-

---

[372] Vgl. Hommelhoff, ZGR 83, 551, 567: „Jeder externe Berater gefährdet die Vertraulichkeit der Gesellschaftsinterna."

[373] Dies wird bejaht von Lutter/Krieger DB 95, 257 ff.

[374] Hüffer, AktG, § 93, Rz 8.

[375] Hommelhoff, ZGR 83, 551, 558.

[376] Siehe Lutter/Krieger DB 95, 257, 259.

keit[377]; für § 103 III AktG dürften meist nicht genug Anhaltspunkte zu finden sein.

Aus diesem Grunde wird in der Literatur teilweise angenommen, daß das Aufsichtsratsmitglied verpflichtet sei, mit der Hilfskraft einen Vertrag mit Schutzwirkung zugunsten des Aufsichtsratsunternehmens abzuschließen[378]. Dem ist zuzustimmen, weil das Manko einer fehlenden Verpflichtung der Hilfskraft gegenüber der AG des Aufsichtsratsamtes mit einer solchen Vertragskonstruktion beseitigt werden kann. Aufgrund der anderen aufgezählten Aspekte kann aber ein Interesse der AG des Aufsichtsratsamtes an der Weitergabe von Informationen an Mitarbeiter der AG des Vorstandsamtes nicht generell unterstellt werden. Dies hat zur Folge, daß eine solche Weitergabe gegen das objektive Geheimhaltungsinteresse verstoßen und eine Verletzung der Verschwiegenheitspflicht darstellen kann[379].

Eine Verletzung der Verschwiegenheitspflicht liegt allerdings dann nicht vor, wenn die AG des Aufsichtsratsamtes auf die Einhaltung der Verschwiegenheitspflicht zum Zwecke der Einschaltung von Hilfskräften durch das Aufsichtsratsmitglied wirksam verzichtet hat. Ein solcher Wille liegt deshalb nahe, weil dem Vorstand des „Aufsichtsratsunternehmens" die Heranziehung von back-offices von Aufsichtsratsmitgliedern, die hauptberuflich Vorstandsmitglieder sind, bekannt sein dürfte.

Nach h.M. enthält der Geheimnisbegriff neben dem objektiven Geheimhaltungsbedürfnis als subjektives Element den Willen der Gesellschaft, die betreffende Information geheim zu halten[380]. Aufgrund der Üblichkeit der Hinzuziehung von back-offices, wird man in der Regel, wenn es keine gegenteiligen Anhaltspunkte gibt, davon ausgehen können, daß die Weitergabe von Aufsichtsratsunterlagen vom Vorstand toleriert wird und damit auf die Bindung an die Verschwiegenheitspflicht konkludent verzichtet wird. Soweit der Aufsichtsrat selbst für die „Freigabe" bestimmter Informationen zuständig ist, wird man auch

---

377 Lutter/Krieger, DB 95, 257, 260 weisen auf die Möglichkeit der AG des Aufsichtsratsamtes hin, das Aufsichtsratsmitglied auf Unterlassung der weiteren Inanspruchnahme des ungetreuen Mitarbeiters in Anspruch zu nehmen.

378 Säcker in FS Fischer, S. 635, 650; die gesetzlichen Verschwiegenheitspflichten für ausreichend haltend: KK-Mertens, AktG, § 111, Rz 72.

379 Die Zulässigkeit der Weitergabe von Aufsichtsratsunterlagen unter dem Gesichtspunkt der Verschwiegenheitspflicht weitgehend verneinend Hoffmann, Aufsichtsrat, Rz 275; siehe auch KK-Mertens, AktG, § 111, Rz 96.

380 Hüffer, AktG, § 93, Rz 7 (geäußerter oder mutmaßlicher Wille); Klinkhammer/Rancke, Verschwiegenheitspflicht, S. 31; offen gelassen in BGHZ 64, 329.

hier im Regelfall von einem konkludenten Einverständnis mit der Informatonsweitergabe ausgehen können[381].

Problematisch bleibt aber der Bereich der gesetzlichen Geheimhaltungspflichten, auf deren Einhaltung eine Gesellschaft nicht verzichten kann, nämlich diejenigen betreffend Insiderinformationen[382]. Daß dieser Bereich auch in der Praxis als problematisch empfunden wird, zeigt sich an der Forderung vieler Aufsichtsratsmitglieder nach einer Vorsortierung der Aufsichtsratsunterlagen[383]. Ob eine solche „Vorsortierung" als Lösung des Problems akzeptiert werden kann, ist deshalb fraglich, weil allein objektive Kriterien eine Information zu einer Insidertatsache - oder nicht - machen. Das bedeutet, daß es nicht im Belieben desjenigen liegen kann, der die Vorsortierung vornimmt, ob eine Information als Insiderinformation einzustufen ist oder nicht. Dasselbe Problem würde auftreten, wenn ein Aufsichtsratsmitglied darum bäte, schriftlich keine Insiderinformationen mitgeteilt zu bekommen[384]. Denn nach dem Gesetz genügt der bloße Ursachenzusammenhang zwischen der Erlangung der Insiderinformation und der Aufsichtsratstätigkeit, um den Informierten zum Primärinsider zu machen. Sobald demnach ein Aufsichtsratsmitglied von der AG seiner Aufsichtsratstätigkeit eine Insiderinformation erlangt, gilt es als Primärinsider unabhängig davon, ob er diese Information mitgeteilt bekommen will und unabhängig davon, ob die AG des Aufsichtsratsamtes bzw. ihr Mitarbeiter diese Information als Insiderinformation ansieht.

Trotzdem könnte die Weitergabe von Aufsichtsratsunterlagen, die Insiderinformationen enthalten, oder die mündliche Mitteilung von solchen Informationen an Mitarbeiter des back-office dann kein Verstoß gegen des Weitergabeverbot von Insiderinformationen nach § 14 II WpHG sein, wenn die Weitergabe als befugt anzusehen wäre. Eine Weitergabe gilt dann als befugt, wenn der Insider diese in Ausübung seiner (Aufsichtsrats-)Arbeit „in einem normalen Rahmen" vornimmt[385]. Gemeint ist damit einerseits, daß dem Insider die Ausübung seiner Tätigkeit ermöglicht werden soll, aber andererseits der Kreis der Insider nicht weiter gezogen werden soll als dies dafür erforderlich ist[386]. Deshalb darf die „normale bzw. erforderliche tätigkeitsbedingte Weitergabe" nicht empirisch im Sinne von üblich verstanden werden. Die Tatsache, daß viele Aufsichtsratsmitglieder ihre Unterlagen und damit unter Umständen auch Insiderinformationen

---

[381] Auch Götz in DB 95, 1949, 1952 weist in diesem Zusammenhang darauf hin, daß die Verschwiegenheitspflicht der Disposition der Gesellschaft, deren Schutz sie dient, unterliegt.

[382] Assmann, WM 96, 1337, 1349.

[383] Vgl. Assmann, WM 96, 1337, 1355.

[384] Siehe dazu Assmann, AG 97, 50, 53 f.

[385] So der Wortlaut von Art.3 lit.a EG-Insiderrichtlinie (89/592/EWG).

[386] Vgl. Assmann, AG 97, 50, 55.

an Mitarbeiter weitergeben, kann die Zulässigkeit dieser Maßnahmen nicht begründen. (Dies muß schon allein deshalb gelten, weil diese Praxis älter als das deutsche Insiderrecht ist). Das Merkmal der normalen oder erforderlichen tätigkeitsbedingten Weitergabe ist vielmehr normativ zu verstehen. Konkretisiert wird es dahingehend, daß eine Weitergabe dann als befugt anzusehen ist, wenn sie „in Wahrung berechtigter und sich gegenüber den Zielen des Insiderrechts durchsetzender Interessen erfolgt“[387].

Auf das hier erörterte Problem bezogen könnte ein solches berechtigtes Ziel in der effektiven Wahrnehmung der Aufsichtsratstätigkeit des Insiders liegen. - Es wurde schon darauf hingewiesen, daß der Einsatz von back-offices vielfach als Mittel zur als notwendig empfundenen Professionalisierung der Aufsichtsräte angesehen wird. -

Tatsächlich wird auch dementsprechend in der Literatur die Weitergabe von Insiderinformationen durch Aufsichtsratsmitglieder an Personen, deren Hilfe sie sich für eben diese Aufsichtsratstätigkeit bedienen, für zulässig gehalten[388]. Doch können solche Weitergaben nur in dem Umfang zulässig sein, in dem aktienrechtlich die Hinzuziehung von Dritten bei der Wahrnehmung der Aufsichtsratstätigkeit erlaubt ist[389]. Denn nur dann kann die Weitergabe als normale bzw. erforderliche tätigkeitsbedingte Weitergabe angesehen werden. Die Frage nach der aktienrechtlichen Zulässigkeit der Einschaltung von Hilfspersonen und nach der kapitalmarktrechtlichen Zulässigkeit der Weitergabe von Insiderinformationen an diese, ist daher weitgehend parallel zu beantworten: Es ist nicht denkbar, daß die Weitergabe einer Insiderinformation an eine Hilfsperson aktienrechtlich unzulässig und gleichzeitig insiderrechtlich als befugt anzusehen ist. Umgekehrt ist es aber durchaus denkbar, daß die Einschaltung einer Hilfsperson aktienrechtlich zulässig ist, nicht aber eine Weitergabe von Insiderinformationen an diese. Dies gilt gerade für die hier interessierende Konstellation, in der die Hilfspersonen des Aufsichtsratsmitglieds Mitarbeiter der AG seines Vorstandsamtes sind. Denn in der Literatur wird zutreffend immer wieder betont, daß eine Weitergabe von Insiderinformationen über die AG des Aufsichtsratsamtes durch einen Doppelmandatar an die AG des Vorstandsamtes grundsätzlich nicht zulässig ist[390]. Stellt sich die Frage, wie sich dies zu der gleichzeitig vertretenen Ansicht verhält, daß Aufsichtsratsmitglieder Insiderinformationen an Hilfspersonen weitergeben dürfen, auch wenn diese Hilfspersonen Mitarbeiter der AG des Vorstandsamtes des Doppelmandatars sind. Soweit das Pro-

[387] So Assmann, AG 97, 50, 55.

[388] Assmann, AG 97, 50, 57; ders. WM 96, 1337, 1349; Götz, DB 95, 1949, 1952.

[389] Ebenso Assmann, AG 97, 50, 57; ders. WM 96, 1337, 1349.

[390] Assmann, AG 97, 50, 57; ders. AG 94, 237, 247.

blem gesehen wird, wird die Zulässigkeit der Weitergabe folgendermaßen eingeschränkt:

„Hat der entsandte Aufsichtsrat im Falle eines Interessenkonflikts dem Interesse des Unternehmens, in dem er diese Position inne hat, den Vorrang zu geben, so gilt entsprechendes auch im Hinblick auf den Vorrang des Weitergabeverbots des Insiderrechts...“[391].

Anders ausgedrückt bedeutet dies, daß bei jeder Weitergabe von Insiderinformationen eine Interessenabwägung stattzufinden hat zwischen den Zielen des Insiderrechts und dem Interesse der AG des Aufsichtsratsamtes an einer effektiven Wahrnehmung dieses Amtes durch den Insider. Wenn aber die Interessen der AG des Aufsichtsratsamtes gegen eine Weitergabe der Insiderinformation sprechen, kann der Hinweis auf die Notwendigkeit einer effektiven Wahrnehmung des Aufsichtsratsamtes nicht durchgreifen. Das Erfordernis einer solchen Beurteilung der verschiedenen Interessen schließt jedenfalls eine „blinde“ Weitergabe der Aufsichtsratsunterlagen an diverse Hilfspersonen aus.

Die Verschwiegenheitspflicht hindert somit die Einschaltung von Mitarbeitern durch Doppelmandatare nur dann, wenn sich aus den Umständen oder einer ausdrückliche Mitteilung dem betreffenden Aufsichtsratsmitglied gegenüber entnehmen läßt, daß ein entsprechender Geheimhaltungswille der Gesellschaft besteht. Darüber hinaus kann sich ein Weitergabeverbot von Informationen an Mitarbeiter des back-office aus dem Weitergabeverbot des § 14 WpHG ergeben. Daneben gilt die aus dem Gebot höchstpersönlicher Amtsausübung ermittelte Grenze.

3) Konflikt mit dem Gebot der unabhängigen Mandatswahrnehmung

Durch die Erledigung von Aufsichtsratsaufgaben im Büro des Hauptamtes des Doppelmandatars mit den Mitarbeitern der AG des Hauptamtes tritt eine „Vermischung“ der verschiedenen Organfunktionen ein. Denn durch die Bereitstellung der Mitarbeiter leistet die AG des Vorstandsamtes einen Teil der Aufsichtsratsarbeit selbst, auch soweit man diese geleisteten Tätigkeiten als untergeordnete bezeichnen kann. Außerdem kann durch die Analyse der Unterlagen und die Beratung (soweit sie sich mit dem Gebot zu persönlicher Amtsausübung vereinbaren läßt) auch inhaltlicher Einfluß auf die Wahrnehmung der Aufsichtsratstätigkeit ausgeübt werden. Ferner wird die faktisch bestehende Interessenbindung des Doppelmandatars an die Interessen der AG des Hauptamtes noch verstärkt, wenn die Mandatsausübung unter Hinzuziehung von Mitarbeitern dieser AG vorgenommen wird. Hinzu kommt, daß sich diese Bereitstellung der

---

[391] Assmann, WM 96, 1337, 1349 (in bezug auf „entsendende“ Kreditinstitute führt Assmann weiter aus: „...zumal es dem Kreditinstitut untersagt wäre, dieses Wissen...zu verwerten.“

Mitarbeiter für den Doppelmandatar als eine Art zusätzliche Bezahlung von Seiten der AG seines Vorstandsamtes für die Wahrnehmung der Aufsichtsratstätigkeit darstellt, da er die Hilfskräfte nicht mittels seiner Aufsichtsratsvergütung finanzieren muß[392].

Interessant in diesem Zusammenhang ist das Abstimmungsverhalten beim 61. DJT. Der Beschlußvorschlag: „Die Kosten für die Aufsichtsratstätigkeit (backoffice) dürfen nicht von der Gesellschaft getragen werden, der das Aufsichtsratsmitglied im Hauptamt angehört." wurde abgelehnt[393]. Gleichzeitig wurde aber auch beschlossen, daß Aktiengesellschaften ihren Aufsichtsratsmitgliedern die erforderlichen sachlichen und personellen Mittel für die Erfüllung ihrer Aufgaben zur Verfügung zu stellen haben[394].

Nun wird man es de lege lata einer Aktiengesellschaft nicht verwehren können, ihrem Vorstandsmitglied für die durch die Übernahme eines Aufsichtsratsmandats gestiegene Verantwortung und Anforderung eine höhere Vergütung zukommen zu lassen und sei es in der Form der Bereitstellung von Mitarbeitern für diese Tätigkeit. Das Gesetz sieht als Schutz für die Unabhängigkeit der Mandatsausübung lediglich die Weisungsfreiheit und den Ausschluß juristischer Personen von der Aufsichtsratsmitgliedschaft vor. (Auch das Gebot zu persönlicher Amtswahrnehmung kann man dem Ziel der unabhängigen Mandatswahrnehmung zuordnen; auf dessen Auswirkungen wurde schon eingegangen). Beides bleibt unverletzt, wenn für Einzelfragen oder für technische Hilfstätigkeiten Mitarbeiter der AG des Vorstandsamtes hinzugezogen werden. De lege ferenda wäre es aber denkbar, allein die AG, bei der das Aufsichtsratsamt ausgeübt wird, für berechtigt und verpflichtet zu erklären, den Aufsichtsratsmitgliedern die erforderlichen Sachmittel und Hilfskräfte zur Verfügung zu stellen, um die beschriebenen Konflikte zu vermeiden.

4) Situation de lege ferenda

In die eben aufgezeigte Richtung zielt der in den Bundesrat eingebrachte Gesetzesentwurf des Landes Rheinland-Pfalz[395]. Dessen § 111 a AktG n.F. sieht die Anstellung eines Aufsichtsratsassistenten durch die AG des Aufsichtsratsamtes

---

[392] Die Aufwendungen für die Honorierung von Hilfskräften werden gegenüber der AG, bei der das Aufsichtsratsamt ausgeübt wird, für nicht erstattungsfähig iSv § 670 BGB gehalten; vgl. Potthoff/Trescher, Aufsichtsratsmitglied, S. 50; aA Säcker in FS Fischer, S. 635, 651 (aber nur bezogen auf die Einholung eines externen Rates im Einzelfall).

[393] Mit 15:40:10.

[394] Mit 42:13:11.

[395] Gesetzesantrag des Landes Rheinland-Pfalz v. 1.8.97 BR-Drcks. 561/97.

vor[396]. Dieser Aufsichtsratsassistent soll eine Art vorstandsunabhängiger permanent beigezogener Sachverständiger des Aufsichtsrats sein[397]. Interessant ist der ausdrückliche Hinweis in der Begründung zu diesem Gesetzesentwurf, daß man es für folgerichtig halte, wenn das Unternehmen den Aufsichtsratsassistenten vergütete, dem die effektivere Managementkontrolle zugute kommen soll[398], also bei Doppelmandataren die AG des Aufsichtsratsamtes und nicht die AG des Vorstandsamtes.

Ähnliche Vorschläge, die ebenfalls eine Verpflichtung der AG des Aufsichtsratsamtes zur Bereitstellung von Sach- und/oder Personalmitteln beinhalten, gibt es auch in der Literatur[399]. Allerdings läßt sich den Vorschlägen nicht entnehmen, daß mit ihrer Umsetzung die Bereitstellung von Mitarbeitern der AG des Vorstandsamtes für Doppelmandatare unzulässig sein soll.

Die Bereitstellung eines Aufsichtsratsassistenten wäre eine gesetzliche Lockerung des Gebots der persönlichen Amtswahrnehmung und des Modells eines autarken Aufsichtsrates. Dies spricht aber nicht gegen eine solche Neuregelung. Die Einfügung des restriktiven Gebots der höchstpersönlichen Mandatsausübung durch die Aktienrechtsnovelle von 1884 wurde seinerzeit damit begründet, daß eine Übertragung von Aufsichtsratsaufgaben an Dritte sich nicht damit vereinbaren ließe, daß von der Generalversammlung entscheidendes Gewicht auf die Person des gewählten Aufsichtsratsmitglieds gelegt werde[400]. Zumindest der heutigen Realität entspricht, aufgrund der Funktionsbezogenheit der Mandatsvergabe, diese Annahme nicht, weswegen eine gewisse Einschränkung des Gebots der persönlichen Mandatswahrnehmung akzeptabel und im Hinblick auf die Komplexität und den Umfang der Überwachungsaufgabe auch sinnvoll ist. Gleichzeitig könnte eine gesetzliche Neuregelung für mehr Transparenz sorgen

---

[396] § 111 a I AktG n.F.: Bei Gesellschaften, für die das Mitbestimmungsgesetz gilt,...ist zur Unterstützung der Arbeit des Aufsichtsrats ein Sachverständiger (Aufsichtsratsassistent) zu beschäftigen. Anderen Gesellschaften steht die Beschäftigung eines Aufsichtsratsassistenten frei. Die Anstellung des Aufsichtsratsassistenten erfolgt durch den gesetzlichen Vertreter auf Vorschlag des Aufsichtsrats. Der gesetzliche Vertreter ist an den Vorschlag des Aufsichtsrats gebunden."

[397] Siehe Begründung des Regierungsentwurfs BR-Drcks. 561/97, S. 21.

[398] BR-Drcks. 561/97, S. 22.

[399] Hopt in FS Mestmäcker, S. 909, 928 verlangt zumindest für den Aufsichtsratsvorsitzenden die Bereitstellung eines back-office im Ratsunternehmen; Lutter, ZHR 159 (1995), 307 verlangt die Zurverfügungstellung eines Büros. Wenger in Wirtschaftsdienst 1996/IV, S. 175 fordert sogar eigene Kontrollstäbe für Aufsichtsräte, die am Vorstand vorbei Zugang zu allen Ebenen des Unternehmens haben sollen. Vgl. ferner Hommelhoff in Picot (Hrsg): Corporate Governance, S. 1, 6; Seibert, WM 97, 1, 4.

[400] Siehe zur Gesetzesbegründung Hommelhoff, ZGR 83, 551, 555 mit Quellenangabe in FN 9.

und deutlicher die Grenzen für die Inanspruchnahme Dritter aufzeigen, als dies die bisherige lückenhafte Gesetzesregelung zu leisten vermochte.

Die ausschließliche Zulassung der Bereitstellung von Aufsichtsratsassistenten durch die AG des Aufsichtsratsamtes hätte den Nachteil der unter Umständen örtlichen Entfernung von den Aufsichtsratsmitgliedern. Schwerer wiegt noch das Problem, wie eine weitgehende Unabhängigkeit der Assistenten von dem zu überwachenden Vorstand abgesichert werden soll. Als Angestellter der AG des Aufsichtsratsamtes bestünde automatisch eine gewisse Abhängigkeit gegenüber dem Vorstand. Als zusätzliche Institution ist die Einrichtung eines Aufsichtsratsassistenten von Seiten des Aufsichtsratsunternehmens aber begrüßenswert - vor allen Dingen als Ansprechpartner für die Aufsichtsratsmitglieder, denen keine hauseigenen Mitarbeiter zur Verfügung stehen. Erwägenswert ist auch die Verpflichtung zur Bereitstellung eines eigenen Assistenten für den Aufsichtsratsvorsitzenden in Kombination mit einem Verbot hauseigene Mitarbeiter - falls vorhanden - heranzuziehen, um diesem primus inter pares eine größere Unabhängigkeit zu verleihen. Gleichzeitig sollte für alle anderen Aufsichtsratsmitglieder die dauerhafte Einschaltung eines Assistenten - auch aus dem Hause des Vorstandsamtes - erlaubt werden, aber zahlenmäßig beschränkt werden. Die jetzige Situation, in der völlig unklar ist, wieviele und welche Mitarbeiter eingeschaltet werden und routinemäßig die Aufsichtsratsunterlagen einsehen können, ist unter Geheimhaltungsgesichtspunkten, aber auch im Hinblick auf die Gefahr, daß eine bestehende zeitliche Überlastung des Aufsichtsratsmitglieds verdeckt wird, nicht hinnehmbar.

In einer gesetzlichen Neuregelung müßte weiter die Frage nach der Bezahlung der Hilfskräfte beantwortet und geregelt werden. Um eine stärkere Bindung der „Assistenten" an die Gesellschaften zu erreichen, deren Vorstand sie durch die Zuarbeit für ein Aufsichtsratsmitglied mitüberwachen, sollten sie für diesen Teil ihrer Tätigkeit auch von der AG des Aufsichtsratsamtes dieses Doppelmandatars bezahlt werden. Dies könnte in der Form geschehen, daß von dem Aufsichtsratsmitglied ein hauseigener Mitarbeiter der AG seines Vorstandsamtes als Assistent benannt wird und dieser durch vertragliche Vereinbarung mit der AG des Aufsichtsratsamtes einen Anspruch auf eine angemessene Vergütung erhält.

V) Freistellungsvereinbarungen

In der Literatur wird als Beispiel für eine Freistellungsvereinbarung auf dementsprechende Vereinbarungen der Treuhandanstalt hingewiesen[401]. Die Treuhandanstalt hatte die Mitglieder der Aufsichtsräte von Gesellschaften, deren

[401] Lutter/Krieger, Aufsichtsrat, Rz 313; Theisen, DBW 53 (1993), 295; Westermann in FS Beusch, S. 871, 873 f.

Anteile sie zu 100% unmittelbar oder mittelbar hielt, von Schadensersatzverpflichtungen, die auf einfacher Fahrlässigkeit beruhten, freigestellt. Freistellungsvereinbarungen gibt es außerdem im öffentlichen Dienstrecht[402].

In den Formularbüchern finden sich in den Vorschlägen für die Gestaltung von Anstellungsverträgen für Vorstandsmitgliedern allerdings keine Freistellungsvereinbarungen. Dies schließt es aber nicht aus, daß eine Gesellschaft, auf deren Wunsch eines ihrer Vorstandsmitglieder ein Aufsichtsratsamt übernimmt, dieses zumindest von Schadensersatzansprüchen, die auf einfacher Fahrlässigkeit beruhen, freistellen will und deshalb ein vertraglicher Freistellungs- oder Rückgriffsanspruch vereinbart wird.

Es fragt sich, ob eine solche Vereinbarung wirksam wäre oder - vorrangig -, ob sich nicht vielmehr ein solcher Freistellungsanspruch schon aus dem Gesetz ableiten läßt.

1) Gesetzlicher Freistellungsanspruch

Ein gesetzlicher Freistellungsanspruch könnte sich aus den §§ 675, 670, 257 BGB ergeben[403]. Der Anstellungsvertrag von Vorstandsmitgliedern, der die Pflicht beinhaltet, Aufsichtsratsmandate in anderen Gesellschaften zu übernehmen, läßt sich als Dienstvertrag, der eine Geschäftsbesorgung zum Inhalt hat, einordnen, was zur Anwendbarkeit von § 670 BGB führt. Ferner besteht Einigkeit darüber, daß unter den Aufwendungsbegriff des § 670 BGB auch Schadensersatzverpflichtungen gegenüber Dritten fallen können[404]. Daher ist es grundsätzlich denkbar, daß auch eine Schadensersatzverpflichtung des Doppelmandatars gegenüber der AG seines Aufsichtsratsamtes im Verhältnis zur AG seines Vorstandsamtes als ersatzfähige Aufwendung im Sinne von § 670 BGB anzusehen ist. So wird für entsandte Aufsichtsratsmitglieder gemäß § 101 II AktG auch vertreten, daß diese im Schadensersatzfalle gegen den Entsender einen Freistellungsanspruch nach § 670 BGB haben[405] oder es wird zumindest für solche Fälle eine vertragliche Übernahmeverpflichtung für zulässig gehalten[406].

[402] Etwa § 82 HBG: „Der Beamte der aus einer auf Verlangen, Vorschlag oder Veranlassung seines Dienstherrn übernommennen...Tätigkeit im...Aufsichtsrat...einer Gesellschaft... haftbar gemacht wird, hat gegen den Dienstherrn Anspruch auf Ersatz des ihm entstandenen Schadens. Ist der Schaden vorsätzlich oder grob fahrlässig herbeigeführt, so ist der Dienstherr nur dann ersatzpflichtig, wenn der Beamte auf Verlangen eines Vorgesetzten gehandelt hat.“

[403] Ebenso Bastuck, Enthaftung, S. 111; vgl. auch Thümmel, Persönliche Haftung, S. 143, Rz 309.

[404] Vgl. Staudinger/Wittmann, BGB, § 670, Rz 23 ff.

[405] Kossen, DB 88, 1785, 1789; Westermann in FS Beusch, S. 871, 875 (FN 12); Zempelin, AcP 155 (1956), 209, 235.

[406] KK-Mertens, AktG § 101, Rz 57.

Wenn aufgrund ausdrücklicher oder konkludenter Vereinbarung die Aufsichtsratstätigkeit in einem anderen Unternehmen zur anstellungsvertraglichen Verpflichtung eines Vorstandsmitglieds gehört, kann § 670 BGB grundsätzlich Anwendung finden. Gegen einen gesetzlichen Freistellungsanspruch von einem „nur" faktisch in den Aufsichtsrat einer anderen Gesellschaft entsandten Doppelmandatar gegenüber der ihn entsendenden AG des Vorstandsamtes spricht aber, daß für die Freistellung von Schadensersatzverpflichtungen gegenüber Dritten im Rahmen von § 670 BGB der Gedanke des § 254 BGB herangezogen wird. Während dies bei Arbeitnehmern dazu führt, daß nach den Grundsätzen der (früher) sog. gefahrgeneigten Arbeit eine Abwägung zwischen dem Verschulden des Arbeitnehmers und der Risikotragung des Arbeitgebers stattfindet, führt die Heranziehung von § 254 BGB bei Organmitgliedern stets zu deren alleiniger Ersatzpflicht im Innenverhältnis. Denn die Grundsätze der gefahrgeneigten Arbeit finden bei Organmitgliedern grundsätzlich keine Anwendung[407]; ein Verschulden des Organmitglieds gegenüber „seiner" AG führt daher für dieses Organmitglied stets zu einer Ersatzpflicht für den vollen Schaden. Dies gilt sowohl für die Verantwortlichkeit gegenüber der AG des Organamtes bei deren direkter Schädigung als auch bei der Schädigung Dritter (hier der AG des Aufsichtsratsamtes) für die Verantwortlichkeit im Innenverhältnis (hier zwischen „entsendender" AG und Doppelmandatar).

Das bedeutet, selbst wenn man - wie es in der Literatur diskutiert wird[408] - von einer Haftung der „entsendenden" AG für ein Fehlverhalten ihres Vorstandsmitglieds als Aufsichtsratsmitglied einer anderen Gesellschaft ausginge und das Vorstandsmitglied und „seine" AG gegenüber der AG des Aufsichtsratsamtes somit im Außenverhältnis gesamtschuldnerisch hafteten, träfe im Innenverhältnis die alleinige Ersatzpflicht das Vorstandsmitglied bzw. den Doppelmandatar. Wenn im Innenverhältnis aber den Doppelmandatar die alleinige Ersatzpflicht trifft, kann er weder einen Freistellungsanspruch noch - nach erfolgter Zahlung an die AG des Aufsichtsratsamtes - einen Rückgriffsanspruch gegenüber der AG seines Vorstandsamtes haben.

Ein anderes Ergebnis käme nur dann in Betracht, wenn sich Außen- und Innenverhältnis nicht entsprächen. Wenn also die Handlung, die gegenüber der AG des Aufsichtsratsamtes eine schuldhafte Sorgfaltspflichtverletzung im Sinne der §§ 116, 93 AktG darstellt und damit die Schadensersatzpflicht ausgelöst hat, gleichzeitig im Verhältnis zur AG des Vorstandsamtes keine schuldhafte Sorg-

---

[407] BGH, WM 75, 468; Fleck in FS Hilger/Stumpf, S. 197, 215; einschränkend Bastuck, Enthaftung, S. 80 ff, 85 (außer für Tätigkeiten, die nicht zum typischen Arbeitsbereich, sondern normalerweise zum Pflichtenkrieis eines Arbeitnehmers gehören, wie z.B. das Führen eines PKW); ebenso Schneider in FS Werner, S. 813.

[408] Dazu später noch ausführlich unter F III.

faltspflichtverletzung im Sinne von § 93 AktG wäre[409]. (Denn dann ist eine analoge Heranziehung von § 254 BGB im Verhältnis zur AG des Vorstandsamtes hinsichtlich des Anspruchs aus § 670 BGB mangels Verschulden in *diesem* Rechtsverhältnis nicht möglich.)

Ein solches Auseinanderfallen von Innen- und Außenverschulden ist jedoch für die hier untersuchte Konstellation nicht denkbar, weil das Vorstandsmitglied sich mit der Übernahmeverpflichtung zu einer gesetzmäßigen Wahrnehmung des Aufsichtsratsmandats verpflichtet[410]. Das Vorstandsmitglied kann sich auch nicht darauf berufen, daß die begangene Pflichtverletzung als Aufsichtsratsmitglied im Interesse der AG des Vorstandsamtes erfolgt sei. Denn die Pflicht zum gesetzmäßigen Verhalten im Aufsichtsratsamt geht der Pflicht, das Interesse der „entsendenden" AG zu fördern, *auch im Verhältnis zu dieser* vor[411]. Jede Verletzung der Sorgfaltspflicht als Aufsichtsratsmitglied ist somit zugleich eine Verletzung der gegenüber der AG des Vorstandsamtes bestehenden Übernahmeverpflichtung, weil diese die Pflicht beinhaltet, das übernommene Aufsichtsratsamt in gesetzmäßiger Weise auszuüben. Da sich ferner auch die Verschuldensmaßstäbe der verschiedenen Organfunktionen des Doppelmandatars entsprechen - sowohl die Haftung aus § 116 AktG als auch aus § 93 AktG ist eine solche für vermutetes Verschulden, die schon durch einfache Fahrlässigkeit ausgelöst wird - läßt sich ein Auseinanderfallen von Innen- und Außenverhältnis nicht feststellen.

Somit besteht kein gesetzlicher Freistellungsanspruch eines Doppelmandatars gegenüber der AG seines Vorstandsamtes für den Fall einer Schadensersatzverpflichtung dieses Doppelmandatars gegenüber der AG seines Aufsichtsratsamtes, auch wenn das Aufsichtsratsmandat auf Wunsch der AG des Vorstandsamtes übernommen worden ist.

2) Vertraglicher Freistellungsanspruch

Ein Freistellungsanspruch könnte dem Doppelmandatar gegenüber der AG seines Vorstandsamtes dann zustehen, wenn der Haftungsmaßstab des § 93 AktG

---

[409] Vgl. hierzu Thümmel, Persönliche Haftung, S. 143, Rz 309, der generell einen Freistellungsanspruch für die Fälle annimmt, in denen das haftungsauslösende Verhalten des Unternehmensleiters nicht auch der Gesellschaft gegenüber als Pflichtverstoß anzusehen ist.

[410] Vgl. hierzu aber KK-Mertens, AktG, § 84, Rz 77, der auch für den Fall, daß von dem Organmitglied ein gesetzmäßiges Verhalten gegenüber einem Dritten geschuldet wird, Situationen für denkbar hält, bei denen Außen- und Innenverschulden auseinanderfallen; ebenso Thümmel, Persönliche Haftung, S. 143, Rz 307, 309 für Situationen, in denen rechtliche oder tatsächliche Zweifelsfälle vorliegen und der Unternehmensleiter im Interesse der Gesellschaft den ihr günstigeren Standpunkt vertritt, dieser sich aber später als unzutreffend herausstellt.

[411] Vgl. KK-Mertens, AktG, § 84, Rz 78.

dieser gegenüber vertraglich abgesenkt worden wäre. Denn in einem solchen Falle könnten Außen- und Innenverschulden im eben beschriebenen Sinne auseinanderfallen, d.h. eine schuldhafte Pflichtverletzung gegenüber der AG des Aufsichtsratsamtes könnte im Verhältnis zur AG des Vorstandsamtes keine haftungsauslösende schuldhafte Pflichtverletzung sein. Da jedoch eine solche Haftungseinschränkung für Vorstandsmitglieder einer AG zutreffender Weise allgemein für unzulässig gehalten wird[412] (§§ 23 V, 93 IV und V AktG), kann sich aus einer solchen (unwirksamen) Vereinbarung kein Freistellungsanspruch ergeben.

Aus dem gleichen Grunde ist auch eine Freistellungsvereinbarung bezogen und beschränkt auf die übernommenen Aufsichtsratsmandate unwirksam. Denn eine solche Vereinbarung hätte automatisch zur Folge, daß für die anstellungsvertragliche Pflicht des Vorstandsmitglieds zur Wahrnehmung von Aufsichtsratsmandaten, der Haftungsmaßstab des § 93 AktG abgemildert wäre, was gerade nicht zulässig ist. Eine Freistellungsvereinbarung kann daher nur unter den Voraussetzungen wirksam sein, unter denen auch ein Haftungsverzicht im Innenverhältnis zulässig ist[413], § 93 IV AktG. Daneben ergibt sich die Unzulässigkeit einer vertraglichen Freistellungsvereinbarung auch aus der mit ihr verbundenen faktischen Einflußnahme auf die Aufsichtsratstätigkeit des Doppelmandatars, denn „man wird nicht daran vorbeikommen, daß ein von einem bestimmten Dritten (hier die AG des Vorstandsamtes)[414]... von der möglichen Haftung gegenüber der Gesellschaft freigestelltes Aufsichtsratsmitglied die Interessen und Richtigkeitsvorstellungen, die auf dieser Seite bestehen oder geäußert werden, in stärkerem als dem erlaubten Maß in seine Entscheidungen einfließen lassen wird“[415].

Mit eigenen Worten: Die AG des Vorstandsamtes kann nicht die Steuerungswirkung der Haftungsnormen zu Lasten der AG des Aufsichtsratsamtes einschränken.

Auch für *Konzernvertreter* ergibt sich in diesem Zusammenhang keine abweichende Beurteilung, da gerade dann, wenn man die Tätigkeit im Aufsichtsrat der Tochtergesellschaft als der herrschenden AG (des Vorstandsamtes) gegenüber geschuldete Konzernleitungsaufgabe ansieht, ist eine Freistellungsvereinbarung mit dem zwingenden Charakter der §§ 76, 93 AktG unvereinbar.

---

412 Hüffer, AktG, § 93 Rz (Regelung ist vollen Inhalts zwingend); Schneider in FS Werner, S. 795, 802 ff; Westermann in FS Beusch, S. 871, 879.

413 Thümmel, Persönliche Haftung, S. 143, Rz 307.

414 Einfügung von mir.

415 Westermann in FS Beusch, S. 871, 887; aA Lutter/Krieger, Aufsichtsrat, Rz 313, die Freistellungsvereinbarungen generell für zulässig halten.

VI) Versicherungen

Vergleichbare Probleme wie bei den eben erörterten Freistellungsvereinbarungen ergeben sich für die Frage, ob die AG des Hauptamtes für ihr Vorstandsmitglied eine Versicherung abschließen darf, die das Risiko abdeckt, aufgrund der Aufsichtsratstätigkeit in einer anderen Gesellschaft in Anspruch genommen zu werden. Hierbei handelte es sich um eine Vermögensschadenshaftpflichtversicherung, bei der Versicherungsnehmer die AG des Hauptamtes und Versicherter das Vorstandsmitglied hinsichtlich der Wahrnehmung seines Aufsichtsratsmandates wäre.

Während es in den USA schon lange die Director's and Officers Liability Insurance gibt, gab es in Deutschland keine Haftpflichtversicherungen, die auch Vermögensschäden aus Tätigkeiten des Versicherten als „Leiter, Vorstands- oder Aufsichtsratsmitglied privater Unternehmungen, Vereine und als Syndikus“[416] abdeckten. Seit 1986 gibt es jedoch auch in Deutschland solche Versicherungen[417] (sog. Vermögensschaden-Haftpflichtversicherung für Unternehmensleiter).

In der Praxis dürfte allerdings - wenn überhaupt - die AG des Aufsichtsratsamtes für ihre Aufsichtsratsmitglieder eine solche Versicherung abschließen (als Teil der Vergütung[418]) und nicht die AG des Vorstandsamtes des Doppelmandatars. Die Versicherungen, die Aktiengesellschaften für ihre Vorstandsmitglieder abschließen, werden sich nicht auf die Wahrnehmung von Nebentätigkeiten einschließlich der Ausübung von Aufsichtsratsmandaten erstrecken, auch wenn diese aufgrund vertraglicher Vereinbarung mit der AG des Vorstandsamtes übernommen wurden. So finden sich dementsprechende Beschränkungen in den Allgemeinen Versicherungsbedingungen[419] der Versicherungen, die solche Haftpflichtversicherungen anbieten. Versichert werden die Organmitglieder ausschließlich für ihre Tätigkeit für die versicherungsnehmende AG und eventuell derer Tochterunternehmen, womit die Tätigkeit als Aufsichtsratsmitglied in einem anderen Unternehmen als „outside director“ ausgeschlossen sein

[416] So der Wortlaut des vormaligen § 4 Ziffer 7 AVB.

[417] Schneider/Ihlas, DB 94, 1123, 1125 ff; Sieg, BB 96, 71, 74; Theisen, DBW 53 (1993), 295; Thümmel/Sparberg, DB 95, 1013, 1016 ff; Thümmel, Persönliche Haftung, S. 144 ff, Rz 310 ff; Kästner, AG 2000, 113, 114..

[418] Die Zahlung der Versicherungsprämien ist als Vergütung iSv § 113 AktG anzusehen; so auch Kästner, AG 2000, 113, 115 f.

[419] Seit 1997 gibt es Musterbedingungen für die Vermögensschaden-Haftpflichtversicherung von Aufsichtsräten, Vorständen und Geschäftsführern („AVB-AVG“ oder GDV-Bedingungen), von denen in der Praxis aber vielfach abgewichen wird; siehe hierzu Kästner, AG 2000, 113, 114.

soll[420]. Die Erstreckung auf die Wahrnehmung von Aufsichtsratsmandaten müßte daher ausdrücklich individualvertraglich vereinbart werden. Die Frage, ob eine solche Versicherung zulässig wäre, ist daher - zumindest bisher - nur theoretischer Natur.

Denkbar ist aber schon jetzt, daß der betreffende Mehrfachmandatar für seine Aufsichtsratstätigkeit eine persönliche Einzelpolice abschließt und die ihn „entsendende“ AG seines Vorstandsamtes im Innenverhältnis die Zahlung der Versicherungsprämie übernimmt[421]. Bedenken gegen ein solches Vorgehen ergeben sich daraus, daß die mit der Gefahr der Haftungsinanspruchnahme verbundene Schutzwirkung für die Gesellschaft des Aufsichtsratsamtes durch die Versicherung eingeschränkt wird. Dieses Problem stellt sich allerdings bei allen Vermögensschaden-Haftpflichtversicherungen für Unternehmensleiter[422]. Unabhängig von den Bedenken, die generell gegen solche Versicherungen sprechen[423], sollte jedenfalls über die Einschränkung der Steuerungswirkungen der Haftungsnormen, nämlich die Verringerung ihrer schadenspräventiven Wirkung, die von dieser Auswirkung betroffene AG des Aufsichtsratsamtes und nicht Dritte entscheiden. Eine ihr Vorstandsmitglied „entsendende“ AG ist als ein solcher Dritter anzusehen.

Eine Versicherung, die von einer ihr Vorstandsmitglied in den Aufsichtsrat eines anderen Unternehmens „entsendenden“ AG für dieses Vorstandsmitglied abgeschlossen wird, kann sich daher nicht wirksam auf dessen Aufsichtsratstätigkeit(en) erstrecken.

---

420 Schneider/Ihlas, DB 94, 1123, 1126; vgl. auch § 1 AVB-O der Allianz abgedruckt bei Thümmel, Persönliche Haftung, S. 148 f, Rz 323. Daneben gibt es weitere Beschränkungen des Versicherungsschutzes wie etwa einen Selbstbehalt des Versicherten.

421 Vgl. zu dieser Möglichkeit Schneider/Ihlas, DB 94, 1123, 1125 f, nach denen die Mindestprämie für eine solche Versicherung 5000 DM beträgt und der Versicherer regelmäßig nicht die gesamtschuldnerische Haftung übernimmt, sondern seine Übernahmeverpflichtung beschränkt auf die im Innenverhältnis zu den anderen Aufsichtsratsmitgliedern zu tragende Haftung.

422 Vgl. hierzu Habetha, Direktorenhaftung, S. 170 ff, der eine Versicherung auf Rechnung der Gesellschaft für unzulässig hält, weil sie einem Verzicht iSv § 93 IV 3 AktG gleichkomme (aA Kästner, AG 2000, 113, 118 ff). Eine entsprechende Einzelpolice hält er allerdings für zulässig.

423 Siehe hierzu Thümmel, Persönliche Haftung, S. 144 ff.

VII) Vereinbarungen über die Aufsichtsratsvergütung

1) Anrechnungsklauseln

„Bezüge aus Aufsichtsratsmandaten und ähnlichen Ämtern, die Herr...in verbundenen Unternehmen wahrnimmt, werden auf die Tantieme angerechnet“[424]

Solche und ähnliche Regelungen finden sich in vielen Formularhandbüchern. Dabei sind manche Regelungsvorschläge weitergehend, weil sie sich auf alle Ämter erstrecken, die im Interesse der Gesellschaft übernommen werden[425] und andere insofern eingeschränkter als sie nur eine Teilanrechnungspflicht vorsehen[426].

Auch gegen derartige Regelungen könnten sich Bedenken aus dem Grundsatz der Unabhängigkeit der Mandatswahrnehmung ergeben. Denn auch wenn auf die Art der Mandatswahrnehmung kein Einfluß genommen wird, wird doch die faktische Bindung an die Interessen der „entsendenden“ AG verstärkt. Denn für das betreffende Aufsichtsratsmitglied stellen sich die Folgen einer solchen Regelung so dar, daß es für seine Tätigkeiten nur Geld von der AG seines Vorstandsamtes erhält, während ihm die Vergütung der AG des Aufsichtsratsamtes nicht - oder nur zum Teil - zugute kommt. Dieser Eindruck entsteht, obwohl formal gesehen durch solche Anrechnungsklauseln sich die Vorstandsvergütung verringert. Andererseits muß man berücksichtigen, daß durch die Aufsichtsratstätigkeit das Vorstandsmitglied „seiner“ AG nicht mehr unmittelbar die gesamte Arbeitskraft zur Verfügung stellen kann. Daher kann es im Hinblick auf die Angemessenheit der Vorstandsvergütung zweifelhaft sein, ob es gerechtfertigt ist, trotz unter Umständen umfangreicher Tätigkeiten für andere Gesellschaften, die volle Vergütung zu zahlen, wenn man gleichzeitig bedenkt, daß die betreffende Person zusätzlich die vollen Vergütungen aus den Nebentätigkeiten bezieht. Dies gilt in verstärktem Maße, wenn die AG des Vorstandsamtes dem Doppelmandatar auch noch eigene Mitarbeiter für dessen Aufsichtsratstätigkeit(en) zur Verfügung stellt.

HAPP begründet in seinem Formularkommentar die vorgeschlagene Anrechnungsklausel in Höhe von 75% damit, daß es angemessen erscheine, „einerseits der gesteigerten Verantwortung, andererseits der Regelung Rechnung zu tragen, daß das Vorstandsmitglied...seine gesamte Arbeitskraft der Gesellschaft zur Verfügung zu stellen hat.“[427] Das sind die entscheidenden Aspekte. Soweit in zulässiger Weise auf die unmittelbare Leistung der vollen Arbeitskraft verzich-

---

[424] Beck'sches Formularbuch, X.13, unter § 2 IV.

[425] Beck'sches Formularbuch, 4.Aufl., IX.45 unter § 3 II.

[426] So z.B. in Höhe von 75% bei Happ, Aktienrecht, unter § 3 III (Formular 8.04).

[427] Happ, Aktienrecht, 8.04, Anm. 10.

tet und dem Vorstandsmitglied eine amtsbezogene Nebenvergütung ermöglicht wird, muß es der AG auch möglich sein, diesen Umstand bei der Vergütungsregelung zu berücksichtigen. In Extremfällen kann sich aus einer solchen Konstellation sogar eine Anrechnungspflicht[428] ergeben, nämlich wenn anderenfalls die Vorstandsvergütung unangemessen hoch wäre. Nach § 87 I AktG müssen die Gesamtbezüge des einzelnen Vorstandsmitglieds in einem angemessenen Verhältnis zu seinen Aufgaben und zur Lage der Gesellschaft stehen. Aufgrund des Zusammenhangs zwischen der Vorstandstätigkeit mit den wahrgenommenen Aufsichtsratsmandaten, sollten die Bezüge aus diesen Ämtern unter dem Kriterium der Gesamtbezüge berücksichtigt werden. Denn man kann die Ermöglichung der Nebentätigkeit(en) als Nebenleistung im Sinne des Klammerzusatzes in § 87 I AktG einstufen. Gleichzeitig muß die Ausübung dieser Nebenämter bei dem Kriterium der Aufgaben des Vorstandsmitglieds in die Erwägungen miteinbezogen werden. Falls diese Aspekte nicht berücksichtigt werden und dies zur Folge hat, daß die Gesamtbezüge des Vorstandsmitglieds nicht angemessen im Sinne von § 87 AktG sind, ist der Aufsichtsrat, der die Festsetzung der Gesamtbezüge vorgenommen hat, der AG gegenüber schadensersatzpflichtig[429].

De lege ferenda zu begrüßen wäre daher eine über § 314 I Nr.6a HGB hinausgehende Offenlegungspflicht von allen im Zusammenhang mit der Vorstandstätigkeit stehenden Vergütungen. Dies könnte durch eine Erweiterung der Pflichtangaben nach § 285 HGB erfolgen[430]. Ansatzweise ist dies durch die Neufassung des § 285 Nr.10 AktG auch schon erfolgt, wonach die Mitgliedschaft der Vorstandsmitglieder in Aufsichtsräten und anderen Kontrollgremien angegeben werden muß. Im Hinblick auf die notwendige Transparenz über das Vergütungssystem, welche einen Anhaltspunkt für die Beurteilung der Angemessenheit der Vergütung und auch eine Vergleichsmöglichkeit zwischen den in der Industrie gezahlten Gehältern den Aktionären geben sollte, ist diese Erweiterung der Pflichtangaben nicht ausreichend. Zusätzlich sollte § 285 Nr.9 AktG dahingehend geändert werden, daß nicht mehr die Gesamtbezüge des Vorstands, sondern die Bezüge für jedes einzelne Vorstandsmitglied gesondert ausgewiesen werden müssen, weil aufgrund der bestehenden Vergütungsunterschiede innerhalb eines Vorstandes nur dann für die Aktionäre abschätzbar ist, ob eine Vorstandsvergütung (einschließlich der ermöglichten Vergütungen aus Nebentätigkeiten) angemessen ist.

---

[428] Auch das LG Dortmund spricht in AG 84, 83 die Frage nach einer Anrechnungspflicht für amtsbezogene Nebenvergütungen an, verneint eine solche aber für den konkreten Fall.

[429] Zu den Rechtsfolgen eines Verstoßes gegen § 87 vgl. Hüffer, AktG, § 87, Rz 5.

[430] Vgl. hierzu den Vorschlag im SPD-Gesetzesentwurf zu § 285 Nr.9 HGB nF in BT-Drcks. 13/367, S.3.

2) Besonderheiten für Konzernvertreter ?

Gerade für den Konzernbereich bieten sich Anrechnungsklauseln an und in diesem Bereich sind sie auch verbreitet. Denn eine doppelte Bezahlung des Konzernvertreters könnte anderenfalls unangemessen hoch im Sinne von § 87 I AktG sein, weil die Wahrnehmung von Konzernkontrolle - etwa über die Wahrnehmung eines Aufsichtsratsmandats in einem Tochterunternehmen - zu den Pflichten der Vorstandsmitglieder der Konzernmutter gehören.

Vor diesem Hintergrund erklärt sich auch die Regelung des § 314 I Nr.6a HGB, die im Gegensatz zu § 160 III Nr.8 AktG aF neben der Ausweisung der Vorstandsbezüge auch die Angabe der Bezüge durch Aufsichtsratsmandate in Tochterunternehmen verlangt. Zu kritisieren ist allerdings die Beschränkung auf die Angabe der Gesamtbezüge des Vorstands, also die fehlende Differenzierungspflicht zwischen den Vorstandsmitgliedern.

3) Vereinbarungen über die Abführung der Aufsichtsratsvergütung

Bekanntestes Beispiel für eine solche Vereinbarung ist die Pflicht der Gewerkschaftsvertreter, ihre Aufsichtsratsvergütungen an die Hans Böckler-Stiftung abzuführen. Denkbar ist eine derartige Regelung auch in echten Entsendungsfällen nach § 101 II AktG, wenn zwischen dem Entsender und dem Entsandten ein Auftragsverhältnis besteht. Desweiteren gibt es im öffentlichen Dienstrecht Bestimmungen über die Pflicht zur Abführung von Nebentätigkeitsvergütungen (einschließlich Aufsichtsratsvergütungen)[431].

In den Fällen, in denen - wie bei den hier interessierenden Doppelmandataren - zwischen „Entsender" und „Entsandtem" ein Vertrag mit Geschäftsbesorgungscharakter (Anstellungsvertrag als Vorstand) besteht, liegt eine Anrechnungsklausel näher, weil sie wirtschaftlich einer Klausel zur Abführung der Vergütung entspricht und gleichzeitig eine hin-und-her-Zahlung vermieden wird. Aufgrund dieser Entsprechung in den wirtschaftlichen Folgen ergeben sich auch keine Besonderheiten für die hier angesprochene Regelungsart gegenüber den Ausführungen zu den Anrechnungsklauseln.

VIII) Vereinbarung einer Interessenwahrungspflicht

Eigenständige Interessenwahrungsregelungen finden sich in den Formularbüchern nicht, doch gibt es im Rahmen anderer Bestimmungen Formulierungen wie „...Ämter..., die er (das Vorstandsmitglied) im Interesse der Gesellschaft

[431] Siehe etwa § 2 II Hessische Nebentätigkeitsverordnung.

wahrnimmt..."[432] Ferner wird in der Regel eine derartige Erwartungshaltung der „entsendenden" AG bestehen[433]. Auch ist in Folge des Zusammenbruchs der Bremer Vulkan Verbund AG bekannt geworden, daß deren Vorstandsvorsitzender *Friedrich Hennemann* eine „Interessenwahrungsregelung" zugunsten des Landes Bremen unterschrieben hatte. Er sollte, so weit als möglich, bremische Interessen im Rahmen seiner Vorstandstätigkeit einbringen[434]. Die Vereinbarung einer entsprechenden Interessenwahrungsregelung ist auch für hauptberuflich als Vorstandsmitglieder tätige Aufsichtsratsmitglieder zugunsten der AG des Hauptamtes denkbar.

Auch ohne ausdrückliche Regelung könnte sich eine Pflicht, das Aufsichtsratsmandat im Interesse der „entsendenden" AG wahrzunehmen, aus der anstellungsvertraglichen Verpflichtung zur Übernahme dieses Amtes ergeben[435]. Dafür spricht, daß § 675 BGB für Verträge, die eine Geschäftsbesorgung zum Inhalt haben, auf die auftragsrechtlichen Vorschriften verweist und es im Auftragsrecht unbestritten ist, daß der Auftrag im Interesse des Auftraggebers auszuführen ist[436]. In der Literatur wird aber ganz überwiegend eine Interessenwahrungspflicht des Doppelmandatars zugunsten der Gesellschaft seines Hauptamtes bei der Wahrnehmung seines Aufsichtsratsmandats abgelehnt[437]. Begründet wird dies mit der Verpflichtung des Aufsichtsratsmitglieds auf das Unternehmensinteresse der „Aufsichtsrats-AG", die zur Folge habe, daß eine Pflichterfüllung gegenüber der „entsendenden" AG nie eine Pflichtverletzung gegenüber der AG des Aufsichtsratsamtes rechtfertigen könne[438]. Eine Interessenbindung ergebe sich lediglich aus der allgemeinen Treuepflicht in dem Sinne, daß das Aufsichtsratsmitglied die AG seines Vorstandsamtes durch seine Aufsichtsratstätigkeit nicht willkürlich schädigen dürfe.

---

432 Beck'sches Formularbuch, IX.45 unter § 3 II (für den Geschäftsführer einer GmbH) und X.13 unter § 1 III für ein Vorstandsmitglied.

433 So auch Koenen, Zurechnung, S. 51 und für Beiratsmandate Voormann, Beirat, S. 44 f aufgrund einer Umfrage; aA Arndt, Die Bank 87, 641, 643, der Interessenvertretung bestreitet.

434 „Herr Dr. Hennemann hat im Rahmen seiner Tätigkeit als Mitglied des Vorstandes der Bremer Vulkan AG...auch bremische Belange wahrzunehmen, soweit dies im Rahmen seiner Verpflichtung nach Gesetz und Satzung gegenüber der Bremer Vulkan AG möglich ist."; vgl. FAZ v. 22.10.96, Nr. 244/S.17; HB v. 17.10.96, Nr. 210/S.13 und HB v. 25./26.20.96, Nr. 207/S.22.

435 Ähnlich RGZ 105, 392; OLG Düsseldorf, AG 83, 250, 255.

436 Vgl. nur Palandt/Thomas, BGB, § 662, Rz 9 und § 675, Rz 2.

437 Möhring in Handbuch der Aktiengesellschaft unter I 252, Rz 400; Westermann in FS Beusch, S. 871, 885; aA Rospatt, Bank-Archiv 29, 157, 158 und für das schweizerische Recht Spiro in FS Vischer, S. 639, 643.

438 Lutter, ZHR 145 (1981), 224 ff.

Diese zutreffenden Feststellungen lassen jedoch Raum für die Frage, ob ein Aufsichtsratsmitglied verpflichtet werden kann, seinen breiten Handlungsspielraum im Interesse der „entsendenden“ AG zu nutzen, wenn damit *keine* Pflichtverletzung gegenüber der AG des Aufsichtsratsamtes verbunden ist. So sah auch die oben erwähnte Interessenwahrungsklausel der Stadt Bremen vor, daß *F. Hennemann* als Vorstandsmitglied bremische Belange nur dann wahrzunehmen hatte, wenn ihm dies gegenüber der Vulkan AG *ohne* Pflichtverletzung möglich war.

1) Bindung an Weisungen

Die Frage, welche inhaltlichen Einflußmöglichkeiten eine „entsendende“ Gesellschaft auf die Aufsichtsratstätigkeit des von ihr entsandten Vertreters hat, wird meist anhand des Problems diskutiert, ob Aufsichtsratsmitglieder an Weisungen oder Empfehlungen eines Dritten (der „entsendenden“ AG) gebunden werden können. Dabei besteht Einigkeit insoweit, als eine Außenwirkung von Weisungen Dritter abgelehnt wird[439], d.h. die Nichtbefolgung einer Weisung hat keine Auswirkung auf die Wirksamkeit der Stimmabgabe oder sonstiger Tätigkeit des Organs im Aufsichtsrat. Aber auch nur intern wirkende Weisungen werden ganz überwiegend für unzulässig gehalten[440]. Die Unzulässigkeit wird meist aus der Bindung des Aufsichtsratsmitglieds an das Unternehmensinteresse der AG des Aufsichtsratsamtes abgeleitet[441] und dem daraus folgenden Vorrang dieses Interesses gegenüber Drittinteressen. Nicht herangezogen werden kann dieses Argument aber für die entscheidende Frage, ob eine intern wirkende Bindung des Aufsichtsratsmitglieds an Weisungen besteht, die sich im Rahmen des Unternehmensinteresses bewegen[442].

Gegen eine Bindungswirkung sprechen zum einen die §§ 4 III MontanmitbestG und § 5 IV MitbestEG, die ausdrücklich die Weisungsunabhängigkeit von Aufsichtsratsmitgliedern der Unternehmen, die diesen Gesetzen unterliegen, festlegen. Auch gibt es keine Anhaltspunkte dafür, daß insoweit eine rechtliche Differenzierung zwischen den verschiedenen Unternehmenstypen gewollt ist. Ferner spricht gegen die Zulässigkeit von Weisungen der Grundsatz der Verbandssouveränität, der den Verband (hier die AG) vor einem verbindlichen Einfluß

---

[439] Raiser, ZGR 78, 391, 394 mwN.

[440] Raiser, ZGR 78, 391, 400. Umstritten ist dies allerdings für die echten Entsendungsfälle iSv § 101 II AktG: gegen ein Weisungsrecht Hüffer, AktG, § 101, Rz 10 mwN.

[441] Klinkhammer/Rancke, Verschwiegenheitspflicht, S. 24; vgl. auch KK-Mertens, AktG, § 101, Rz 51; Geßler in Geßler/Hefermehl, AktG, § 101, Rz 98.

[442] Dies annehmend Klinkhammer/Rancke, Verschwiegenheitspflicht, S. 24 („...soweit sich das Unternehmensinteresse als mit dem Inhalt der Weisung materiell verträglich erweist...kann das Aufsichtsratsmitglied auf Weisungen verpflichtet werden“), obwohl sie gleichzeitig die Notwendigkeit einer Weisungsunabhängigkeit betonen.

außenstehender Dritter, die nicht selbst dem Unternehmensinteresse verpflichtet sind, schützen will und damit auch vor einem verbindlichen Weisungsrecht Dritter[443]. Gegen dieses Argument kann nicht eingewandt werden, daß eine Bindungswirkung ja nur bezüglich der Weisungen bestünde, die im Einklang mit dem Unternehmensinteresse der AG des Aufsichtsratsamtes stehen. Denn der Grundsatz der Verbandssouveränität verlangt auch, daß die Konkretisierung des Unternehmensinteresses nicht durch Dritte erfolgt. Für juristische Personen als Dritte ergibt sich dies de lege lata noch in verstärktem Maße aus § 100 I AktG , weil juristische Personen als solche gerade nicht an der Willensbildung im Aufsichtsrat beteiligt sein sollen[444]. Abgesehen davon bestünde die Gefahr, daß ein Aufsichtsratsmitglied in Zweifelsfällen dazu neigen würde auch gegen das Unternehmensinteresse verstoßende Weisungen auszuführen, weil es verpflichtet wäre, bis zur (schwer ermittelbaren) Grenze des Erlaubten die Weisungen auszuführen und bei Nichtausführung Sanktionen des die Weisung Erteilenden fürchten müßte. Ein weiteres Problem läge darin, daß eine Weisungserteilung eine vorherige Informationsweitergabe verlangt, die im Hinblick auf die Verschwiegenheitspflicht nach den §§ 116, 93 AktG nicht immer zulässig sein wird.

Für die Zulässigkeit und Wirksamkeit von Weisungen könnte aber sprechen, daß die Funktion von Aufsichtsräten auch in der Institutionalisierung von Interessenkonflikten gesehen wird. Hieraus könnte man folgern, daß durch die Bindung an Weisungen und an die Interessen der AG des Hauptamtes der Doppelmandatar im Verhältnis zur „entsendenden" AG nur auf das verpflichtet würde, was auch seine Pflicht gegenüber der AG des Aufsichtsratsamtes wäre, nämlich durch die Interessenvertretung zur „Institutionalisierung der Interessenkonflikte" beizutragen.

Andererseits sieht das Gesetz auch dort, wo es selbst den Ausdruck Interessenvertreter nennt (etwa „Vertreter von Gewerkschaften"), Regelungen zur Sicherung der Unabhängigkeit derer Amtswahrnehmung vor. Nach dem Gesetz sollen die Repräsentanten der verschiedenen Interessengruppen nicht an ein spezifisch interessengesteuertes Abwägungsprogramm gebunden werden, sondern allein an die Ausübungsgrenze des Unternehmensinteresses. Die Idee der Interesseneinbringung wird allein umgesetzt durch das Wahlrecht der repräsentierten Interessengruppe und deren durch die Abberufungsmöglichkeit gestützte Loyalitätserwartung auf die Wahrung ihrer Interessen. Dieses gesetzliche System schließt daher die Bindung von Aufsichtsratsmitgliedern an Weisungen aus.

Selbst diejenigen, die den Interessenvertretungsansatz in der Weise umsetzen, daß sie Interessenvertretung im Aufsichtsrat nur begrenzt wissen wollen durch

443 Ähnlich Brinkmann, Unternehmensinteresse, S. 272.

444 Ähnlich Raiser, ZGR 78, 391, 400.

normative Verhaltensanforderungen, verlangen, daß die Aufsichtsratsmitglieder nicht durch interne Weisungen jeden Handlungsspielraums beraubt sind[445]. Dies ist auch konsequent, da zu den normativen Verhaltensanforderungen die Pflicht zur vertrauensvollen Zusammenarbeit und zur Bemühung um eine Vermittlung der eigenen Sichtweise in kommunikativer, argumentativer Weise gehört[446]. Falls aber Aufsichtsratsmitglieder intern an Weisungen gebunden werden könnten, wäre der Entscheidungsprozeß im Aufsichtsrat nicht mehr offen und die geforderte Kommunikation könnte nicht zustande kommen.

Übertragen auf Vorstandsmitglieder mit nebenamtlicher Aufsichtsratsfunktion, die nach § 76 I AktG ohnehin nicht an Weisungen gebunden sind, bedeutet dies, daß sie hinsichtlich ihrer Aufsichtsratstätigkeit nicht an die vorgeschriebene Form der Willensbildung für Vorstandshandlungen, § 77 AktG, gebunden werden können. Das heißt, ein Doppelmandatar bedarf für die konkrete Wahrnehmung seiner Aufsichtsratstätigkeit selbst dann nicht die Zustimmung seiner Vorstandskollegen, wenn grundsätzlich Gesamtgeschäftsführung vorgesehen ist.

2) Andere Einflußmöglichkeiten

Diskutiert wird ferner, inwiefern an sich unverbindliche Empfehlungen zulässig sind, wenn ein indirekter Druck zu ihrer Durchführung durch die Vereinbarung einer Pflicht, das Aufsichtsratsamt im Falle der Nichtbefolgung der Empfehlung niederzulegen, ausgeübt wird.

Solche Regelungen werden teilweise für zulässig gehalten[447], doch ohne daß eine überzeugende Begründung hierfür genannt wird. Der Hinweis, daß die Pflicht zur Niederlegung des Amtes in einer derartigen Konstellation in manchen Berufskreisen als Standespflicht angesehen werde[448], zeigt nur, daß diese Berufskreise sich in einem Maße bei ihrer Aufsichtsratstätigkeit an den Interessen der AG ihres Hauptamtes ausrichten, das der Intention des Gesetzes widerspricht. Gegen eine solche indirekte Einflußnahme sprechen vielmehr die gleichen Gründe, die gegen eine direkte Einmischung sprechen und die generell gegen die Vereinbarung von Niederlegungspflichten sprechen (siehe hierzu schon oben unter D III).

---

[445] So lehnt auch Brinkmann, Unternehmensinteresse, S. 272 ein Weisungsrecht ab; ebenso Raiser, ZGR 78, 391, 400.

[446] Ausführlich zu den normativen Verhaltensanforderungen Brinkmann, Unternehmensinteresse, S. 272 f.

[447] Tank, AG 77, 34, 39.

[448] Tank, AG 77, 34, 39.

3) Die Verpflichtung auf das Interesse der AG des Vorstandsamtes

Für die Zulässigkeit einer Bindung des Aufsichtsratsmitglieds an die Interessen der es „entsendenden“ AG spricht, daß mit einer solchen Verpflichtung die AG nicht - wie bei der Erteilung von Weisungen - unmittelbar an der Willensbildung im Aufsichtsrat der anderen AG teilnimmt. Auch muß das betreffende Aufsichtsratsmitglied hier weiter selbst seinen Ermessensspielraum zur Konkretisierung des Unternehmensinteresses ausfüllen. Doch wäre dieser auf ein Minimum reduziert, weil das Aufsichtsratsmitglied gezwungen wäre, die Interessen der AG seines Hauptamtes bis zum Rande der Zulässigkeit wahrzunehmen. Dies ließe sich nicht mit der vom Gesetz gewollten Unabhängigkeit der Aufsichtsratsmitglieder, die verlangt, daß diese selbst entscheiden, in welcher Weise sie zur Verwirklichung des Unternehmensinteresses beitragen[449], vereinbaren. Eine Pflichterfüllung im Aufsichtsratsamt kann daher nie eine Verletzung der Pflichten gegenüber der AG des Vorstandsamtes sein, weil zu den anstellungsvertraglichen Pflichten des Vorstandsmitglied nur die ordnungsgemäße, nicht aber eine einseitig interessenorientierte, Wahrnehmung des Aufsichtsratsmandates gehört. Eine vertragliche Verpflichtung zu letzterem wäre unzulässig.

Eine andere Frage ist es, inwieweit Aufsichtsratsmitglieder die Interessen der AG ihres Hauptamtes wahrnehmen *können*, ohne dazu gegenüber „ihrer“ AG verpflichtet zu sein. Die Berücksichtigung der Interessen der „entsendenden“ AG - sei es in ihrer Funktion als Vertragspartner und/oder Aktionär der „Aufsichtsrats-AG“ - wird sich oftmals mit dem Unternehmensinteresse der AG des Aufsichtsratsamtes vereinbaren lassen. Denn das Interesse der ihr Vorstandsmitglied in den Aufsichtsrat „entsendenden“ AG als Geschäftspartner ist ein Teil des Anteilseignerinteresses (der Aktionäre der AG des Aufsichtsratsamtes) an guten Geschäftsbeziehungen, läßt sich daher aus diesem ableiten und ist somit Bestandteil des Unternehmensinteresses. Unproblematisch ist die Wahrnehmung der Interessen der AG des Vorstandsamtes als Aktionär der AG des Aufsichtsratsamtes (durch den Doppelmandatar), weil diese Interessen unmittelbarer Bestandteil der Anteilseignerinteressen sind und damit ebenfalls Teil des Unternehmensinteresses, an das der Doppelmandatar gebunden ist.

Auch läßt sich nicht bestreiten, daß die Vertreter der „entsendenden“ Aktiengesellschaften geradezu prädestiniert sind, deren Interessen einzubringen. Die Grenze dieser Interesseneinbringungsmöglichkeit ist in der Bindung an das Unternehmensinteresse der AG des Aufsichtsratsamtes zu sehen (vgl. hierzu schon oben unter C I 7c).

---

[449] Vgl. Brinkmann, Unternehmensinteresse, S. 272.

IX) Schadensersatzpflicht des Doppelmandatars gegenüber der „entsendenden" AG bei Schlechterfüllung seiner Aufsichtsratstätigkeit ?

Es hat bisher nur selten Fälle gegeben, in denen eine Gesellschaft ihr Organmitglied wegen Schlechterfüllung einer Organfunktion in einer anderen Gesellschaft gerichtlich in Anspruch genommen hat[450]. Dieses erklärt sich daraus, daß eine solche Klage gegen ein eigenes Organmitglied mit einem Imageverlust für die klagende Gesellschaft verbunden ist und man bezogen auf die Verbindung von Vorstands- und Aufsichtsratsmandat kein Interesse daran haben kann, nach außen hin zu dokumentieren, daß man das Aufsichtsratsmandat des eigenen Vorstandsmitglieds als institutionsbezogenes Mandat ansieht. Deshalb kann es nicht verwundern, daß der im folgenden exemplarisch erörterte vom BGH entschiedene Fall[451] zu diesem Problemkreis einige Besonderheiten aufweist und im Konzernbereich angesiedelt ist. Letzteres erklärt sich daraus, daß im Konzernbereich die Bindung des durch ein Vorstandsmitglied wahrgenommenen Aufsichtsratsmandats an die hauptberufliche Vorstandsstellung von der herrschenden AG auch nach außen hin nicht bestritten wird. Die Besonderheit des entschiedenen Falles gegenüber der hier interessierenden Frage besteht darin, daß es sich nicht um ein Vorstandsmitglied handelt, das von „seiner" AG in den Aufsichtsrat einer anderen Gesellschaft „entsandt" wird und dort eine Pflichtverletzung begeht, sondern um den Geschäftsführer einer GmbH, der im Board of Directors einer ausländischen Aktiengesellschaft sitzt, an der die klagende GmbH in erheblichem Umfang beteiligt ist. Trotzdem könnte die Entscheidung des BGH für die Frage nach der Haftung eines Vorstandsmitglieds gegenüber „seiner" AG bei Schlechterfüllung eines in derer Interesse übernommenen Aufsichtsratsmandats übertragbare Argumentationslinien enthalten. Denn auch bei dem vom BGH entschiedenen Fall ging es um die Frage, ob ein Mehrfachorganmitglied, dessen beide Organfunktionen in einem Zusammenhang zueinander stehen, für eine Pflichtverletzung, die in der einen Organfunktion begangen wurde, auch der Gesellschaft des anderen Organamtes gegenüber schadensersatzpflichtig ist.

Klägerin des besagten Falles war eine GmbH, die eine Beteiligung an einer ausländischen Aktiengesellschaft, der IMS, hielt (zunächst 25%, später 76%). Der Beklagte war Geschäftsführer der klagenden GmbH und gleichzeitig Mitglied des Board of Directors der IMS. Letztere Tätigkeit stand im Zusammenhang mit seiner Aufgabe bei der Klägerin, weil laut Geschäftsverteilungsplan

---

[450] BGH, WM 87, 13 = AG 87, 126 = JZ 87, 781 (dazu gleich im Folgenden); OLG Düsseldorf, ZIP 97, 27 (Klage der ARAG AG gegen ihr Vorstandsmitglied, das auch Vorstand der durch Risikogeschäfte unmittelbar geschädigten Töchter der ARAG, nämlich der ARAG GRUND und der ARAG Finanz, war).

[451] BGH, WM 87, 13 (siehe auch vorherige FN).

ihm unter anderem die Verwaltung von Beteiligungen im In- und Ausland übertragen war. Vorgeworfen wurde dem beklagten Geschäftsführer, daß die Kosten für den Unterhalt einer Yacht und eines Flugzeugs, die nicht im Eigentum der IMS, sondern im Eigentum zweier Gesellschaften eines anderen Boardmitglieds standen, von der IMS mit Wissen des Beklagten getragen wurden. Diese Kosten konnten aufgrund nachfolgender Zahlungsunfähigkeit dieses Boardmitglieds nicht erfolgreich geltend gemacht werden. Die Klägerin behauptete nun, der IMS sei hieraus ein Schaden in Höhe von 1,48 Millionen entstanden, wodurch ihre Beteiligung an der IMS eine Wertminderung erfahren habe.

Der BGH hat grundsätzlich einen eigenen Anspruch der klagenden GmbH bejaht und die Zurückweisung an das OLG lediglich damit begründet, daß noch festgestellt werden müsse, ob die Klägerin Leistung an sich selbst oder nur an die IMS verlangen kann. In der Begründung des Urteils geht der BGH ausdrücklich von einem eigenen Anspruch der Klägerin aus, der sich daraus ergeben soll, daß die Pflicht, die Geschäfte der IMS zu führen, vom Beklagten nicht nur als Boardmitglied der IMS gegenüber, sondern zugleich gegenüber der Klägerin als deren Geschäftsführer zu erfüllen gewesen sei.

Abstrahiert von dem konkreten Fall liegt demnach die Schlußfolgerung nahe, daß grundsätzlich ein Vorstandsmitglied (Geschäftsleiter) auch gegenüber „seiner“ Gesellschaft die Pflicht hat, Organpositionen in anderen Gesellschaften, die es auf deren Veranlassung hin einnimmt, mit der gehörigen Sorgfalt auszuüben[452]. Allerdings wurde in einer Anmerkung zu dem Urteil des BGH gerade die Annahme einer derartigen doppelten Pflichtenbindung kritisiert: „...zwingend ist eine solche Argumentation gleichwohl nicht, da man rechtlich doch wohl zwischen der Organstellung des Bekl. gegenüber der Kl. und der gegenüber der (ausländischen) AG trennen muß.“[453] In dieser Anmerkung wird die Problematik des Falles darin gesehen, ob eine actio pro socio im Aktienrecht anzuerkennen sei. In einer anderen Anmerkung wird davon ausgegangen, daß der BGH der Klägerin einen eigenen Anspruch in ihrer Eigenschaft als Gesellschafterin der IMS und nicht als GmbH des Geschäftsführeramtes des Doppelmandatars zugesprochen habe[454].

Bei der Frage, ob eine ihr Vorstandsmitglied in den Aufsichtsrat einer anderen Gesellschaft „entsendende“ AG von diesem Schadensersatz verlangen kann, wenn er eine Pflichtverletzung im Aufsichtsratsamt begeht, sind somit drei Aspekte zu unterscheiden:

---

[452] So KK-Mertens, AktG, § 93, Rz 28 und bezogen auf Mandate in Tochterunternehmen OLG Düsseldorf, ZIP 97, 27, 31 f; aA: Wiedemann, JZ 87, 784, 786.

[453] Emmerich in WUB II A. § 93 AktG 1.87.

[454] Baums, ZGR 87, 554.

Zum einen könnte der AG des Vorstandsamtes, wenn sie Aktionärin der geschädigten AG ist, das Recht zustehen, *deren* Schaden in eigenem Namen geltend zu machen. Dies wäre dann zu bejahen, wenn auch im Aktienrecht die Rechtsfigur der actio pro societate anzuerkennen wäre. Diese Frage stellt sich unabhängig davon, ob neben der Aktionärseigenschaft gleichzeitig eine personelle Verflechtung zwischen dem klagendem und dem geschädigten Unternehmen besteht. Aus diesem hier allein interessierenden Aspekt ergeben sich keine Besonderheiten für die Beurteilung der Frage, ob eine actio pro societate zulässig ist, weswegen auf diese Frage hier nicht näher eingegangen werden soll. Es sei aber darauf hingewiesen, daß die ganz h.M. die Zulässigkeit einer actio pro societate ablehnt[455] und auch in der erörterten Entscheidung des BGH stützt das Gericht sein Ergebnis nicht auf diese Rechtsfigur.

Zum anderen wäre es denkbar, daß die AG des Vorstandsamtes, wenn sie Aktionärin der geschädigten AG ist, einen *eigenen* Schaden in ihrer Funktion als Gesellschafterin geltend machen kann. Dies wäre nur dann der Fall, wenn generell ein Verwaltungsmitglied den Aktionären gegenüber schadensersatzpflichtig wäre, wenn es eine Pflichtverletzung in seinem Organamt begeht. Diskutiert wird ein solcher Anspruch für den Fall eines Eigriffs in das Mitgliedschaftsrecht des klagenden Aktionärs. Ein Rückgriff auf die §§ 93, 116 AktG wird dagegen allgemein abgelehnt, weil diese keine Schutznormen zugunsten der Aktionäre sind[456].

Auch diese rechtlichen Fragen stellen sich aber unabhängig davon, ob eine personelle Verflechtung zwischen der geschädigten und der klagenden Gesellschaft besteht und auch diesen Weg hat der BGH in der erwähnten Entscheidung nicht gewählt. Er ist nicht davon ausgegangen, daß das Boardmitglied der klagenden GmbH in derer Eigenschaft *als Gesellschafterin* zur ordnungsgemäßen Erfüllung der diesbezüglichen Pflichten verantwortlich war, sondern als deren Geschäftsführer. Dies zeigt sich schon an der Heranziehung von § 43 GmbHG, einer Norm, die allein im Verhältnis des Beklagten zur klagenden GmbH und nicht gegenüber anderen Aktionären oder der GmbH in ihrer Eigenschaft als Aktionärin eine Rolle spielen kann.

Bleibt die Frage, ob eine Gesellschaft, deren Organmitglied ihr gegenüber zur Organtätigkeit bei der geschädigten Gesellschaft verpflichtet ist, ein eigener Schadensersatzanspruch als Anstellungskörperschaft des „entsandten“ Organmitglieds zusteht. Diese Frage hat das Gericht bejaht, indem es feststellte, daß das Recht der klagenden Gesellschaft aus der Tatsache folge, daß die Pflicht, die Geschäfte der IMS zu führen, vom Beklagten nicht nur als Boardmitglied der IMS, sondern zugleich gegenüber der Klägerin *als deren Geschäftsführer* zu

455 Hüffer, AktG, § 147, Rz 5; Zöllner, ZGR 88, 392, 408.

456 Hüffer, AktG, § 93, Rz 19; KK-Mertens, AktG, § 93, Rz 169.

erfüllen war[457]. Daß die Klägerin gleichzeitig Aktionärin der geschädigten AG war, begründete den Schaden, den die Klägerin geltend machte, nämlich die Verringerung des Wertes ihrer Beteiligung, stellte aber darüber hinaus keine notwendige Anspruchsvoraussetzung dar. So dürfte sich zwar im Regelfall ein eigener Schaden der „entsendenden" Gesellschaft nur dann nachweisen lassen, wenn diese Beteiligungen an der das „entsandte" Organmitglied aufnehmenden Gesellschaft hält, doch muß dies nicht notwendig so sein. Der Anspruch in dem vom BGH entschiedenen Fall ergab sich aus der Doppelorganstellung des Beklagten[458] und nicht aus der Eigenschaft der Klägerin als Aktionär der unmittelbar geschädigten AG. Soweit die Behauptung aufgestellt wurde, wenn der Beklagte nicht vom herrschenden Unternehmen, sondern von einer nicht an der IMS beteiligten Hausbank entsandt worden wäre, diese nicht berechtigt gewesen wäre, auf Schadensersatz an die unmittelbar geschädigte AG zu klagen[459], so dürfte dies zwar im Regelfall zutreffend sein. Dies aber nur deshalb, weil der Bank mangels Aktienanteil aus der Wertminderung der Aktien kein eigener Schaden entstanden wäre, womit auch ein Anspruch auf Naturalrestitution nach § 249 BGB in Form der Schadensersatzleistung an die unmittelbar geschädigte AG ausscheidet. Soweit aber der ihr Organmitglied „entsendenden" Gesellschaft ein eigener Schaden aus der Pflichtverletzung bei der aufnehmenden Gesellschaft entsteht, muß sie das Doppelorganmitglied dann in Anspruch nehmen können, wenn dieses zur ordnungsgemäßen Pflichterfüllung auch gegenüber der ihn „entsendenden" Gesellschaft verpflichtet ist und zwar unabhängig davon, ob sie Gesellschafterin der Gesellschaft ist, bei der die Pflichtverletzung erfolgte.

Allgemein läßt sich sagen, daß soweit die Übernahme einer Aufsichtsratstätigkeit zu den anstellungsvertraglichen Pflichten eines Vorstandsmitglieds gehört, dieses grundsätzlich bei Schlechterfüllung dieser Aufgabe (auch) von der AG seines Hauptamtes auf Leistung von Schadensersatz über § 93 AktG in Anspruch genommen werden kann, soweit der AG hierdurch ein Schaden entstan-

---

[457] BGH WM 87, 13; ebenso in der Argumentationsweise das OLG Düsseldorf in der ARAG - Entscheidung: "In dem...pflichtwidrigen Verhalten des Bekl. liegt aber nicht nur ein Verstoß gegen die ihm als Geschäftsführer der ARAG Finanz obliegenden Pflichten. Vielmehr erweist sich das Verhalten *gleichzeitig* als Verstoß gegen die Sorgfaltspflichten, die den Bekl. als Mitglied des Vorstands der Klägerin trafen."

[458] Vgl. Kowalski, Gesellschafterschaden, S. 190 ff, 191 in seiner Würdigung der Entscheidung: „Denn die Wahrnehmung des Aufsichtsratsmandats gehörte zugleich zu den Pflichten als Geschäftsführer der GmbH. Die „Verdoppelung" der Organstellung und der damit verbundenen Sorgfaltspflichten führte deshalb dazu, daß auch dem Anteilseigner ein Anspruch auf Ersatz des Reflexschadens zustand."

[459] Wiedemann, JZ 87, 784; vgl. auch Nirk in Handbuch der Aktiengesellschaft Rz 402, nach dem eine vertragliche Haftung nur gegenüber entsendungsberechtigten Aktionären in Betracht kommt.

den ist. Einschränkungen können sich aus dem Schutzzweck der Übernahmevereinbarung ergeben, der durch Auslegung im Einzelfall zu ermitteln ist.

1) Die Art der geschuldeten Ersatzleistung

Soweit der Schaden der ihr Vorstandsmitglied „entsendenden" AG in der Entwertung ihrer Beteiligung an der unmittelbar geschädigten AG des Aufsichtsratsamtes liegt, kann sie grundsätzlich nur eine Schadensersatzleistung an diese AG verlangen und nicht Zahlung an sich selbst[460]. Dies ergibt sich schon aus dem Grundprinzip der Naturalrestitution, § 249 BGB, nach dem der Geschädigte nur verlangen kann, daß der gleiche wirtschaftliche Zustand hergestellt wird, der ohne das schädigende Ereignis - die Pflichtverletzung - bestünde, damit der „Schaden dort ausgeglichen wird, wo er eingetreten ist."[461] Etwas anderes kann sich dann ergeben, wenn der Anspruch der unmittelbar geschädigten AG verjährt ist oder diese wirksam auf ihren Anspruch verzichtet[462]. Für Einzelfragen wird auf die Literatur zur Ersatzfähigkeit sog. Doppelschäden verwiesen[463].

Bezüglich sonstiger Schäden wird in der Literatur teilweise davon ausgegangen, daß eine „entsendende" AG unmittelbaren Ausgleich des Schadens, also Zahlung an sie selbst, verlangen könne. So wird beispielsweise vertreten, daß einer Bank, deren Angestellter ihr wegen Schlechterfüllung einer Organfunktion in einer anderen Gesellschaft verantwortlich ist, unmittelbarer Ausgleich ihres Schadens nicht versagt bleiben dürfe[464]. Es findet sich aber keine Begründung dafür, wieso die §§ 249 ff BGB in solchen Fällen nicht Berücksichtigung finden sollen. Nach diesen kann eine ihr Vorstandsmitglied „entsendende" AG nur dann Leistung an sich fordern, wenn eine Naturalrestitution nicht möglich ist, § 251 I BGB, anderenfalls erscheint es auch nicht gerechtfertigt, den Schädiger/ Doppelmandatar der Gefahr einer doppelten Inanspruchnahme auszusetzen. Diese Konsequenz widerspräche auch dem Gedanken der §§ 116, 93 V AktG.

---

460 Dies ist für solche Reflexschäden im Ergebnis unbestritten; vgl. BGHZ 65, 15 (ITT); OLG Düsseldorf, ZIP 97, 27, 33; Hüffer, AktG, §93, Rz 19; Kowalski, Gesellschafterschaden, S. 227.

461 Brandes in FS Fleck, S. 13, 15; Kowalski, Gesellschafterschaden, S. 227 leitet dieselbe Rechtsfolge aus der Zweckbindung des Gesellschaftsvermögens ab.

462 So geht Kowalski, Gesellschafterschaden, S. 22 f generell davon aus, daß bei einem Anteils - Reflexschaden der Geschädigte dann Leistung an sich selbst verlangen kann, wenn die Zweckbindung des Gesellschaftsvermögens hinsichtlich des Schadensteils rechtmäßig aufgehoben wurde.

463 Kowalski, Gesellschafterschaden, passim.

464 Brandes in FS Fleck, S. 13, 16.

2) Sanktionsmöglichkeiten

Neben einer etwaigen Schadensersatzpflicht könnte die Schlechterfüllung eines Aufsichtsratsamtes, das ein Vorstandsmitglied im Interesse „seiner" AG wahrnimmt, für dieses weitere Konsequenzen im Verhältnis zu der ihn „entsendenden" AG haben. Dies könnte dann der Fall sein, wenn eine solche Schlechterfüllung einen Abberufungsgrund nach § 84 III AktG für das Vorstandsamt des Doppelmandatars darstellen könnte.

Soweit die Wahrnehmung des betreffenden Aufsichtsratsamtes zu den anstellungsvertraglichen Pflichten des Vorstandsmitglied gehört, ist eine solche Konsequenz bei schwerwiegenden Pflichtverletzungen im Aufsichtsratsamt denkbar[465]. Dies vor allen Dingen dann, wenn durch die Pflichtverletzung das Ansehen der AG des Hauptamtes geschädigt wird (denkbar insbesondere im Konzernbereich oder bei Insidergeschäften) oder der AG ein erheblicher materieller Schaden entstanden ist (z.B. durch Entwertung des Beteiligungsanteils). Nicht denkbar ist es dagegen, daß eine Handlung des Doppelorganmitglieds, die keine Pflichtverletzung seiner Aufsichtsratstätigkeit darstellt, gleichzeitig als Abberufungsgrund nach § 84 III AktG dient, auch wenn sich diese Handlung zuungunsten der AG des Hauptamtes ausgewirkt haben sollte. Denn eine solche Handlung kann nie eine Pflichtverletzung im Verhältnis zur AG des Vorstandsamtes darstellen (vgl. hierzu schon oben unter D V).

X) Besteht ein Mitteilungsrecht oder eine Mitteilungspflicht gegenüber der AG des Vorstandsamtes von Kenntnissen aus der Aufsichtsratstätigkeit ?

Ein generelles Mitteilungsrecht des Doppelmandatars von als Aufsichtsratsmitglied erlangten Informationen, sei es an Angestellte der AG des Vorstandsamtes, die Vorarbeiten leisten („Stäbe"), oder an Kollegen aus dem Vorstand, besteht aus den schon genannten Gründen nicht (siehe oben unter D IV).Weil es ein pauschales Mitteilungsrecht nicht gibt, soll im Folgenden nach der Art der im Rahmen der Aufsichtsratstätigkeit erlangten Information unterschieden werden.

1) Insidertatsachen im Sinne von § 13 I WpHG[466]

Mitglieder von Aufsichtsorganen sind Insider im Sinne des WpHG, § 13 I Nr.1 WpHG, und unterliegen somit dem Insiderhandelsverbot des § 14 WpHG. Dieses Verbot untersagt nicht nur die Mitteilung von Insiderinformationen an Dritte, sondern auch deren Verwertung und zwar unabhängig davon, wer durch

---

[465] Ebenso für den Konzernbereich Reiß, Aufsichtsrat, S. 48 („dienstrechtliche Konsequenzen"); vgl. ferner Rospatt, Bank-Archiv 29, 157, 159.

[466] Zur Rechtslage vor dem Inkrafttreten des WpHG siehe Fleck in FS Heinsius, S. 100 ff.

die Verwertung begünstigt wird. Allerdings bezieht sich das Verwertungsverbot des § 14 WpHG nur auf eine Verwertung in Form des Kaufs oder Verkaufs von Wertpapieren und nicht auf andere Formen der Verwertung[467].

Konsequenz aus dem Gesagten ist, daß Doppelmandatare Insidertatsachen, die sie in ihrer Aufsichtsratsfunktion erlangt haben, für ihr Hauptamt nicht in Form von Wertpapiergeschäften verwerten und sie auch nicht Kollegen mitteilen dürfen[468]. Problematisch kann allerdings die Feststellung sein, ob eine Insiderinformation *als* Aufsichtsratsmitglied erlangt wurde. Diese Feststellung ist deshalb von Bedeutung, weil nach § 13 WpHG diese enge Beziehung zwischen Kenntniserlangung und Organfunktion Voraussetzung für das Eingreifen des Insiderhandelsverbots ist. Zwar ist ein Doppelmandatar auch dann Insider im Sinne des WpHG, wenn er als Vorstand eine Insiderinformation erfährt, doch ergeben sich trotzdem Unterschiede, je nachdem, ob ein Doppelmandatar die Information in seiner Funktion als Vorstand oder als Aufsichtsrat erlangt. Bei einer Kenntniserlangung als Vorstandsmitglied darf der Doppelmandatar die Insiderinformation im Rahmen der betriebsüblichen / normalen Geschäftsabläufe in seiner AG an Mitarbeiter weitergeben, weil die Weitergabe der Information dann als befugt gilt[469]. Als „normal“ wird dabei nur die Weitergabe einer Insidertatsache angesehen, die aus betrieblichen Gründen erforderlich ist[470]. Bei einer Kenntniserlangung des Doppelmandatars als Aufsichtsratsmitglied ist zwar ebenfalls das Kriterium der Erforderlichkeit heranzuziehen, doch ist für dessen Bestimmung eine andere Abwägung vorzunehmen. Bei einer Kenntniserlangung als Vorstandsmitglied stellt sich die Frage, inwieweit eine Weitergabe der Information aus betrieblichen Anforderungen an die Tätigkeit *als Vorstandsmitglied* erforderlich ist, während es bei einer Kenntniserlangung als Aufsichtsrat um die Frage geht, inwieweit eine Weitergabe im Rahmen der Ausübung des *Aufsichtsratsamtes* geboten und erforderlich ist, d.h. die Interessen der AG des Vorstandsamtes sind insoweit nicht zu berücksichtigen. (So könnte in letzterer Konstellation ein Doppelmandatsträger sich nicht damit rechtfertigen, daß eine Weitergabe an Mitarbeiter der AG des Vorstandsamtes, die Vorarbeiten für ihn leisten sollten, nötig war, weil anderenfalls die zeitliche Belastung im Hinblick *auf die Vorstandstätigkeit* zu hoch sei). Folglich sind an die Zulässigkeit der Weitergabe von Insiderinformationen innerhalb der AG des

---

[467] Assmann/Cramer in Assmann/Schneider, WpHG, § 14 Rz 12; Assmann, AG 94, 237, 249; Kümpel, WM 96, 653; kritisch gegenüber dieser Konsequenz Hopt in FS Heinsius, S. 307.

[468] Assmann, AG 94, 237, 247: „So ist etwa das Mitglied eines Aufsichtsrats nicht befugt, die erlangte Insiderinformation an das Unternehmen, dem es angehört, weiterzuleiten.“

[469] Vgl. Art 3a EG-Insiderrichtlinie (89/592/EWG); Götz, DB 95, 1949; Kümpel, WM 96, 653, 659.

[470] Siehe dazu schon oben unter D IV 2; Assmann, AG 94, 237, 247.

Vorstandsamtes des Insiders dann höhere Anforderungen zu stellen, wenn die Insiderinformation als Aufsichtsratsmitglied erlangt wurde.

Für die Abgrenzung zwischen einer Kenntniserlangung als Vorstand von einer als Aufsichtsratsmitglied wird vorgeschlagen, der Mandatsträger solle sich in Zweifelsfällen von seinem Informanten darüber aufklären lassen, ob ihm die Information als Vorstandsmitglied und nicht als Aufsichtsratsmitglied oder umgekehrt gegeben worden sei[471]. Dies zeigt zu welchen Absurditäten es führen muß, wenn man versucht, „innerhalb" einer Person eine strikte Funktionentrennung vorzunehmen, wenn die „Funktionsvermischung" mittels dieser Person gerade beabsichtigt ist. Daher sollte man jede Informationserlangung, die (auch) im Zusammenhang mit der Aufsichtsratstätigkeit des Doppelmandatars steht - beispielsweise im Rahmen von Vorgesprächen zu einer späteren Aufsichtsratssitzung - dieser auch zugerechnet werden. Denn wer in seiner Funktion *als* Doppelmandatar Informationen erlangt, kann sich bezüglich dieser Funktion nicht „halbieren".

Für die Frage, wie ein Doppelmandatar mit Insiderinformationen umzugehen hat, wenn er diese durch seine Aufsichtsratstätigkeit erfährt, wird auf diesbezüglichen Ausführungen innerhalb den Erörterungen zur Zulässigkeit der Einschaltung von Hilfskräften verwiesen (D IV).

2) Corporate opportunities

Sollte der Zufall eintreten, daß eine Information, die ein Doppelorganmitglied durch seine Aufsichtsratstätigkeit erlangt, auch für die AG seines Vorstandsamtes eine Information zur Nutzung einer corporate opportunity ist (z.B. Inkenntnissetzung vom Verkauf eines für beide Gesellschaften interessanten Grundstücks[472]), kann das Organmitglied diese Information für sein Hauptamt nur unter den Bedingungen weitergeben oder verwerten, unter denen ihm ein Eigengeschäft erlaubt wäre[473]. Dies kann allerdings nur für den Fall gelten, daß die Ausnutzung der Geschäftschance gerade durch die AG des Vorstandsamtes keinen Schaden für die AG des Aufsichtsratsamtes befürchten läßt[474].

Zwar gilt das Verbot, Geschäftschancen der Gesellschaft an sich zu ziehen, grundsätzlich nur für Vorstandsmitglieder und die Geschäftsleitung, doch müssen für Aufsichtsratsmitglieder dann entsprechende Pflichten gelten, wenn die Information über eine Geschäftschance im Rahmen der Aufsichtsratstätigkeit in

---

[471] Kümpel, WM 96, 653, 659.

[472] Ein solches Beispiel findet sich bei Weisser, Corporate Opportunity, S. 188.

[473] Ebenso Weisser, Corporate Oppotunity, S. 188; zu den Voraussetzungen für ein zulässiges Eigengeschäft siehe KK-Mertens, AktG, § 93, Rz 67 und Kübler in FS Werner, S. 437, 447 f.

[474] Allgemein zu diesem Aspekt siehe KK-Mertens, AktG, § 93, Rz 67.

Erfahrung gebracht wurde. Denn dann folgt das Verbot der Weitergabe der Information aus der Verschwiegenheitspflicht.

Für herkunftsneutrale Informationen wird vertreten, daß diese beiden interessierten Gesellschaften mitgeteilt werden müßten[475]. Dagegen spricht, daß den Doppelmandatar gegenüber der AG des Hauptamtes hinsichtlich des Verhaltens außerhalb der eigentlichen Organfunktion eine stärkere Pflichtenbindung trifft als gegenüber der AG des Aufsichtsratsamtes[476]. Zwar ist es inzwischen unbestritten, daß auch Aufsichtsratsmitglieder Beratungsfunktionen wahrzunehmen haben, doch ergibt sich diese Pflicht aus der Notwendigkeit einer ex-ante Kontrolle und verlangt nicht (wie von Vorstandsmitgliedern) eine „gerichtete Beratung"[477] und damit in der Regel keine gezielte Informationssuche. Hieraus folgt, daß Aufsichtsratsmitglieder grundsätzlich keine Mitteilungspflicht von Geschäftschancen, die sie von dritter Seite erfahren, trifft[478]. Eine solche Mitteilungspflicht kann dann aber auch nicht dadurch entstehen, daß gegenüber einer anderen Gesellschaft, nämlich der AG des Vorstandsamtes, eine dementsprechende Mitteilungspflicht besteht. Somit steht die Auffassung, daß herkunftsneutrale Informationen an beide interessierten Gesellschaften weitergegeben werden müssen, im Widerspruch zu der gleichzeitig vertretenen und überzeugenden Ansicht, daß Aufsichtsratsmitglieder grundsätzlich keiner Mitteilungspflicht von Geschäftschancen unterliegen.

Ein Doppelmandatar hat somit herkunftsneutrale Informationen, deren Kenntnis für beide über ihn verflochtenen Gesellschaften als Geschäftschance interessant sind, nur der AG seines Vorstandsamtes mitzuteilen.

3) Sonstige Informationen

Zu unterscheiden ist zwischen der Mitteilung von Tatsachen, deren Verwertung und deren Wissenszurechnung.

---

475 Weisser, Corporate Opportunity, S. 189 ff; vgl. zum US-amerikanischen Recht Merkt, Gesellschaftsrecht, S. 431, Rz 738: Die Rechtsprechung läßt dort den interlocking directorates die Wahl, ob und an welche Gesellschaft sie die herkunftsneutrale Corporate opportunity mitteilen.

476 Dementsprechend hat das ALI (§ 5.05 (b)) vorgeschlagen, für die Mitteilungspflicht von corporate opportunities in der Weise zu differenzieren, daß den outside directors ein größerer Spielraum für die Nutzung von Geschäftschancen eingeräumt wird als den full- time executives; vgl. hierzu Merkt, Gesellschaftsrecht, S. 429, Rz 735; für eine Differenzierung auch Kübler in FS Werner, S. 437, 445 und Hopt in Hopt/Teubner (Hrsg.): Corporate Governance, S. 285, 297.

477 Zur Unterscheidung von gerichteter und ungerichteter Beratung siehe Buth/Hermanns, DStR 96, 597, 599.

478 Weisser, Corporate Opportunity, S. 185.

a) Mitteilung

Unumstritten ist die grundsätzliche Geltung der als Aufsichtsratsmitglied geschuldeten Verschwiegenheitspflicht gemäß §§ 116, 93 I 2 AktG auch im Verhältnis des Doppelmandatars zu der AG seines Hauptamtes[479]. Problematisch kann allerdings im Einzelfall die Einordnung einer Information als Geheimnis bzw. vertrauliche Angabe im Sinne von § 93 I 2 AktG sein.

So fällt eine Tatsache dann nicht unter den Schutz des § 93 AktG, wenn die Gesellschaft an ihrer Geheimhaltung kein schutzwürdiges Interesse hat. Hierzu wird vertreten, dies sei dann der Fall, wenn eine Gesellschaft zahlungsunfähig ist und die Antragsfrist von drei Wochen des § 93 II AktG abgelaufen ist. In einem solchen Fall sei das Aufsichtsratsmitglied berechtigt, die Tatsache der Zahlungsunfähigkeit der AG seines Hauptamtes mitzuteilen[480]. Diese Ansicht führt jedoch zu bedenklichen Konsequenzen, weil andere Gläubiger durch die vorherige Inkenntnissetzung nur eines Gläubigers - der AG des Vorstandsamtes des Doppelmandatars - benachteiligt würden. Außerdem würde sich die Pflichtwidrigkeit der unterlassenen Anzeige noch „verstärken" und deshalb liegt es durchaus im Unternehmensinteresse der zahlungsunfähigen AG, daß ihre Unterlassung nicht bekannt wird, bevor die unterbliebene Handlung nachgeholt wird. Vorrangige Pflicht des Aufsichtsratsmitglieds ist es daher, den Vorstand der AG seines Aufsichtsratsamtes zur Einhaltung seiner gesetzlichen Pflichten anzuhalten.

Anders liegt es aber z.B., wenn die AG des Hauptamtes einen Emmissionsprospekt der AG des Aufsichtsratsamtes des Doppelmandatars mitherausgibt. Aufgrund des erheblichen Haftungsrisikos (§ 45 BörsG), das Kreditinstitute bei einer Unrichtigkeit des Prospekts tragen, dürfte es unrealisitisch sein zu glauben, daß der Prospekt vor Herausgabe nicht dem Vorstandsmitglied, das in der betreffenden AG Aufsichtsratsmitglied ist, vorgelegt wird; auch wenn von Bankenvertretern gerne betont wird, daß ein Informationsaustausch generell nicht stattfindet[481]. Dabei gilt für derartige Situationen, daß ein Informationsaustausch nicht nur tatsächlich stattfindet[482], sondern auch stattfinden darf und im Hinblick auf den Schutze Dritter sogar stattfinden muß. Denn ein schutzwürdiges objektives Geheimhaltungsinteresse der emittierenden AG liegt nicht vor, weil es kaum in ihrem Unternehmensinteresse liegt, einen unrichtigen Prospekt

[479] Lutter, Vertraulichkeit, § 17 III 4, S. 173, 175, 188.

[480] Werner, ZHR 145 (1981), 252, 265 f.

[481] Krupp in Hein (Hrsg.): Macht der Banken, S. 29, 33.

[482] Der in der Entscheidung des LG Bielefeld „Balsam AG", ZIP 2000, 20, wiedergegebene Sachverhalt zeigt deutlich, daß sowohl Informationen aus der Aufsichtsratstätigkeit an die AG des Vorstandsamtes fließen als auch Informationen über die AG des Aufsichtsratsamtes, die Mitarbeiter der AG des Vorstandsamtes haben, an den Doppelmandatar gelangen.

herauszugeben und zu diesem Zwecke die Verschwiegenheitspflicht demjenigen gegenüber zu instrumentalisieren, der dieses durch Informationsweitergabe unterbinden könnte. Hier greift daher der Grundsatz ein, daß dort, wo es das Unternehmensinteresse gebietet zu reden, die Schweigepflicht aufhört[483]. Im Unterschied zu dem davor geschilderten Fall der (unzulässigen) Weitergabe der Information über die Zahlungsunfähigkeit werden hier die Interessen Dritter durch die Informationsweitergabe nicht verletzt, sondern umgekehrt vor einer Täuschung durch einen unrichtigen Prospekt geschützt. Dies hat zur Konsequenz, daß eine unterbliebene Einschaltung des Doppelmandatars von Seiten des Kreditinstituts bei der Prospektherstellung eine Sorgfaltspflichtverletzung und damit eine Haftung des Kreditinstituts begründen kann, wenn bei Einschaltung desselben die Unrichtigkeit des Prospekts erkannt worden wäre oder erkannt hätte werden müssen.

Dieses Beispiel zeigt die Ambivalenz einer strikten Auffassung von der Verschwiegenheitspflicht der Aufsichtsratsmitglieder gegenüber der AG ihres Hauptamtes. Sie untersagt zwar einerseits zum Nachteil des von ihr erfaßten Doppelmandatars diesem jegliche Informationsweitergabe; wobei man allerdings sehen muß, daß die Einhaltung dieses Verbots kaum überprüfbar ist. Andererseits bewirkt das Verbot zum Vorteil des Doppelmandatars, daß er Dritten gegenüber auch nicht verpflichtet sein kann, die besagten Informationen weiterzugeben. Ein diesbezügliches Unterlassen kann daher nie einen Haftungstatbestand erfüllen. Für die AG des Hauptamtes führt ein Weitergabeverbot des Doppelmandatars dazu, daß ihr das Wissen des Doppelmandatars nicht zugerechnet werden kann und sich demzufolge Dritte gegenüber ihr auf dieses Wissen nicht berufen können. Die unerfreuliche Konsequenz hieraus ist, daß die AG des Hauptamtes sich Dritten gegenüber auch dann hinter der Verschwiegenheitspflicht ihres Vorstandsmitglieds „verstecken" kann, wenn ein Informationsaustausch tatsächlich stattgefunden hat, aber nicht nachweisbar ist, was regelmäßig der Fall sein dürfte. (Lediglich in einem Prozeß könnte als Indiz für einen Informationsaustausch überprüft werden, ob in der AG Compliance-Strukturen einschließlich chinese walls vorhanden sind, wobei das Ausmaß von deren Durchlässigkeit von außen kaum zu beurteilen ist).

Dies spricht dafür, den Begriff des Geheimnisses nicht realitätsfern zu eng auszulegen. So kann für bestimmte Konstellationen auch ohne ausdrückliches Einverständnis von einem konkludenten Einverständnis der AG des Aufsichtsratsamtes mit einer Informationsweitergabe des Doppelmandatars ausgegangen werden. Wenn etwa der Doppelmandatar durch seine Aufsichtsratstätigkeit eine Information über die Kreditwürdigkeit dieser AG erfährt und die AG seines Hauptamtes gleichzeitig Darlehensgeber dieser AG ist, wird man von einem

[483] KK-Mertens, AktG, § 93, Rz 82.

konkludenten Einverständnis mit der Informationsweitergabe ausgehen können, denn anderenfalls würde der Aufbau der personellen Verflechtung über diesen Doppelmandatar wenig Sinn machen. Zwar stellt formal gesehen die Hauptversammlung durch die Wahl des Doppelmandatars die personelle Verflechtung her, doch kommen bei Publikumsgesellschaften diese in der Regel nicht ohne den Willen des Vorstandes zustande[484]. Wenn aber der Vorstand der „Aufsichtsrats-AG" bewußt eine personelle Verflechtung zu der AG des Vorstandsamtes des Doppelmandatars herstellt, um die geschäftliche Beziehung zu stärken, spricht eine Vermutung dafür, daß zu diesem Zwecke auch eine Informationsweitergabe stattfinden darf. In einem solchen Fall spricht gegen die Informationsweitergabe durch den Doppelmandatar auch nicht die grundsätzlich zu beachtende Zuständigkeitsordnung in der Aktiengesellschaft[485]. Zwar fällt die Offenlegung von Informationen an Dritte im Regelfall in den Zuständigkeitsbereich des Vorstands und nicht in den des Aufsichtsrats einschließlich des Doppelmandatars in seiner Funktion als Aufsichtsratsmitglied. Doch kann und wird der für die Offenlegung zuständige Vorstand das betreffende Aufsichtsratsmitglied im Bewußtsein dessen hauptberuflicher Tätigkeit informieren; es wäre ein praxisferner Formalismus zu verlangen, daß dem Doppelmandatar nochmals ausdrücklich in seiner Eigenschaft als Vorstandsmitglied die betreffende Information offengelegt wird.

Soweit es um Informationen über die AG des Aufsichtsratsamtes selbst geht, spricht daher die Vermutung für das Vorliegen eines (konkludenten) Einverständnisses dieser AG mit einer Informationsweitergabe im Rahmen der Ausübung des Vorstandsamtes des Doppelmandatars. Umgekehrt verhält es sich, soweit es sich um Informationen über Dritte handelt, die der Doppelmandatar durch seine Aufsichtsratstätigkeit erfahren hat. Denn hier treffen die AG des Aufsichtsratsamtes unter Umständen Geheimhaltungspflichtem dem betroffenen Dritten gegenüber, was gegen ein (konkludentes) Einverständnis mit einer Informationsweitergabe spricht.

b) Verwertung

Von der Frage nach der Zulässigkeit der Informationsweitergabe zu unterscheiden ist das Problem, ob und inwieweit Informationen, die ein Doppelmandatar durch seine Aufsichtsratstätigkeit erhält, durch diesen bei dessen hauptberuflicher Vorstandstätigkeit verwertet werden dürfen.

---

484 Siehe oben FN 123 und 213.

485 Zu dieser Lutter, Vertraulichkeit, § 13 II 4, S. 140.

Verbreitet ist die Ansicht, solches Wissen dürfe verwertet werden, soweit durch die Verwertung nicht die Verschwiegenheitspflicht verletzt wird[486], das heißt, soweit nicht aus dem Verwertungsverhalten Dritte Rückschlüsse auf die geheimzuhaltende Tatsache ziehen können[487]. Einschränkend wird lediglich gefordert, die Verwertung dürfe nicht zum Nachteil der AG des Aufsichtsratsamtes erfolgen.

Zwar ist es zutreffend, daß mit der Verwertung einer Information nicht automatisch ein Bruch der Verschwiegenheitspflicht verbunden sein muß. Deshalb ist es auch durchaus denkbar, daß die Weitergabe einer Information mit einer Verletzung der Verschwiegenheitspflicht einher ginge, aber ihre bloße Verwertung nicht. Doch könnte die Verwertung in diesen Fällen zwar keine Verletzung der Verschwiegenheitspflicht, aber dennoch eine unbefugte Verwertung im Sinne von § 404 II 2 AktG darstellen und aus diesem Grunde unzulässig sein[488]. Verwerten im Sinne von § 404 II AktG ist jede Tätigkeit, die darauf gerichtet ist, den Wert aus einer Sache zu ziehen, sie also irgendwie wirtschaftlich zu nutzen[489]. Hinsichtlich des Merkmals der Unbefugtheit, also des Handelns ohne Rechtfertigung, ergeben sich keine Unterschiede im Vergleich zur Unbefugtheit der Offenbarung einer Information im Sinne von § 404 AktG[490]. Daraus folgt, daß in jedem Fall, in dem eine Informationsweitergabe unzulässig ist, automatisch auch deren Verwertung unzulässig ist. Die in der Literatur teilweise vorgenommene Differenzierung zwischen Weitergabe und Verwertung läßt sich somit nicht aufrecht erhalten[491]. Eine Differenz kann sich nur dann ergeben, wenn das in der AG des Aufsichtsratsamtes für die „Freigabe" von Informationen zuständige Organ, also in der Regel der Vorstand, sich mit der Verwertung von Informationen einverstanden erklärt, aber nicht mit deren Weitergabe. Ein solches Einverständnis kann aber nicht generell als konkludent erteilt unterstellt werden[492], denn die Gründe, die gegen die Annahme eines Einverständnisses mit einer Informationsweitergabe sprechen, werden dann in der Regel auch gegen ein Einverständnis mit der Verwertung der Information sprechen.

---

[486] Fischer, Interessenkollisionen, S. 336 f; Fleck in FS Heinsius, S. 89, 99; Ulmer, NJW 80, 1603, 1606; Werner, ZHR 145 (1981), 252; aA Arbeitskreis, DB 95, 1.

[487] Ein diesbezügliches Beispiel findet sich bei Fleck in FS Heinsius, S. 89, 99.

[488] Dies verneinend Fleck in FS Heinsius, S. 89, 99.

[489] Fuhrmann in Geßler/Hefermehl, AktG, § 404, Rz 11; KK-Geilen, AktG, § 404, Rz 55 f.

[490] Fuhrmann in Geßler/Hefermehl, AktG, § 404, Rz 10, 12.

[491] Allenfalls für vertrauliche Informationen iSv § 93 I 2 AktG, weil diese nicht von § 404 AktG erfaßt sind; vgl. dazu Lutter, Vertraulichkeit, § 14 I, S. 144. Wie hier Merkt, ZHR 159 (1995), 423, 438.

[492] So aber Fleck in FS Heinsius, S. 89, 100.

c) Wissenszurechnung

Eine Zurechnung des Wissens (gemeint ist Wissen und Wissen müssen), das ein Doppelmandatar in seiner Funktion als Aufsichtsrat erlangt hat, an die AG seines Vorstandsamtes wird allgemein abgelehnt[493].

Zwar führt grundsätzlich jede Art der Kenntniserlangung eines Vorstandsmitglieds zur Wissenszurechnung an die AG seines Amtes. Diese Zurechnung wird jedoch zu Recht verneint, soweit das erlangte Wissen einem Dritten gegenüber unter den Schutz einer Verschwiegenheitspflicht fällt, also das betreffende Vorstandsmitglied die Information nicht weitergeben darf. Denn generell läßt sich sagen, daß eine Wissenszurechnung nur dann angenommen werden kann, wenn das Vorstandsmitglied die fraglichen Informationen kraft seines Amtes für „seine" AG hätte nutzbar machen müssen[494], was das Dürfen der Nutzbarmachung notwendig voraussetzt.

Weil die im Rahmen der Aufsichtsratstätigkeit erlangten Informationen unter dem Schutz der §§ 116, 93 AktG stehen, liegt die Schlußfolgerung nahe, daß bei einem Doppelmandatar das als Aufsichtsrat erlangte Wissen nicht der AG seines Hauptamtes zugerechnet werden kann. Doch ergibt sich aus den genannten Grundsätzen - entgegen dem von der h.M. vermittelten Eindruck - für Doppelfunktionsträger im Verhältnis zu den Aktiengesellschaften ihres Hauptamtes kein genereller Zurechnungsausschluß von aus der Aufsichtsratstätigkeit erlangtem Wissen. Denn der Ausschluß reicht nur soweit wie die Verschwiegenheitspflicht, und es wurde schon erörtert, daß die Verschwiegenheitspflicht den Willen der geschützten Gesellschaft zur Geheimhaltung voraussetzt und dieser Wille im Verhältnis zu Doppelfunktionsträgern oft nicht vorhanden sein wird.

So ist etwa eine Wissenszurechnung anzunehmen, wenn der betreffende Doppelmandatar bei Vertragsverhandlungen „seiner" AG mit der AG seines Aufsichtsratsamtes auf Seiten der AG seines Vorstandsamtes (mit-)verhandelt. Denn in einem solchen Fall ist davon auszugehen, daß das Vorstandsmitglied auch sein aus der Aufsichtsratstätigkeit erlangtes und für den Vertragsabschluß relevantes Wissen einbringt und aufgrund eines (konkludenten) Einverständnisses der AG seines Aufsichtsratsamtes auch verwerten darf. Weil die AG des Aufsichtsratsamtes nicht ernsthaft annehmen kann, daß das betreffende Vorstandsmitglied sich verhält, wie wenn es die Informationen aus dem Aufsichtsratsamt nicht kennt, hätte sie -falls sie dieses vermeiden will - darauf bestehen müssen, daß der Doppelmandatar nicht in die Vertragsverhandlungen einge-

---

[493] Vgl. Häuser, Interessenkollisionen, S. 77; Hopt, Kapitalanlagerschutz, S. 475 f; Lutter, ZHR 145 (1981), 224, 242; Wiedemann, Organverantwortung, S. 30; aA für den Konzernbereich (Zurechnung über § 31 BGB) Reiß, Aufsichtsrat, S. 136 ff.

[494] KK-Mertens, AktG, § 76, Rz 67; MünchKomm/Reuter, BGB, § 28, Rz 5 f.

schaltet wird. (Ob sich unter dieser Bedingung allerdings die AG des Vorstandsamtes auf Vertragsverhandlungen einließe, ist eine andere Frage).

Soweit der Doppelfunktionsträger zwar nicht an den Vertragsverhandlungen selbst, aber an den internen Beratungen und Abstimmungen im Vorstand zu dem Vertragsvorhaben teilnimmt, ist ebenfalls von einer Zurechnung der relevanten Informationen auszugehen, da auch hier gilt, daß eine „Ausblendung“ von Wissen und hieran ausgerichtetes hypothetisches Handeln unrealistisch und deshalb auch nicht zu fordern ist.

Hiervon zu unterscheiden ist die Frage, ob der Doppelmandatar an solchen internen Beratungen überhaupt teilnehmen darf, wenn er zu dem betreffenden Beratungsgegenstand Informationen hat, zu deren Geheimhaltung er einem Dritten gegenüber verpflichtet ist. Wie schon erörtert, wird im Verhältnis zur AG des Aufsichtsratsamtes diese Verpflichtung häufig (konkludent) aufgehoben sein. Problematisch ist dies allerdings dann, wenn das Verhältnis zwischen den personell verflochtenen Gesellschaften nicht vertraglicher Natur ist, denn dann wird man von einem konkludenten Einverständnis mit Informationsweitergaben nicht ausgehen können. Wenn also im Vorstand der AG des Hauptamtes beraten wird über die finanzielle Unterstützung der feindlichen Übernahme der AG des Aufsichtsratsamtes durch einen Dritten, muß das Organmitglied, über das die personelle Verflechtung besteht, jede Befassung mit dem Vorgang im eigenen Vorstand ablehnen[495]. Unabhängig von der Frage der Zulässigkeit der Teilnahme muß aber jedenfalls eine Zurechnung des relevanten Wissens immer dann vorgenommen werden, wenn der Doppelmandatar tatsächlich an den internen Beratungen teilgenommen hat.

XI) Herausgabepflicht von Unterlagen

Es könnte für Aufsichtsratsmitglieder die Pflicht geben, Unterlagen, die sie durch ihre Aufsichtsratstätigkeit erhalten haben, nach deren Beendigung an denjenigen herauszugeben, auf dessen Veranlassung hin das Mandat übernommen wurde. Für Doppelmandatare bedeutete dies, daß sie bei Beendigung ihrer Aufsichtsratstätigkeit die Aufsichtsratsunterlagen an die AG des Vorstandsamtes herausgeben müßten, da sie im Regelfall auf deren Veranlassung hin das Aufsichtsratsamt übernommen haben.

Eine solche Pflicht zur Herausgabe hat das Reichsgerichts in der sog. Fürstenkonzernentscheidung bejaht[496]. Das RG qualifizierte in seiner Entscheidung das

---

[495] Ebenso Lutter, ZHR 145 (1981), 224, 247 unter Bezugnahme auf den amerikanischen Fall Mc Graw Hill.

[496] RGZ 105, 392 („Fürstenkonzern“); vgl. zu dieser Entscheidung Rospatt, Bank-Archiv 29, 157, 160.

Verhältnis zwischen Entsendendem und (faktisch) Entsandtem als Auftrag und leitete die Herausgabepflicht von Unterlagen aus § 667 BGB ab. Diese Schlußfolgerung von dem Bestehen eines Auftragsverhältnisses auf die Herausgabepflicht überzeugt jedenfalls für die hier interessierende Konstellation nicht. Zwar kann das Rechtsverhältnis zwischen Entsendendem und (faktisch) Entsandtem als Auftragsverhältnis bzw. (bei Vorstandsmitgliedern) als Geschäftsbesorgungsverhältnis eingeordnet werden, doch läßt sich hieraus nicht eine Herausgabepflicht hinsichtlich der Aufsichtsratsunterlagen herleiten.

Als aus der Geschäftsbesorgung erlangt im Sinne von § 667 BGB gelten alle Sachen und Rechte, die der Beauftragte von Dritten infolge der Geschäftsbesorgung erhalten hat[497] und damit grundsätzlich auch Unterlagen[498]. Doch kann eine Herausgabepflicht dann nicht bestehen, wenn der Beauftragte dem Dritten gegenüber dazu nicht berechtigt ist. So liegt es aber hier: Zum einen könnte die komplette Weitergabe der Unterlagen, die ein Aufsichtsratsmitglied im Laufe seiner Tätigkeit erhielt, an die AG seines Vorstandsamtes gegen seine Geheimhaltungspflicht gegenüber der AG seines Aufsichtsratsamtes aus den §§ 116, 93 AktG verstoßen. Zum anderen besteht jedenfalls die vorrangige Pflicht, die Aufsichtsratsunterlagen an die AG des Aufsichtsratsamtes herauszugeben, falls diese nicht darauf verzichtet. Die Besonderheit der Situation von Doppelmandatsträgern liegt darin, daß diese auch zu der AG ihres Aufsichtsratsamtes in einem Rechtsverhältnis stehen, aus dem sich die vorrangige Pflicht ergibt, an diese die Unterlagen nach Beendigung des Aufsichtsratsamtes zurückzugeben[499].

XII) Publizitätspflichten

Für eine AG können sich aus der Aufsichtsratstätigkeit ihrer Vorstandsmitglieder Publizitätspflichten ergeben.

Im Konzernanhang nach § 314 I Nr.6a HGB müssen die Gesamtbezüge der Vorstandsmitglieder für ihre Tätigkeiten in Mutter- und Tochterunternehmen angegeben werden und damit auch die Bezüge, welche diese aus Aufsichtsratsmandaten in den Tochterunternehmen erlangen[500].

---

[497] Palandt/Thomas, BGB, § 667, Rz 3.

[498] Jauernig/Vollkommer, BGB, § 667, 2b; dies gilt nicht für selbstangefertigte Arbeitsunterlagen.

[499] Brinkschmidt, Protokolle, S. 131 verneint eine gesetzliche Rückgabepflicht für Aufsichtsratsprotokolle, weist aber darauf hin, daß solche sich in Satzungen oder Geschäftsordnungen befinden können und auch tatsächlich befinden.

[500] Einen entsprechenden Auskunftsanspruch in der Hauptversammlung nach § 131 AktG hat das LG Dortmund, AG 99, 133 bejaht.

Ferner können sich aus § 28 I Nr.2 BörsZulV Offenlegungspflichten ergeben: Wenn eine AG neue Aktien emittiert, muß sie im Börsenzulassungsprospekt Angaben zu den wichtigsten Tätigkeiten, die ihre Vorstandsmitglieder außerhalb der AG ausüben, machen, worunter auch Aufsichtsratsmandate fallen können.

Darüber hinaus fragt es sich, inwieweit den Aktionären ein Auskunftsrecht über die Nebentätigkeiten der Vorstandsmitglieder der Gesellschaft nach § 131 AktG zusteht. Gerade in letzter Zeit sind hierzu eine Reihe von Entscheidungen ergangen, was zeigt, daß ein diesbezügliches Informationsinteresse besteht, gleichzeitig aber keine Informationsbereitschaft von Seiten der Aktiengesellschaften besteht. Die geforderten Auskünfte bezogen sich auf die Aufsichtsratstätigkeit in Konzernunternehmen[501] und/oder konzernfremden Unternehmen[502].

Unstreitig kann der Auskunftsanspruch nach § 131 AktG über die allgemeinen Offenlegungspflichten hinausgehen[503]. Voraussetzung hierfür ist, daß das Auskunftsbegehren eine Angelegenheit der AG betrifft und für die sachgemäße Beurteilung eines Tagesordnungspunktes erforderlich ist[504].

Daß Nebentätigkeiten der Vorstandsmitglieder auch Angelegenheiten „ihrer“ AG sind, ist unproblematisch; die tatsächlich bestehende Verbindung zwischen der Übernahme von Aufsichtsratsmandaten und dem Vorstandsamt wurde schon mehrfach angesprochen. Fraglich ist aber, ob die Mitteilung über die Wahrnehmung von Aufsichtsratsmandaten für eine sachgerechte Beurteilung des Tagesordnungspunktes „Entlastung des Vorstandes“ erforderlich ist. Die Rechtsprechung vertritt insoweit überwiegend den Standpunkt, daß eine Erforderlichkeit nur dann anzunehmen sei, wenn konkrete Anhaltspunkte für eine nicht sachgerechte Ausübung der Vorstandstätigkeit oder eine Überlastung durch unternehmensfremde Tätigkeiten vorliegen[505]. Dies ist zu Recht auf Kritik gestoßen. Denn die Informationen über die Aufsichtsratstätigkeit der Vorstandsmitglieder in anderen Unternehmen stellen selbst ein Indiz für das Bestehen einer solchen Überlastung dar und es ist gerade der Sinn des Fragerechts, dem Aktionär eige-

---

[501] LG Dortmund (einen Auskunftsanspruch verneinend); OLG Düsseldorf, NJW 88, 1033 (einen solchen bejahend).

[502] Einen Auskunftsanspruch bejahend: BayOblG, AG 96, 180 („Allianz AG Holding“; Vorinstanz: LG München, AG 93, 519); KG Berlin, DB 95, 2207; einen solchen verneinend: LG Frankfurt, WM 94, 1929; LG Dortmund WuB II A. § 131 AktG 2.87 (Stützle); OLG Düsseldorf, EWiR § 131 AktG 3/86, 1055 (mit kritischer Anmerkung von Lutter). Vgl. zu dem Problembereich ferner Reuter, DB 88, 2615, 2619.

[503] OLG Düsseldorf, NJW 88, 1033, 1035.

[504] Hüffer, AktG, § 131, Rz 11 f.

[505] OLG Düsseldorf, EWiR § 131 AktG 3/86; LG Frankfurt, WM 94, 1929, 1930; LG Dortmund, WuB II A.§131 AktG 2.87.

ne Ermittlungsarbeit zu ersparen[506]. § 131 AktG bezweckt, dem Aktionär die Informationen zu verschaffen, die er für eine sinnvolle Ausübung seiner Rechte braucht[507]. Berücksichtigt man die thematische Weite des Tagesordnungspunktes „Entlastung" ergibt sich folglich ein vielfältiger Informationsbedarf und mit diesem korreliert ein entsprechendes Informationsrecht.

Auch der Hinweis auf den notwendigen Schutz des Persönlichkeitsrechts der Vorstandsmitglieder[508] überzeugt als Argument gegen ein Auskunftsanspruch nicht. Ein schutzwürdiges Interesse der Vorstandsmitglieder an der Zurückhaltung von Informationen über ihre Nebentätigkeiten als Aufsichtsratsmitglieder ist nicht anzuerkennen, da es sich zum einen nicht um außerberufliche Tätigkeiten handelt und weil es sich um öffentlich bekannte Tatsachen handelt, die sich den Geschäftsberichten der entsprechenden Gesellschaften entnehmen lassen. Das heißt, den Aktionären wird durch die Auskunft lediglich die Last genommen, selbst andere Geschäftsberichte systematisch durchzusehen. Wie schon festgestellt besteht gerade in einer diesbezüglichen Entlastung der Zweck des § 131 AktG.

Ein Auskunftsrecht nach § 131 AktG über die Wahrnehmung von Aufsichtsratsmandaten in anderen Gesellschaften durch die Vorstandsmitglieder der befragten AG ist somit grundsätzlich anzuerkennen[509].

De lege ferenda sollte die Pflicht zur Einzelausweisung der Vorstandsbezüge und ein direktes Fragerecht gegenüber dem Aufsichtsrat eingeführt werden[510].

---

[506] So auch Lutter, EWiR § 131 AktG 3/86, 1055, 1056.

[507] Hüffer, AktG, § 131, Rz 1.

[508] Reuter, DB 88, 2615, 2619.

[509] Ebenso Hüffer, AktG, § 131, Rz 18; KK-Zöllner, AktG, § 131, Rz 49.

[510] Vgl. hierzu schon oben unter D VII.

E) Rechtliche Auswirkungen der doppelten Organstellung auf die Rechtsbeziehung zwischen dem Doppelmandatar und der AG seines Aufsichtsratsamtes

I) Inkompatibilität der Vorstandsstellung mit der Wahrnehmung des Aufsichtsratsamtes

Aus der hauptberuflichen Vorstandsstellung könnten sich über die ausdrücklichen gesetzlichen Inkompatibilitätsbestimmungen der §§ 100 II, 105 AktG hinaus weitere Inkompatibilitäten mit der gleichzeitigen Wahrnehmung eines Aufsichtsratsmandats ergeben.

1) Satzungsregelungen

In der Satzung können über die gesetzliche Regelung hinausgehende Inkompatibilitätsregelungen festgelegt werden. Die Satzung kann bestimmte Personengruppen von der Wählbarkeit zum Aufsichtsratsmitglied der Anteilseigner ausschließen, indem sie notwendige Voraussetzungen zur Wählbarkeit bestimmt, § 100 IV AktG. Denkbar ist daher auch eine Satzungsbestimmung, die vorsieht, daß Anteilseignervertreter im Aufsichtsrat nicht Vorstandsmitglieder von konkurrierenden oder zuliefernden Unternehmen sein können[511]. In einem solchen Fall kann die Vorstandsstellung dann auch zu einer Inkompatibilität mit der Übernahme eines Aufsichtsratsamtes führen.

2) Gesetzesvorschläge

Ein SPD-Gesetzesentwurf[512] von 1995 sieht eine Inkompatibilitätsregelung für die Übernahme von Aufsichtsratsmandaten in Form einer Untersagungsbestimmung vor. Die Kartellbehörde soll Aufsichtsratsmitgliedern die Ausübung ihrer Tätigkeit untersagen können, wenn diese zugleich Mitglied des Geschäftsführungsorgans (oder Aufsichtsorgans) eines im Wettbewerb mit dem Unternehmen des Aufsichtsratsamtes stehenden Unternehmens sind, § 25a GWB n.F. Ausgenommen von dieser Regelung sind Konzernunternehmen und abhängige Unternehmen im Sinne von § 17 AktG. Vorgesehene Rechtsfolge nach § 25 a II

---

[511] Ähnlich die bei Dreher, JZ 90, 896, 904 wiedergegebene Satzungsklausel der Kodak-AG; noch weitergehend die in BGHZ 39, 116, 117 geschilderte Satzungsbestimmung einer GmbH: „Wer in geschäftlichen Beziehungen - insbesondere im Wettbewerbs- oder Lieferantenverhältnis - zur Gesellschaft steht oder in einem Unternehmen beschäftigt ist, das seinerseits derartige Beziehungen zur Gesellschaft unterhält, kann nicht Mitglied des Aufsichtsrats sein..."

[512] BT-Drcks. 13/367.

GWB nF ist das Ausscheiden des betreffenden Mitglieds aus dem Aufsichtsratsgremium mit der Bestandskraft der Untersagungsverfügung.

Die durch das KontraG eingetretene jüngste Gesetzesänderung des Aktiengesetzes hat dagegen nur zu einer Erweiterung der Pflichtangaben nach § 125 AktG geführt, nach der bei Vorschlägen zur Wahl von Aufsichtsratsmitgliedern der Beruf und die wahrgenommenen anderen Aufsichtsratsmandate des Vorgeschlagenen angegeben werden müssen. Begründet wurde diese Gesetzesänderung damit, daß „die Bewertung, ob eine Tätigkeit in einem anderen Unternehmen, das in Teil- oder Kernbereichen im Wettbewerb steht, die Arbeitsfähigkeit des betreffenden Aufsichtsratsmitglieds und damit des Gremiums als Ganzes beeinträchtigt, den Anteilseignervertretern überlassen bleiben soll."[513]

Zum Teil wird allerdings in der Literatur vertreten, daß schon de lege lata die Übernahme eines Aufsichtsratsamtes bei einem Unternehmen, das im Wettbewerb mit dem Unternehmen steht, bei dem der Vorgeschlagene ebenfalls eine Organfunktion einnimmt, inkompatibel mit der Ausübung letzterer Funktion sei[514]. Demnach bliebe es nicht den Aktionären überlassen darüber zu entscheiden, ob ein Vertreter eines Konkurrenten im Aufsichtsrat sitzt, weil dies schon jetzt gegen zwingendes Recht verstieße.

3) Spezielle Inkompatibilität analog den §§ 100, 105, 250 AktG

Die Unvereinbarkeit der Wahrnehmung von Organfunktionen in miteinander in Wettbewerb stehenden Unternehmen soll sich aus einer Analogie zu den §§ 100, 105, 250 AktG ableiten lassen können[515]. Dieser Ansatz wurde in erster Linie entwickelt für die Wahrnehmung von zwei Aufsichtsratsmandaten in Konkurrenzunternehmen; sie soll aber auch gelten für Vorstandsmitglieder, die in einem Konkurrenzunternehmen ein Aufsichtsratsamt übernehmen wollen[516]. Begründet wird diese Ansicht damit, daß entsprechend den von den §§ 100, 105

---

[513] Siehe die Begründung zum Referentenentwurf abgedruckt in ZIP 96, 2133.

[514] Vertreten wird dies vor allen Dingen von Lutter. Siehe seine Beiträge in FS Beusch, S. 509, 526; in 25 Jahre Aktiengesetz, S. 53, 63 ff; in ZHR 145 (1981), 224 236 f; in ZHR 159 (1995), 303. Vgl. ferner Säcker in FS Rebmann, S. 781, 788; Scheffler, AG 95, 209; Wardenbach, Interessenkonflikte, passim, S. 99 f. De lege ferenda ebenso Adams, ZBB 94, 83; Wiedemann, Organverantwortung, S. 30. Anderer Ansicht dagegen Dreher, JZ 90, 896, 899; Ulmer, NJW 80, 1603, 1606; Werner, ZHR 145 (1981), 252, 255 (zumindest, wenn es sich um verschiedene Vertreter desselben Instituts handelt); vgl. zu letzterem Aspekt auch Lutter, Information, S. 124; auch de lege ferenda ablehnend Claussen, AG 96, 481, 487; Schneider, BB 95, 365 ff.

[515] Siehe die Angaben in der vorherigen Fußnote.

[516] So ausdrücklich Lutter in FS Beusch, S. 509, 526 und Wardenbach, Interessenkonflikte, S. 80 ff.

AktG erfaßten Konstellationen bei derartigen Doppelmandatsträgern eine korrekte Amtsausübung von vorneherein[517] und auf Dauer[518] unmöglich sei[519]. Diese Unmöglichkeit soll sich aus der beiden Unternehmen gegenüber bestehenden uneingeschränkten Treue- und Förderpflicht ergeben, da eine gleichzeitige Förderung der Interessen zweier Konkurrenzunternehmen nicht möglich sei[520]. Diese entgegengesetzten uneingeschränkten Förderpflichten und ihr Konfliktpotential sollen auch dann bestehen, wenn die personelle Verflechtung zwischen den Konkurrenzunternehmen keine Aufsichtsrat / Aufsichtsrat, sondern eine Vorstand / Aufsichtsrat - Verflechtung ist[521]. Desweiteren führe die Konfliktsituation nicht nur zu einer inneren Befangenheit des Aufsichtsratsmitglieds, sondern auch zu einer Störung der vertrauensvollen Zusammenarbeit im Aufsichtsrat und im Verhältnis von diesem zum Vorstand[522].

Die Ableitung einer speziellen Inkompatibilitätsregel aus einer Analogie zu den §§ 100, 105, 250 AktG überzeugt für die hier interessierende Konstellation der Wahrnehmung eines Aufsichtsratsmandats durch ein hauptberuflich in einem Konkurrenzunternehmen tätiges Vorstandsmitglied nicht. Denn die behauptete Pflichtenidentität des Doppelmandatars gegenüber den über ihn verflochtenen Unternehmen besteht nicht. Die Treue- und Förderpflicht, die einem Vorstandsmitglied obliegt, unterscheidet sich sowohl quantitativ als auch qualitativ von der eines Aufsichtsratsmitglieds. So sind etwa die aktiven Förderpflichten eines Vorstandes wesentlich umfassender als die eines Aufsichtsrates[523]. Eine Pflichtenidentität läßt sich auch nicht aus derselben Verpflichtung auf das Unternehmensinteresse beiden Unternehmen gegenüber ableiten, weil die Verpflichtung des Doppelmandatars zur Wahrnehmung des jeweiligen Unternehmensinteresses sich auf zwei völlig verschiedene Funktionen bezieht.

Unterschiede zwischen den beiden Unternehmen geschuldeten Treuepflichten zeigen sich auch in der gesetzlichen Regelung der §§ 88 und 105 II 4 AktG, die zwar ein Wettbewerbsverbot für Vorstandsmitglieder vorsieht, aber nicht für Aufsichtsratsmitglieder. Mit dem ausdrücklichen Ausschluß der Anwendung

---

[517] Im Zeitpunkt der Bestellung.

[518] Unterschieden werden soll durch dieses Kriterium die generelle von der bloß punktuellen Behinderung der Aufsichtsratstätigkeit. Vgl. zu beiden genannten Kriterien Wardenbach, Interessenkonflikte, S. 28 ff, 33.

[519] Lutter in FS Beusch, S. 509, 517 f; Säcker in FS Rebmann, S. 781, 788 („bipolarer Dauerkonflikt").

[520] Lutter in FS Beusch, S. 509, 516; Wardenbach, Interessenkonflikte, S. 75.

[521] Lutter in FS Beusch, S. 509, 526; Wardenbach, Interessenkonflikte, S. 80 ff („dieselbe unbedingte Verpflichtung auf das Unternehmensinteresse").

[522] Wardenbach, Interessenkonflikte, S. 76 ff, 99.

[523] Siehe hierzu oben unter D X 2.

von § 88 für Aufsichtsratsmitglieder durch § 105 II AktG wurde systematisch gesehen auch das in § 88 mitenthaltene Wettbewerbsverbot ausgeschlossen. § 105 II 4 AktG gilt seinem Wortlaut nach zwar nur für Aufsichtsratsmitglieder, die als stellvertretene Vorstandsmitglieder bestellt wurden, doch muß dies a maiore ad minus auch für „normale“ Aufsichtsratsmitglieder gelten[524]. Die genannten Vorschriften zeigen ferner, daß sich de lege lata aus wettbewerbsrechtlichen Gesichtspunkten keine generelle Inkompatibilitätsregel für die Aufsichtsratstätigkeit von Vorstandsmitgliedern aus Konkurrenzunternehmen ableiten läßt. Denn der betreffende Doppelmandatar unterliegt gegenüber dem Unternehmen seines Aufsichtsratsamtes keinem Wettbewerbsverbot und dem Unternehmen seines Vorstandsamtes gegenüber unterliegt er zwar einem Wettbewerbsverbot, das sich aber nicht auf die Wahrnehmung von Aufsichtsratsmandaten erstreckt. Ferner zeigt sich an § 23 II Nr.4 GWB, daß das Gesetz grundsätzlich eine teilweise Personenidentität in den Organen von Konkurrenzunternehmen für zulässig hält, da anderenfalls die Festlegung einer Anzeigepflicht überflüssig wäre.

Bleibt die Frage, ob sich aus rein gesellschaftsrechtlichen Gründen - etwa zwecks Schaffung der Rahmenbedingungen für die Funktions- und Leistungsfähigkeit des Aufsichtsrats[525] - eine Imkompatibilität begründen läßt. So definiert LUTTER als Hauptvertreter einer de lege lata bestehenden Inkompatibilität die nach seiner Ansicht zur Inkompatibilität führende Konkurrenzsituation zwischen den personell verflochtenen Unternehmen auch nicht wettbewerbsrechtlich, sondern fragt, „ob der Aufsichtsrat sich wahrscheinlich mit Fragen zu befassen hat, bei denen aufgrund des Doppelmandats die Interessenkollision auftreten wird.“[526] Dies festzustellen verlangte aber eine Einzelfallabwägung, was gerade gegen eine Analogie zu den §§ 100, 105 AktG spricht und für die alleinige Anwendung von § 103 III AktG als Konfliktlösungsmechanismus, da letzterer auf eine Einzelfallbeurteilung zugeschnitten ist[527].

Aber nicht nur systematisch, sondern auch materiell überzeugt die Annahme einer Inkompatibilität nicht. Weder läßt sich die Behauptung der Pflichtenidentität aufrecht erhalten, noch ist die Behauptung belegt, daß die Förderung der Interessen der einen Gesellschaft gleichzeitig die Interessen der anderen Gesell-

---

[524] AA Wardenbach, Interessenkonflikte, S. 70 ff.

[525] So Wardenbach, Interessenkonflikte, S. 38.

[526] Lutter in FS Beusch, S. 509, 514 und ders. ZHR 145 (1981), 224, 236; Quack in FS Ritter, S. 745f. Wardenbach, Interessenkonflikte, S. 99 spricht davon, daß eine Inkompatibilität zu vermuten sei, wenn der Anteil des Kerngeschäfts 10% der Gesamtaktivitäten des Unternehmens ausmache.

[527] Zum Verhältnis der §§ 100, 105 zu § 103 AktG siehe auch Lutter in FS Beusch, S. 509, 513.

schaft automatisch verletzt[528]. Dagegen spricht, daß das Zustandekommen von personellen Verflechtungen zwischen Konkurrenzunternehmen schließlich keine Zufallsprodukte sind. Erstaunlicher Weise wird dieser Aspekt bei der Diskussion um die Zulässigkeit von personellen Verflechtungen zwischen Konkurrenzunternehmen kaum berücksichtigt. Wieso soll die vertrauensvolle Zusammenarbeit zwischen Aufsichtsrat und Vorstand gestört sein, wenn im Zweifel der Vorstand selbst darauf hingewirkt hat, daß der betreffende Doppelmandatar berufen wird ? Zwar ist es aufgrund der Mängel hinsichtlich der Willensbildung in der Aktiengesellschaft nicht überzeugend, sich damit zufrieden zu geben, daß die Hauptversammlung bei der Wahl von Organmitgliedern von Konkurrenzunternehmen die entstehenden Interessenkonflikte in Kauf nähme[529]. Auch mag man es beklagen, daß in der Praxis die Zusammensetzung des Aufsichtsrates von der Unternehmensleitung bestimmt wird[530]. Doch ist es widersprüchlich bei Wahrnehmung des Umstandes, daß die personellen Verflechtungen von den Unternehmensleitungen bewußt hergestellt werden, gleichzeitig zu fordern, daß die Unternehmensleitung vor solchen Doppelmandataren geschützt werden müsse, da sie kein Vertrauen in solche Personen haben könne.
- Ob Dritte vor solchen gezielten Verflechtungen geschützt werden müssen, ist eine wettbewerbsrechtliche und nicht gesellschaftsrechtliche Frage. -

Zudem sprechen auch praktische Erwägungen gegen eine Analogie zu den §§ 100, 105, 250 AktG. Denn die Folge hiervon wäre, daß ein Wahlbeschluß, der gegen die aus der Analogie gebildete Inkompatibilitätsregel verstieße, nichtig wäre und die bis zur Feststellung der Nichtigkeit getroffenen Aufsichtsratsbeschlüsse dementsprechend rechtsfehlerhaft[531] wären[532]. Dies würde zu einer Rechtsunsicherheit für die Unternehmen hinsichtlich der Bestandskraft ihrer Aufsichtsratsbeschlüsse führen, die deshalb so unbefriedigend ist, weil das Vorliegen des aus der Analogie gebildeten Imkompatibilitätstatbestandes - im Gegensatz zu den gesetzlichen Bestimmungen der §§ 100 und 105 AktG - nicht

---

[528] So aber Wardenbach, Interessenkonflikte, S. 76.

[529] So Steinbeck, Überwachungspflicht, S. 72 f; Begründung zum Regierungsentwurf ZIP 96, 2133 ff; kritisch auch Wardenbach, Interessenkonflikte, S. 70, der zu Recht darauf hinweist, daß, wenn eine Inkompatibilität bestehen sollte, eine solche nicht durch die Hauptversammlung „überwunden" werden kann.

[530] Wardenbach, Interessenkonflikte, S. 74.

[531] Diese Konsequenz ist unbestritten. Umstritten ist lediglich, ob die Rechtsfehlerhaftigkeit der Aufsichtsratsbeschlüsse bei Kausalität der Stimmabgabe des betreffenden Aufsichtsratsmitglieds zu deren Nichtigkeit oder „nur" deren Anfechtbarkeit zur Folge hat; siehe dazu BGHZ 47, 341, 346; Hüffer, AktG, § 101, Rz 17; Lutter in FS Beusch, S. 509, 523 f.

[532] Vgl. auch Kübler in FS Claussen, S. 239, 243: „Hier bestätigt sich die Erfahrung, daß die Rechtsfolge der rückwirkenden Unwirksamkeit im Gesellschaftsrecht vielfach zu mißlichen Ergebnissen führt und deshalb tunlich zu vermeiden ist."

eindeutig und unproblematisch festzustellen wäre. Ein unbestimmter Rechtsbegriff wie der des Konkurrenzunternehmens eignet sich nicht für eine Unvereinbarkeitsanordnung in Form der Verbotsregelung, wie sie für die Tatbestände der §§ 100 und 105 AktG gilt.

4) Änderungsvorschläge

Die Ausgestaltung von Änderungsvorschlägen der jetzigen Gesetzeslage muß sich an der beabsichtigten Zielrichtung der Maßnahme ausrichten[533]. Das heißt, die Vorschläge sind danach zu differenzieren, ob eine wettbewerbsrechtliche Steuerung erreicht oder eine organisationsrechtliche Frage des Gesellschaftsrechts geregelt werden soll[534].

Hinsichtlich der kartellrechtlichen Bedenken, die gegen personelle Verflechtungen über Aufsichtsräte bestehen, ist zu berücksichtigen, daß schon derzeit durch den Auffangtatbestand des § 23 II Nr.6 GWB eine Regelung vorhanden ist, die auch die Konstellation einer personellen Verflechtung über nur eine Person erfaßt[535].

Hinsichtlich der Notwendigkeit einer gesellschaftsrechtlichen Neuregelung wurde schon darauf hingewiesen, daß ein pauschaler organisationsrechtlicher Schutz einer ein Vorstandsmitglied einer anderen AG in den Aufsichtsrat aufnehmenden AG nicht überzeugt, da im Regelfall davon auszugehen ist, daß die angeblich zu schützende AG diese personelle Verflechtung bewußt und gewollt herbeigeführt hat. Das Problem der Willensbildung in der AG kann nicht dadurch gelöst werden, daß man grundsätzlich unterstellt, Aktionäre wollten keine Organmitglieder von Konkurrenzunternehmen bestellen. Denn durch ein generelles Verbot der personellen Verflechtung zwischen Konkurrenzunternehmen würden auch bewußte Kooperationsstrategien zwischen den verflochtenen Unternehmen verhindert, die sich zugunsten der Aktionäre auswirken können. Sinnvoller erscheint es, eine Gesellschaft in die Lage zu versetzen, auf negative Auswirkungen der Bestellung eines Organmitglieds eines Konkurrenzunternehmens in den eigenen Aufsichtsrat wirkungsvoll reagieren zu können. Denn die Befürworter eines Verbots von personellen Verflechtungen zwischen Konkurrenzunternehmen berichten von oder befürchten Situationen der Arbeitsunfähigkeit in Aufsichtsratsgremien als Folge derartiger Verflechtungen[536]. Daher

---

[533] Diese bleibt etwa beim SPD-Gesetzesentwurf unklar; kritisch deshalb auch Kübler in FS Claussen, S. 239, 241.

[534] Vgl. hierzu auch Wardenbach, Interessenkonflikte, S.38.

[535] Vgl. Kübler in FS Claussen, S. 239, 245; Quack in FS Ritter, S. 745, 751.

[536] Lutter in FS Beusch, S. 509, 510 (FN 4) stützt seine diesbezüglichen Befürchtungen auf einen Bericht von KREIFELS, der beobachtet hatte, daß in einem Aufsichtsrat, in dem ein Doppelmandatar von zwei Kaufhaus - Aktiengesellschaften saß, sich die Arbeit auf informelle

sollte das Antragsrecht nach § 103 III AktG zur Einleitung des Verfahrens auf gerichtliche Abberufung eines Aufsichtsratsmitglieds erweitert werden. Nicht nur dem Aufsichtsrat als Gremium, sondern jedem einzelnen Aufsichtsratsmitglied sollte ein entsprechendes Antragsrecht zustehen[537], denn dann könnte jedes einzelne Aufsichtsratsmitglied auf die befürchtete Situation der Arbeitsunfähigkeit des Aufsichtsratsgremiums reagieren. Gegen eine entsprechende Änderung des § 103 III AktG spricht auch nicht der Gedanke der Organisationsautonomie. Denn die Folge wäre nicht, daß eine Minderheit ein Aufsichtsratsmitglied „entfernen" könnte, das von der Mehrheit der Aktionäre[538] und den übrigen Aufsichtsratsmitgliedern unterstützt wird, sondern es geht lediglich darum, daß *Antragsrecht* nach § 103 III AktG zu erweitern. Die Entscheidung darüber, ob ein wichtiger Grund zur Abberufung vorliegt, trifft das entscheidende Gericht. Ob die Aktionärsmehrheit eine bestimmte Person im Aufsichtsrat „halten" will, kann aber dann keine Rolle mehr spielen, wenn bei der betreffenden Person ein Grund zur Abberufung vorliegt. Schließlich kann die Hauptversammlung auch keine Person wählen, wenn diese unter die gesetzlichen Inkompatibilitätsregeln fällt. Das Antragsrecht zu erweitern erscheint vor allen Dingen deshalb als sinnvoll, weil bei dem jetzigen Erfordernis einer vorherigen Beschlußfassung des Aufsichtsratsgremiums die Gefahr besteht, daß einige Mitglieder aus unsachlichen Erwägungen heraus ihre Abstimmungsentscheidung treffen oder aus Angst vor einer Abstimmungsniederlage entsprechende Anträge im Aufsichtsrat erst gar nicht gestellt werden. So ist es denkbar, daß Aufsichtsratsmitglieder aus falsch verstandener Solidarität gegen einen solchen Antrag stimmen und / oder weil sie nicht gegen ein Mitglied aus ihrer Gruppe stimmen wollen. Auf der anderen Seite besteht die Hoffnung, daß bei einer entsprechenden Änderung von § 103 III AktG wenigstens eines der Aufsichtsratsmitglieder genug Unabhängigkeit besitzt, um bei einer Störung der Arbeit des Aufsichtsratsgremiums als Folge des Mißtrauens gegen einen Repräsentanten eines Konkurrenzunternehmens, einen Antrag nach § 103 III AktG stellt oder im Vorfeld die betreffende Person auf diese Möglichkeit hinweist, um sie zum Rücktritt zu bewegen. Es spricht auch mehr dafür, das Antragsrecht des einzelnen Aufsichtsratsmitglieds zu stärken als das der Aktionäre, weil letzteren

---

Gruppen und Ausschüsse verlagerte, aus denen man diesen Mandatsträger ausschloß. Ähnlich sind auch die Befürchtungen von Herbert Henzler von Mc Kinsey: „Niemand wagt mehr, in ihrer Gegenwart frei zu sprechen."

537 So auch der Vorschlag von SEMLER geäußert im Rahmen des RWS-Forums „Gesellschaftsrecht 1995" wiedergegeben bei Göbel, DZWiR 96, 301, 304. Raiser in NJW 96, 2257, 2260 schlägt vor, dem einzelnen Aktionär oder einer Aktionärsminderheit das Recht zu gewähren das Abberufungsverfahren in Gang bringen zu können; zu diesem letzteren Vorschlag kritisch Kübler in FS Claussen, S. 239, 248 ff; vgl. auch Schneider, BB 95, 365, 370.

538 So die Argumentation von Kübler in FS Claussen, S. 239, 250 gegen eine Erweiterung des Antragsrechts der *Aktionäre*.

im Regelfall die Informationen darüber fehlen, wie sich das betreffende Aufsichtsratsmitglied nach seiner Wahl verhält und ob es Störungen in der Zusammenarbeit zwischen den Aufsichtsratsmitgliedern gibt. Es kann aber nicht erwünscht sein, daß einzelne Aktionäre „auf gut Glück“ Anträge nach § 103 III AktG stellen können, etwa weil gegen ihren Willen eine bestimmte Person in den Aufsichtsrat gewählt wurde.

Über die vom konkreten Verhalten eines Doppelmandatars unabhängige Problematik und Frage, ob man einen Repräsentanten eines Konkurrenzunternehmens im Aufsichtsrat haben will, entscheiden die Aktionäre mittels ihres Wahlrechts (wenn auch mit allen Unzulänglichkeiten des derzeitigen Willensbildungssystems in der AG). Daher ist es zu begrüßen, daß in den Wahlvorschlägen für die Aufsichtsratsmitglieder über die alte Regelung des § 124 III AktG hinaus seit der letzten Gesetzesänderung die Tätigkeit in anderen Aufsichtsräten oder Beiräten angegeben werden muß, § 125 I 3 AktG.

5) Besonderheiten für Konzernvertreter ?

Für den Konzernbereich ist die Zulässigkeit der Wahrnehmung eines Aufsichtsratsmandates bei der Tochtergesellschaft durch ein Vorstandsmitglied der Muttergesellschaft unbestritten, auch wenn die beiden Gesellschaften im selben Kerngeschäft tätig sind. Dem ist zuzustimmen, denn wenn man die Ausübung von Konzernleitungsmacht über Aufsichtsräte akzeptiert, sollte dies einheitlich für alle Tochtergesellschaften gelten. Für die in Konkurrenz zur Muttergesellschaft stehende Gesellschaft gelten die speziellen konzernrechtlichen Schutzmechanismen.

II) Stimmverbot im Aufsichtsrat als Folge der hauptberuflichen Vorstandsfunktion des Doppelmandatars

Ganz überwiegend wird in der Literatur davon ausgegangen, daß die hauptberufliche Vorstandsstellung eines Aufsichtsratsmitglieds in bestimmten Situationen zu einem Stimmverbot bei Beschlußfassungen im Aufsichtsrat führen kann. Als Grundlage für ein solches Stimmverbot wird meist zurückgegriffen auf § 34 BGB, teilweise aber auch auf §§ 181, 242 BGB oder, um sich nicht entscheiden zu müssen, auf eine Gesamtanalogie zu den mitgliedschaftlichen Stimmverboten des Gesellschaftsrechts, also den §§ 34 BGB, 47 IV GmbHG, 43 VI GenG, 136 AktG, 36 S.1 und 53 II VAG.

Eine ausdrückliche Regelung des Stimmrechts bzw. der Stimmverbote für Aufsichtsratsmitglieder findet sich im Aktiengesetz nicht. Die einzige Regel im Aktiengesetz, die einen Stimmrechtsausschluß anordnet, bezieht sich auf das Stimmrecht der Aktionäre in der Hauptversammlung, § 136 AktG. Deshalb sind in dem hier interessierenden Zusammenhang des durch die hauptberufliche

Vorstandsfunktion eines Aufsichtsratsmitglieds ausgelösten Stimmverbots zwei Fragen zu unterscheiden. Zum einen ist zu untersuchen, ob sich aus den genannten Normen generell Stimmverbote für Aufsichtsratsmitglieder ableiten lassen. Zum anderen gilt es dann festzustellen, welche personelle Reichweite diese Stimmverbote haben, das heißt, ob sie für die zum Ausschluß führende Konfliktsituation eine unmittelbare Betroffenheit des Aufsichtsratsmitglieds voraussetzen oder auch Anwendung finden, wenn „nur" die von dem Aufsichtsratsmitglied repräsentierte AG betroffen ist. Im letzteren Falle wäre dann die hauptberufliche Vorstandsstellung des Aufsichtsratsmitglieds der „Auslöser" des Stimmverbots.

1) § 34 BGB

a) Der sachliche Anwendungsbereich

Nach nahezu unbestrittener Auffassung ist § 34 BGB analog auf den Aufsichtsrat anzuwenden. Das heißt, ein Aufsichtsratsmitglied ist nicht stimmberechtigt, wenn die Beschlußfassung die Vornahme eines Rechtsgeschäfts mit ihm oder die Einleitung oder Erledigung eines Rechtsstreits zwischen ihm und der AG betrifft[539].

Gegen die Analogie zu § 34 BGB wird angeführt, daß die Anerkennung von Stimmverboten für Aufsichtsratsmitglieder zur Beschlußunfähigkeit des Aufsichtsrats führen könne und beim gesetzlichen Regelaufsichtsrat nach § 95 I 1 AktG mit nur drei Mitgliedern sogar führen müsse[540]. Überzeugen kann diese Begründung nicht, weil in einem solchen Fall das betroffene Aufsichtsratsmitglied in Form der Stimmenthaltung an der Beschlußfassung mitwirken könnte, um die Beschlußfähigkeit zu gewährleisten[541]. Der Annahme, daß zu dieser Art der Mitwirkung niemand verpflichtet werden könne[542], ist zu widersprechen, da in Konstellationen, in denen die Nichtteilnahme an der Beschlußfassung zur Beschlußunfähigkeit führte, sich eine Pflicht zur Mitwirkung in Form der

---

539 Hüffer, AktG, § 108, Rz 9; KK-Mertens, AktG, § 108, Rz 49; Giesen, Interessenkonflikt, S. 116 (und für Konzernvertreter S. 122); Mestmäcker, Konzerngewalt, S. 250 f; Dreher, JZ 90, 896, 900; Lutter, ZHR 145 (1981), 224, 247; Ulmer, NJW 80, 1603, 1605 (FN 25); Fischer, Interessenkollision, S. 333; aA Behr, AG 84, 281, 284 ff, der Stimmverbote für Aufsichtsratsmitglieder grundsätzlich verneint; einschränkend zur Analogie zu § 34 BGB Matthießen, Stimmrecht, S. 307 ff, 334 f, der ein generelles Stimmverbot für Rechtsgeschäfte des Aufsichtsratsmitglied mit der AG ablehnt und dieses beschränkt wissen will auf die Beschlußfassung über berechtigte nachteilige Maßnahmen der AG gegen des Aufsichtsratsmitglied.

540 Behr, AG 84, 281, 285.

541 Darauf weist Behr auch selbst hin in AG 84, 281, 285.

542 So Behr, AG 84, 281, 285.

Stimmenthaltung aus der Treuepflicht ableiten läßt. Auch der Hinweis, daß aufgrund der gesetzlichen Mitgliederzahl immer die Möglichkeit bestünde, daß das betreffende Aufsichtsratsmitglied überstimmt wird[543], ist irrelevant, weil dies auf alle Fälle der verbandsrechtlichen Stimmverbote zutrifft und daher nicht gegen eine Analogie zu § 34 BGB spricht. Auch die Schlußfolgerung, daß, weil das Gesetz eine materielle Konfliktlösung durch die vorrangige Verpflichtung auf das Unternehmensinteresse vorsehe, eine formale Konfliktlösung durch Stimmverbote dem gesetzlichen Grundkonzept des Aktiengesetzes widerspreche[544], ist nicht zwingend. Denn die Verpflichtung auf das Unternehmensinteresse schließt die Verfolgung von Eigeninteressen (auch für die AG des Hauptamtes) nicht notwendig aus; diese Interessen sind keineswegs „neutralisiert“[545] und zwar weder rechtlich noch tatsächlich. Deshalb ist es durchaus denkbar, daß das Gesetz neben einem materiellen Konfliktlösungsmechanismus für die Fälle eines besonders intensiven Eigeninteresses des abstimmenden Aufsichtsratsmitglieds zusätzlich eine formale Konfliktlösung in Form eines Stimmverbots vorsieht.

Verhindert werden soll durch § 34 BGB - wie auch durch andere Stimmverbote - eine Abstimmung des Betroffenen, die als Folge der eigenen Befangenheit auf unsachlichen Kriterien beruht. Denn bei einer solchen bestünde die Gefahr, daß das (untersagte) Abstimmungsverhalten aufgrund der unsachlichen Entscheidungsfindung gegen die Verbandsinteressen gerichtet sein könnte. Allerdings muß dies nicht automatisch die Folge sein, weil das Eigeninteresse durchaus dem Verbandsinteresse entsprechen kann und bei dessen Konkretisierung dem Handelnden ein weiter Ermessensspielraum zusteht. Es ist daher zu eng, den Zweck von Stimmverboten darauf zu begrenzen, daß die Abstimmungen nicht das Unternehmensinteresse (bzw. bei Aktionären die Treuepflicht) verletzen sollen. Aufgrund des weiten Handlungsspielraums von Aufsichtsratsmitgliedern bei der Konkretisierung des Unternehmensinteresses bildet die Bindung an das Unternehmensinteresses keinen ausreichenden Schutz für die von der Abstimmung betroffene AG. Daher umfaßt der sachliche Anwendungsbereich von § 34 BGB auch Abstimmungen in Aufsichtsräten.

Eine Beschränkung der anlogen Anwendung des Stimmverbots nach § 34 BGB auf die Beschlußfassung über berechtigte nachteilige Maßnahmen der AG gegen des betreffende Aufsichtsratsmitglied[546] läßt sich nicht begründen. Auch das in § 34 BGB vorgesehene Stimmverbot für die Beschlußfassung über die Vornahme von Rechtsgeschäften mit dem vom Stimmrecht Ausgeschlossenen,

---

[543] Behr, AG 84, 281, 286.

[544] Behr, AG 84, 281, 285.

[545] So aber Behr, AG 84, 281, 283.

[546] So Matthießen, Stimmrecht, S. 307 ff, 334.

ist analog auf Aufsichtsratsmitglieder anzuwenden. Zwar ist es zutreffend, daß der Aufsichtsrat selbst keine Geschäftsführungstätigkeit wahrnimmt und auch bei Zustimmungsvorbehalten der Vorstand nach erteilter Zustimmung des Aufsichtsrats nicht verpflichtet ist, die Maßnahme durchzuführen. Doch folgt aus der geringen „Eingriffsintensität" einer Beschlußfassung nicht notwendig der Ausschluß von Stimmverboten[547]. Auch die Argumentation, daß der Rechtsgedanke des Insichgeschäfts, der dem Stimmverbot inne wohne, hier nicht durchgreife, weil die Ausgestaltung der Zustimmungsvorbehalte als Vetorechte des Aufsichtsrats nur die Verhinderung und nicht die Vornahme eines Rechtsgeschäfts ermögliche[548] und dann von diesem Umstand auf die Nichtanwendung des Stimmverbots geschlossen wird, ist nicht überzeugend. Denn auch die Nichtverhinderung eines für die AG ungünstigen Rechtsgeschäfts mit dem eigene Interessen verfolgenden Aufsichtsratsmitglied benachteiligt die AG[549] ebenso wie die mögliche Verhinderung eines für die AG günstigen Rechtsgeschäfts durch ein solches Aufsichtsratsmitglied. An dieser Gefahr für die AG ändert sich auch nichts dadurch, daß der Vorstand für die Vorbereitung und Durchführung des Rechtsgeschäfts auch dann zuständig bleibt, wenn der Aufsichtsrat seine Zustimmung zu diesem erteilt hat[550]. Denn die überwiegende Verantwortung eines anderen Organs, hier der Vorstand, beseitigt nicht die Notwendigkeit, die Kontrollfähigkeit des Aufsichtsrats so weit wie möglich sicherzustellen. Ebensowenig kann gegen die Gefahr einer Verhinderung eines für die AG günstigen Rechtsgeschäfts durch unsachgemäße Abstimmung eingewandt werden, daß es dann ja gerade an einem Rechtsgeschäft fehle, das den Vertretenen (hier die AG) benachteiligen könne[551]. Dieses formale Argument läßt unberücksichtigt, daß die Stimmverbote zwar den Gedanken des Verbots des Insichgeschäfts umsetzen, aber auch über ihn hinausgehen, denn anderenfalls dürften Stimmverbote sich konsequenter Weise nur auf ein positives Votum beziehen; eine negative Stimmabgabe müßte dieser Argumentation zufolge immer zulässig sein. Tatsächlich verbieten Stimmverbote aber jede Form der Teilnahme an einer Abstimmung, wenn zu befürchten ist, daß das Abstimmungsverhalten des betreffenden Organmitglieds zu stark von eigenen (durch das gesetzliche Stimmverbot definierten) Interessen geprägt sein wird.

Somit ergibt sich aus der analogen Anwendung von § 34 BGB ein Stimmverbot für Aufsichtsratsmitglieder bei Abstimmungen des Aufsichtsrats über eigene

---

[547] So aber im Ergebnis Matthießen, Stimmrecht, S. 308 ff.

[548] Matthießen, Stimmrecht, S. 309.

[549] Dies sieht auch Matthießen, Stimmrecht, S. 317 f, doch behauptet er, daß diese Gefahr nicht über Stimmverbote steuerbar sei.

[550] So aber die Schlußfolgerung von Matthießen, Stimmrecht, S. 310 f.

[551] So aber Matthießen, Stimmverbote, S. 309.

Rechtsgeschäfte mit der AG und ebenso für Abstimmungen über die Einleitung oder Erledigung eines Rechtsstreits des betreffenden Aufsichtsratsmitglieds mit der AG.

b) Die personale Reichweite von § 34 BGB

Überwiegend wird in der Literatur die Auffassung vertreten, daß sich die personale Reichweite dieses Stimmverbots auch auf Organmitglieder erstreckt, also auch Anwendung findet, wenn das Rechtsgeschäft bzw. der Rechtsstreit nicht mit dem betreffenden Aufsichtsratsmitglied selbst, sondern mit der durch ihn repräsentierten AG geschlossen bzw. geführt werden soll[552].

Für diese Ansicht spricht die Regelung des § 115 III AktG[553], in der die gesetzliche Wertung zum Ausdruck kommt, daß die Mißbrauchsgefahr der Benutzung des Einflusses als Aufsichtsratsmitglied bei Gewährung eines Kredits der AG an es selbst gleichwertig ist mit der Gefahr bei Kreditgewährung an die durch das Aufsichtsratsmitglied repräsentierten AG. Das Gesetz sieht also (für diese Konstellation) die Gefahr der Verfolgung eigener Interessen durch ein Aufsichtsratsmitglied als gleichwertig an zu der Gefahr der Interessenverfolgung zugunsten der AG des Vorstandsamtes des Aufsichtsratsmitglieds.

Für eine weite Festlegung des personalen Anwendungsbereichs von § 34 BGB spricht neben der gesetzlichen Wertung des § 115 III AktG, daß nicht die gesetzestechnische Ausgestaltung von § 100 I AktG, die juristische Personen als solche von der Übernahme eines Aufsichtsratsmandats ausschließt, den Ausschlag dafür geben kann, ob ein Aufsichtsratsmitglied, das gleichzeitig Vorstandsmitglied einer anderen AG ist, einem Stimmverbot unterliegt oder nicht. Anderenfalls wirkte sich die Regelung des § 100 I AktG zugunsten der durch ihr Vorstandsmitglied im Aufsichtsrat eines anderen Unternehmen repräsentierten AG aus und dies, obwohl gerade mit dieser Bestimmung eine gewisse Unabhängigkeit des Aufsichtsratsgremiums von der Einflußnahme durch andere juristische Personen erreicht werden sollte. Diese (ohnehin in ihrer Wirkung begrenzte) Unabhängigkeit kann in den durch § 34 BGB beschriebenen Konfliktsituationen

---

552 Giesen, Interessenkonflikt, S. 116, 122; Mestmäcker, Konzerngewalt, S. 250 f; Dreher, JZ 90, 896, 902; Fischer, Interessenkollisionen, S. 333; Lutter, ZHR 145 (1981), 224, 247; Ulmer, NJW 80, 1603, 1605 (FN 25); im Rahmen des von ihm angenommenen eingeschränkten sachlichen Anwendungsbereichs von § 34 BGB auch Matthießen, Stimmrecht, S. 335 ff, 340; aA: KK-Mertens, AktG, § 108, Rz 51 (unter gleichzeitiger Annahme einer Neutralitätspflicht; anders noch die Vorauflage unter § 108, Rz 45); Geßler in Geßler/Hefermehl, AktG, § 108, Rz 29; Rospatt, Bank-Archiv 29, 29.

553 Vgl. zu dieser ausführlich Matthießen, Stimmrecht, S. 338 ff.

aber nur mit einer weiten Auslegung des personalen Anwendungsbereichs dieser Norm erreicht werden.

Teilweise wird in der Literatur jedoch - den personalen Anwendungsbereich einschränkend - danach differenziert, ob dem betreffenden Aufsichtsratsmitglied bei der konkreten Entscheidung ein enger oder ein weiter Ermessensspielraum zusteht. Ein weiter personaler Anwendungsbereich des Stimmverbots soll nur dann gerechtfertigt sein, wenn das Aufsichtsratsmitglied bei der konkreten Entscheidung einen verengten Ermessensspielraum hat, weil dann die Gefahr des Überschreitens des noch vertretbaren Ermessens besonders hoch sei[554]. Überzeugen kann diese Differenzierung - abgesehen von ihrer schweren Bestimmbarkeit - nicht. Denn die Frage, ob ein Stimmverbot nur bei engem oder auch bei weitem Ermessensspielraum des Aufsichtsratsmitglieds eingreifen soll, ist eine Frage der sachlichen und nicht der personalen Reichweite des Stimmverbots. Eine Differenzierung hinsichtlich des sachlichen Anwendungsbereichs in der eben beschriebenen Weise findet sich in § 34 BGB aber nicht.

Somit führt die hauptberufliche Vorstandsstellung eines Aufsichtsratsmitglieds in den Fällen des § 34 BGB, also der Abstimmung über ein Rechtsgeschäft oder die Einleitung bzw. Erledigung eines Rechtsstreits mit der AG des Vorstandsamtes, zu einem Stimmverbot.

Für eine entsprechende ausdrückliche gesetzliche Regelung im Aktiengesetz hat sich *Rainer Brüderle* (FDP) eingesetzt. Allerdings beschränkt sich sein Vorschlag auf den Fall der Aufnahme eines Kredits, bei dem Bankenvertreter von Kreditinstituten, die als Kreditgeber in Betracht kommen, im Aufsichtsrat nicht abstimmungsberechtigt sein sollen[555]. Aus den genannten Gründen müßte eine ausdrückliche gesetzliche Regelung, die begrüßenswert wäre, aber weiter gefaßt werden und nicht auf Kreditinstitute beschränkt bleiben.

2) § 181 BGB

Teilweise wird versucht, aus einer Analogie zu § 181 BGB Stimmverbote für Aufsichtsräte abzuleiten[556]. Dagegen spricht aber, daß § 34 BGB den Gedanken des Verbots des Insichgeschäfts für den verbandsrechtlichen Bereich schon umgesetzt hat. Somit ist für den Aufsichtsrat einer AG die Ableitung von Stimmverboten aus § 34 BGB im Verhältnis zu § 181 BGB vorrangig.

---

[554] So Matthießen, Stimmrecht, S. 342 f.

[555] HB v. 12.11.96, Nr.219/S.5.

[556] Vgl. zu diesem Ansatz Matthießen, Stimmrecht, S. 12 f, 318 ff und S. 15 (FN 89) für weitere Nachweise.

3) § 242 BGB

Unter Rückgriff auf § 242 BGB wird teilweise versucht, den begrenzten sachlichen Anwendungsbereich des § 34 BGB auf alle Fälle eines „echten" Interessenkonflikts in der Person eines Aufsichtsratsmitglieds zu erweitern[557].

Offen bleibt bei solchen Stellungnahmen aber immer, was die Kriterien für einen „echten" oder „schwerwiegenden" Interessenkonflikt sein sollen, weswegen schon der Aspekt der Rechtssicherheit und Berechenbarkeit gegen solche Formeln spricht; auch lassen sich dem Gesetz keine Hinweise für die Annahme einer derartigen Generalklausel entnehmen. Eine Ausweitung der Stimmverbote hin zu einer nicht normierten Generalklausel wird daher zu Recht überwiegend abgelehnt[558].

4) Anwesenheitsverbot

Ob das Vorliegen eines Stimmverbots auch zu einem Anwesenheitsverbot für das von ihm betroffene Aufsichtsratsmitglied führt, ist umstritten[559]. Falls dieses der Fall sein sollte, könnte die hauptberufliche Vorstandsstellung eines Aufsichtsratsmitglieds zu einem Teilnahmeverbot führen.

Im Gegensatz zu vergleichbaren Normen des öffentlichen Rechts (vgl. nur § 25 I, IV HGO) gibt es im Privatrecht typischer Weise keine Koppelung des mitgliedschaftlichen Stimmrechtsausschlusses an Teilnahmeverbote (vgl. § 34 BGB; § 47 IV GmbHG; § 136 AktG). (Kein zusätzliches Argument gegen Teilnahmeverbote stellt allerdings der Hinweis auf das grundsätzlich unentziehbare Teilnahmerecht der Aufsichtsratsmitglieder[560] dar, weil es gerade fraglich ist, ob ein Teilnahmerecht besteht). Auch eine Beschränkung auf die alleinige Gewährung eines Anhörungsrechts läßt sich der jetzigen Gesetzeslage nicht entnehmen[561].

---

[557] Redding, NJW 56, 48, 50; siehe für weitere Nachweise auch Matthießen, Stimmrecht, S. 15 (FN 76).

[558] KK-Mertens, AktG, § 108; Matthießen, Stimmrecht, S. 14 f.

[559] Bejahend Geßler in Geßler/Hefermehl, AktG, § 109, Rz 9 (für den Bereich der §§ 114 und 115 AktG) und (wenn auch vorsichtig formuliert) Lutter, ZHR 145 (1981), 224, 247; ablehnend dagegen Dreher, JZ 90, 896, 901 und unter ausführlicher Begründung Matthießen, Stimmrecht, S. 348 ff.

[560] Vgl. Matthießen, Stimmrecht, S. 349.

[561] Eine derartige Regelung sieht aber Art. 10 II S.2 der EG-Strukturrichtlinie vor: "Es hat das Recht gehört zu werden; es darf jedoch an der Beratung und Beschlußfassung ...des Aufsichtsorgans nicht teilnehmen."

Ein Teilnahmeverbot - auch in eingeschränkter Form - abgeleitet aus einem Stimmverbot und damit unter Umständen mittelbar aus der hauptberuflichen Vorstandsstellung eines Aufsichtsratsmitglieds läßt sich somit nicht begründen.

5) Stimmenthaltungsrecht

Für bestimmte Konfliktsituationen, die zwar nicht zu einem Stimmverbot führen, wird in der Literatur dem Aufsichtsratsmitglied dennoch ein Recht zur Stimmenthaltung zugestanden[562]. Danach könnte die hauptberufliche Vorstandsfunktion eines Aufsichtsratsmitglieds zu einem Stimmenthaltungsrecht zu seinen Gunsten führen.

Gegen eine solche Annahme spricht nicht nur die Schwierigkeit der Bestimmbarkeit „echter" anzuerkennender Konfliktsituationen, sondern vor allem die Verpflichtung der Aufsichtsratsmitglieder, sich an den Abstimmungen im Aufsichtsrat zu beteiligen. Zwar bleibt es ihnen grundsätzlich unbenommen, an der Beschlußfassung in Form der Stimmenthaltung mitzuwirken, doch führt ein solches Verhalten nicht automatisch zu einer „Verantwortungsfreistellung". Das heißt, es stellt sich - wie bei jedem anderen Abstimmungsverhalten auch - die Frage, ob sich dieses Verhalten noch im Rahmen des Ermessensspielraums des Aufsichtsratsmitglieds gehalten hat. Daraus folgt, daß wenn der seltene Fall einer Ermessensreduzierung auf Null gegeben sein sollte, die ein bestimmtes Abstimmungsverhalten verlangt, eine Stimmenthaltung das betreffende Aufsichtsratsmitglied nicht entlastet.

Ein Stimmenthaltungsrecht in dem Sinne, daß in bestimmten Konfliktsituationen, die durch die hauptberufliche Vorstandsstellung des Aufsichtsratsmitglied ausgelöst werden, das Aufsichtsratsmitglied durch Stimmenthaltung in jedem Falle seiner Verantwortung gerecht würde, besteht daher nicht.

III) Besteht eine Pflicht zur Berücksichtigung von Wissen aus der Vorstandstätigkeit bei der Wahrnehmung des Aufsichtsratsmandats ?

Häufig wird von Bankenseite und in der Literatur darauf hingewiesen, daß Vorstandsmitglieder und insbesondere Bankenvorstandsmitglieder gerade aufgrund ihrer Beziehungen, Kenntnisse und Informationen aus ihrer hauptberuflichen Tätigkeit als Aufsichtsratsmitglieder begehrt und erwünscht sind[563].

Es fragt sich jedoch, inwieweit solche Informationen im Rahmen des Aufsichtsratsamtes überhaupt verwendet werden dürfen (im Verhältnis zur AG des Vor-

---

[562] Häuser, Interessenkollisionen, S. 94, 157; Fleck in FS Heinsius, S. 89, 96; Werner, ZHR 145 (1981), 252, 268; aA Ulmer, NJW 80, 1603, 1605.

[563] Vgl. nur Scheffler, DB 2000, 433.

standsamtes) beziehungsweise müssen (im Verhältnis zur AG des Aufsichtsratsamtes).

Von dieser Problematik zu unterscheiden ist die Frage, ob die durch die hauptberufliche Tätigkeit erlangten (oder zu erwartenden) besonderen Fähigkeiten des Aufsichtsratsmitglieds im Rahmen der Festlegung des Pflichten- und Verschuldensmaßstabes im Haftungsfalle zu berücksichtigen sind. Ihre Berücksichtigung ist zu Recht weitgehend unumstritten[564]. Gemeint ist damit nicht, daß die individuellen Fähigkeiten (oder ein Mangel an solchen) eines Aufsichtsratsmitglieds den Verantwortungsmaßstab des § 116 AktG und den Verschuldensmaßstab des § 276 BGB beeinflussen kann. Vielmehr muß bei deren Anwendung geprüft werden, ob zusätzlich zu der Sorgfalt und Sachkenntnis, die man von jedem Aufsichtsratsmitglied verlangen kann, auch den besonderen Anforderungen, die man an ein Mitglied der Berufsgruppe des Aufsichtsratsmitglieds stellen kann, bei der zu beurteilenden Handlung von diesem entsprochen worden ist. Denn generell gilt als Beurteilungsmaßstab für die Prüfung eines Fahrlässigkeitsvorwurfs, ob der Schädiger die Sorgfalt außer acht gelassen hat, die ein Angehöriger seiner sozialen Bezugsgruppe typischerweise anwendet oder angewendet hätte[565]. Die hauptberufliche Vorstandsstellung eines Aufsichtsratsmitglieds (etwa als Vorstand einer Bank) kann daher zu erhöhten Anforderungen an eine ordnungsgemäße Wahrnehmung der Überwachungstätigkeit durch dieses führen.

Im Rahmen des Problems um die Zulässigkeit der Weitergabe von Informationen muß unterschieden werden nach der Art der Information, ihrer Erlangung und nach der Art ihrer Verwendung (Mitteilung oder bloße Verwertung).

1) Insider-Informationen

Erlangt ein Vorstandsmitglied durch seine Tätigkeit eine Insiderinformation, so darf es diese nach § 14 I Nr.2 WpHG einem anderen (und damit auch der AG seines Aufsichtsratsamtes) nicht unbefugt mitteilen.

Die Frage, wann ein Vorstandsmitglied als Primärinsider[566] Insidertatsachen von „innen nach außen“[567] (hier interessiert eine mögliche Weitergabe an das

---

[564] Siehe LG Hamburg, AG 82, 51 ff und eingehend Schwark in FS Werner, S. 841 ff; vgl. auch (mit Einschränkungen) Hüffer, AktG, § 93, Rz 3.

[565] MünchKomm/Hanau, § 276, Rz 84; Schwark in FS Werner, S. 841, 848.

[566] Vorstandsmitglieder sind je nachdem, ob sich die erlangte Insiderinformation auf die „eigene“ oder fremde Gesellschaften bezieht, entweder Primärinsider nach § 13 I Nr.1 oder Nr.3; vgl. zu dieser Abgrenzung Assmann, WM 96, 1337, 1343.

[567] Auch der von der deutschen Börse AG herausgegebene Leitfaden zur Behandlung kursbeeinflussender Tatsachen gemäß §§ 12 ff WpHG unterscheidet zwischen der Weitergabe von

Aufsichtsratsgremium) weitergeben darf, wird im Bankenbereich vor allem anhand der Frage diskutiert, inwieweit Bankkunden über Insidertatsachen informiert werden dürfen[568]. Für diesen Bereich wird davon ausgegangen, daß sich das Regelungsanliegen des Insiderrechts beschränkend auf die Ansprüche der Bankkunden gegenüber den Kreditinstituten auswirkt[569]. Das heißt, diese haben keinen Anspruch auf die Mitteilung von Insidertatsachen, vielmehr wäre eine solche unbefugt im Sinne von § 14 I Nr.2 WpHG.

Weil das Insiderhandelsverbot bezweckt, Sondervorteile für einzelne Anleger durch die Verwertung von Insiderwissen zu verhindern, ist es in der Tat nicht denkbar, daß ein vertraglicher oder gesetzlicher Anspruch auf die Mitteilung von Insiderinformationen besteht. Anderenfalls bestünde die Gefahr, daß Sondervorteile aus der Information gezogen werden könnten. Auf die hier interessierende Problemkonstellation übertragen bedeutet dies: Das einzelne Aufsichtsratsmitglied ist gegenüber der AG seines Aufsichtsratsamtes und dem Aufsichtsratsgremium nicht verpflichtet, ihm bekannte und relevante Insidertatsachen mitzuteilen, da es nach § 14 I Nr. 2 WpHG hierzu nicht berechtigt ist. Dies gilt aus demselben Grunde auch dann, wenn der Aufsichtsrat als Gremium Beratungsaufgaben zu erfüllen hat.

Andererseits wird für den Bereich der Anlageberatung davon ausgegangen, daß der die Anlageberatung der Bank durchführende Insider keinen Anlagerat geben darf, der zwar ohne Kenntnis der Insiderinformation zutreffend, im Lichte derselben aber unzutreffend wäre[570]. Diese Annahme steht nicht im Widerspruch zu § 14 WpHG, weil dieser nur die Weitergabe der Insiderinformation und die Verwertung in Form des Erwerbs von Insiderpapieren verbietet, nicht aber das Verkaufen oder Unterlassen eines Kaufes. Auch hier gilt daher für den Aufsichtsrat paralleles wie für die Anlageberatung: Das Aufsichtsratsmitglied darf durch sein Verhalten keinen falschen Eindruck erwecken[571]. Das hat beispielsweise zur Folge, daß bei einer Abstimmung im Aufsichtsrat, bei der die Insidertatsache für die Abstimmung relevant ist, das „wissende“ Aufsichtsratsmitglied diese im Rahmen des Entscheidungsprozesses für das eigene Abstimmungsverhalten berücksichtigen muß.

Insidertatsachen nach außen und innerbetrieblichen Abläufen; siehe hierzu Götz, DB 95, 1949. Ebenso Kümpel, Kapitalmarktrecht, 14.195.

[568] Vgl. Assmann, WM 96, 1337, 1351 ff und ders. AG 97, 50, 57 f.

[569] So Assmann, WM 96, 1337, 1352; im Ergebnis ebenso Tippach, Insiderhandelsverbot, S. 193.

[570] Assmann, WM 96, 1337, 1353 und ders. AG 97, 50, 58.

[571] Ebenso Fischer, Interessenkollisionen, S. 323, 333.

2) Corporate opportunities

Da sich die Verschwiegenheitspflichten von Vorstands- und Aufsichtsratsmitgliedern entsprechen, gelten für die Frage, ob ein Doppelmandatar die Kenntnis von corporate opportunities aus seiner Vorstands- für seine Aufsichtsratstätigkeit verwenden darf, dieselben Regeln wie für den umgekehrten Fall, also die Frage, ob ein Doppelmandatsträger die Kenntnis von Geschäftschancen aus seiner Aufsichtsrats- für seine Vorstandstätigkeit verwenden darf (siehe hierzu schon oben unter D X 2).

Dies bedeutet: Erlangt ein Vorstandsmitglied durch seine Vorstandstätigkeit Informationen über eine Geschäftschance, die auch für das Unternehmen seines Aufsichtsratsamtes eine solche darstellt (z.B. über die Erwerbsmöglichkeit eines Grundstücks), so ist es „seiner“ AG gegenüber nicht berechtigt und damit der AG seines Aufsichtsratsamtes gegenüber nicht verpflichtet, diese Information weiterzugeben[572]. Dies ergibt sich aus der der AG des Vorstandsamtes geschuldeten Verschwiegenheitspflicht und aus dem Gedanken, daß wenn nach den Grundsätzen der Lehre zu den corporate opportunities die Eigenwahrnehmung der Geschäftschance unzulässig ist, auch die Ermöglichung der Wahrnehmung durch Dritte (AG des Aufsichtsratsamtes) unzulässig sein muß. Der Doppelmandatar ist gegenüber der AG seines Vorstandsamtes erst dann berechtigt, die Information weiterzuleiten, wenn diese die Geschäftschance „freigegeben“[573] hat und deshalb kein Geheimhaltungsinteresse mehr an ihr besteht. Auch wenn der Doppelfunktionsträger berechtigt ist, die Geschäftschance weiterzugeben, ist er in der Regel allerdings aufgrund der eingeschränkten aktiven Förderpflicht gegenüber der AG seines Aufsichtsratsamtes dieser gegenüber hierzu nicht verpflichtet. Noch schwieriger ist es daher, im Einzelfall eine Haftung aus dem Gesichtspunkt des „Wissen müssens“ zu begründen.

3) Sonstige Informationen

Generell sind Aufsichtsratsmitglieder nicht verpflichtet, Verschwiegenheitspflichten aus der hauptberuflichen Tätigkeit zugunsten der AG des Aufsichtsratsamtes zu verletzen[574]. Insofern greift der von der Rechtsprechung aufgestellte Grundsatz, daß bei Doppelmandataren die Pflichterfüllung gegenüber der einen Gesellschaft nicht eine Pflichtverletzung gegenüber der anderen rechtfertigt[575]. Genauer ausgedrückt verhält es sich so, daß generell Verschwiegenheits-

---

[572] Weisser, Corporate Opportunities, S. 188; vgl. hierzu auch Lutter, ZHR 145 (1981), 224, 234 mit einem Beispiel.

[573] Zu den Voraussetzungen einer Freigabe siehe KK-Mertens, AktG, § 93, Rz 67.

[574] Vgl. nur Fischer, Interessenkollisionen, S. 323, 332 f.

[575] BGH NJW 80, 1629; vgl. hierzu auch Fischer, Interessenkollisionen, S. 323, 332.

pflichten, die Dritten gegenüber bestehen (hier der AG des Vorstandsamtes), anderen gegenüber (hier der AG des Aufsichtsratsamtes) bestehende Beratungs- und Mitteilungspflichten einschränken. Dies bedeutet: Die Mitteilung einer Information, zu deren Geheimhaltung das Doppelorgan gegenüber der AG seines Vorstandsamtes verpflichtet ist, gehört nie zur Erfüllung seiner Pflichten der AG des Aufsichtsratsamtes gegenüber, weswegen schon aus diesem Grunde eine Pflichtverletzung durch Informationsweitergabe gegenüber der AG des Hauptamtes nicht gerechtfertigt sein kann. Das hat zur Folge, daß ein Doppelmandatar weder im Rahmen seiner Aufsichtsratstätigkeit berechtigt bzw. verpflichtet ist, Geheimnisse aus seiner Vorstandstätigkeit zu offenbaren, noch umgekehrt im Rahmen seiner Vorstandstätigkeit berechtigt bzw. verpflichtet ist, Geheimnisse aus seiner Aufsichtsratstätigkeit mitzuteilen.

Allerdings können diese Grundsätze dann nicht gelten, wenn es um Informationen über die durch den Doppelmandatar personell verbundenen Unternehmen geht. Wenn also ein Vorstandsmitglied durch seine Amtsausübung Informationen über die AG erhält, bei der es im Aufsichtsrat sitzt, so muß es diese Kenntnisse für die Aufsichtsratstätigkeit nutzen und kann sich nicht auf die Verschwiegenheitspflicht berufen.

Sollte also im anfangs geschilderten Fall des Fast - Zusammenbruchs der Metallgesellschaft der Doppelmandatar *R. Schmitz* über Mitarbeiter der Deutschen Bank von den riskanten Ölgeschäften der MG Corp. Kenntnis gehabt haben, würde ihn der durch den Vorstand der MG vermittelte geringere Informationsstand nicht entlasten. Gleiches gilt bei einem „Kennen müssen" der Geschäfte. Die Feststellung der Verfasser des Sondergutachtens über die Geschäfte der MG Corp., daß es *Schmitz* nach dem vom Vorstand vermittelten Informationsstand nicht möglich gewesen wäre, das Ausmaß des Schadens zu verringern und ihm deshalb nichts vorzuwerfen sei[576], ist daher wenig aussagekräftig. Entscheidend ist allein, ob *Schmitz* nach seinem tatsächlichen Wissensstand oder nach einem, den man aufgrund seiner Vorstandstätigkeit bei der Deutschen Bank verlangen kann (Berücksichtigung der Informationsmöglichkeiten und der Berufserwartungen an einen Bankenvertreter), das Ausmaß des Schadens hätte verringern können, was hier mangels genauerer Informationen unbeantwortet bleiben muß.

Zu einer erstinstanzlichen Verurteilung eines Aufsichtsratsmitglied zur Zahlung von Schadensersatz infolge einer nicht pflichtgemäßen Reaktion auf Kenntnisse über die AG des Aufsichtsratsamtes, die das Aufsichtsratsmitglied von Mitarbeitern der AG seines Vorstandsamtes erhielt, kam es im Fall der Balsam AG[577].

---

[576] Vgl. FN 22.

[577] LG Bielefeld, ZIP 2000, 20 = BB 99, 2630.

Das Gericht sah eine Pflichtverletzung darin, daß der betreffende Doppelmandatar trotz Kenntnis von Umständen, die den Verdacht existenzgefährdender Geschäftspraktiken des Vorstands begründeten, die anderen Aufsichtsratsmitglieder hierüber nicht unterrichtete und auch nicht in anderer Weise zeitnah reagierte[578]. Kenntnis von den Verdachtsmomenten hatte der Doppelmandatar, weil Mitarbeiter der Bank seines Vorstandsamtes entsprechende Vermerke angefertigt hatten, die unverzüglich an ihn weitergeleitet wurden.

Ähnliches gilt für den Fall der Bremer Vulkan Verbund AG. Weil die Commerzbank die Konten für die Durchführung des zentralen Finanzmanagements des Bremer Vulkans zur Verfügung stellte, ist zu vermuten, daß deren Vorstandsmitglieder, die im Aufsichtsrat des Bremer Vulkan saßen, Kenntnis von der Verwendung der zweckgebundenen Mittel der ostdeutschen Betriebe hatten oder zumindest hätten haben können. Gerade aufgrund ihrer Doppelorganschaft hätten sie die Vorgänge durchschauen müssen und in ihrer Funktion als Aufsichtsratsmitglieder hätten sie versuchen müssen, die zweckwidrige Verwendung der Beihilfen durch den Vorstand zu verhindern, auch wenn sich dies unter Umständen negativ für die Commerzbank ausgewirkt hätte.

Gleiches gilt auch für den schon älteren Vorgang bei der Württembergischen Textil AG[579]. Diese AG hatte hohe Gewinne aus Auslandsaufträgen in Höhe von nahezu der Hälfte des Aktienkapitals mehrere Jahre bei ihren beiden Hausbanken als täglich fällige Gelder mit 1 % angelegt, obwohl diese Beträge in jenem Zeitraum weder für den laufenden Betrieb noch für Investitionsvorhaben benötigt wurden. Die Leiter dieser Hausbanken waren zugleich Mitglieder des Aufsichtsrats der AG. Sie hätten daher ihr Wissen aus ihrer hauptberuflichen Tätigkeit um den nicht sinnvollen Umgang des Vorstandes der Württembergischen Textil AG mit den Gewinnen nutzen und in Ausfüllung ihrer Überwachungsaufgabe auf eine angemessene Verwendung des Geldes hinwirken müssen, auch wenn sich dies zuungunsten „ihrer“ jeweiligen Bank ausgewirkt hätte.

Falls eine Mitteilungspflicht dagegen nicht besteht, stellt sich die Frage, welche Verhaltenspflichten den Doppelmandatar „unterhalb“ der dann nicht zulässigen Offenbarung der Information treffen. Auch hier gilt: Grundsätzlich darf ein durch Verschwiegenheitspflichten „eingeschränktes“ Aufsichtsratsmitglied durch sein Verhalten bei den Aufsichtsratskollegen keinen falschen Eindruck erwecken[580].

---

[578] LG Bielefeld, ZIP 2000, 20, 24.

[579] Vgl. hierzu Klug in FS Walter Schmidt, S. 39, 54; Lutter, ZHR 145 (1981), 224, 232; Werner ZHR 145 (1981), 252, 259 f.

[580] Fischer, Interessenkollisionen, S. 323, 333.

Problematisch in diesem Zusammenhang ist weiter die Frage, inwieweit dem Doppelmandatar das Wissen, das in der AG seines Vorstandsamtes vorhanden ist, zugerechnet werden kann. Eine solche „umgekehrte“ Zurechnung könnte eine Pflichtverletzung aus dem Gesichtspunkt des Wissen müssens gegenüber der AG des Aufsichtsratsamtes auslösen.

Wieder bezogen auf den Fall der Metallgesellschaft bedeutet dies, die Frage zu stellen, inwieweit *R. Schmitz* das etwaige Wissen von Mitarbeitern der Deutschen Bank zugerechnet werden konnte, und ob sich aus einer solchen Zurechnung eine Verhaltenspflichtverletzung als Konsequenz hätte ableiten lassen können. Eine solche Zurechnung wäre dann vorzunehmen, wenn *R. Schmitz* sich bei Mitarbeitern der Deutschen Bank seinerzeit hätte erkundigen müssen über die MG. Die Annahme einer Erkundigungspflicht liegt in diesem Fall deshalb nahe, weil *R. Schmitz* wußte, daß Mitarbeiter der Liquidity Group der Deutschen Bank mehrfach in den USA bei der MG Corp. waren und er selbst nach seinem eigenen Besuch bei der MG Corp. äußerte, diese beschäftige sich mit verschiedenen Nicht-Kernaktivitäten, die risikoträchtig seien[581].

Ebenso wie bei der Wissenszurechung im Verhältnis zwischen Vorstandsmitgliedern zur AG ihres Amtes geht es auch bei der umgekehrten Zurechnung der Sache nach um die Frage, welche Organisationspflichten denjenigen, dem das Wissen zugerechnet werden soll, treffen. Für die hier interessierende Konstellation ist daher konkret zu fragen, inwieweit erwartet werden kann, daß Aufsichtsratsmitglieder ihre durch die Vorstandstätigkeit bestehenden Informationsmöglichkeiten nutzen, also nutzen müssen. Aufgrund der eingeschränkten aktiven Förderpflicht können grundsätzlich zwar keine umfangreichen Informationspflichten angenommen werden[582], doch können solche etwa dann bestehen, wenn sich die durch den Vorstand mitgeteilten Informationen nicht mit Informationen oder Gerüchten aus anderen Informationsquellen der jeweiligen Branche vereinbaren lassen. In solchen Fällen kann erwartet werden, daß ein Doppelmandatar diesen Gerüchten nachgeht[583]. Denn schließlich wird die Notwendigkeit der Benennung von hauptberuflich als Vorstandsmitglieder tätigen Aufsichtsratsmitgliedern gerade mit deren Einblick in Brancheninterna begründet, die andere denkbare Kandidaten für den Aufsichtsrat nicht hätten; dies gilt insbesondere für Bankenvertreter. Diesen Einblicken darf sich der betreffende Doppelmandatar dann aber nicht in den entscheidenden Situationen ver-

---

[581] Vgl. die Sachverhaltsaufbereitung bei Lenel in FS Mestmäcker, S. 255, 259.

[582] So aber wohl Wenger, Wirtschaftsdienst 1996/IV, S. 175, 179.

[583] In diesem Sinne auch die DSW als sie seinerzeit forderte, den Aufsichtsrat von KHD nicht zu entlasten, unter Hinweis darauf, daß die aggressive Akquisitionspolitik des KHD-Anlagebaus *branchenbekannt* gewesen sei; siehe HB v. 13.8.96, Nr. 155/S. 12.

schließen[584]. Er kann sich beispielsweise nicht darauf berufen, daß der Vorstand gemäß § 90 AktG verpflichtet gewesen wäre, von sich aus den Aufsichtsrat zu informierenden. Denn daß der Vorstand den Aufsichtsrat von sich aus mit den notwendigen Informationen zu versehen hat bedeutet nicht, daß der Aufsichtsrat nicht noch weitere für notwendig erachtete Informationen verlangen (§ 90 III AktG) oder bei begründeten Zweifeln den Wahrheitsgehalt oder die Vollständigkeit der Information durch den Vorstand anzweifeln kann und muß[585].

Soweit ersichtlich gibt es zu der Frage, inwieweit Doppelfunktionsträger bei ihrer Aufsichtsratstätigkeit verpflichtet sind, eigene Informationen (aus dem Hauptberuf) dem Aufsichtsratsgremium mitzuteilen, neben der schon dargestellten Entscheidung im Fall Balsam AG lediglich eine Entscheidung des LG Hamburg[586]. Konkret ging es um die Frage, ob ein Aufsichtsratsmitglied, wenn über die Gewährung eines ungesicherten Darlehens an ein anderes Unternehmen beraten wird, ihm bekannte Gesichtspunkte über eine negative Entwicklung des potentiellen Darlehensnehmers mitteilen muß. Das Gericht hat eine solche Pflicht angenommen.

Der Beklagte war in der Weise Doppelfunktionsträger, als er nicht nur Aufsichtsratsmitglied der klagenden L-AG, sondern gleichzeitig persönlich haftender Gesellschafter des Bankhauses X war. Er hatte von Board-Mitgliedern der Kreditnehmerin Lewston Informationen über deren finanzielle Schwierigkeiten erhalten. Unklar bleibt nach dem Sachverhalt allerdings, in welchem Zusammenhang der Beklagte diese Informationen erhielt, ob also das Gespräch mit den Mitgliedern des Lewston-Board auf einem geschäftlichen Kontakt des Bankhauses X mit der Lewston beruhte oder seine Ursache in der Aufsichts-

---

[584] Siehe hierzu auch die kritischen Bemerkungen von Wenger, Wirtschaftsdienst 1996/IV, S. 175, 179 (FN 23): „Die vielfältigen Einblicke ins Wirtschaftsleben, die gelegentlich als Grund für die Häufung von Aufsichtsratsmandaten bei Bankenmanagern angegeben werden, sind immer dann, wenn es darauf ankommt, bedauerlicherweise versperrt.“ und Potthoff, DB 96, Heft 38, S. I: „Bei den hochkarätigen Besetzungen der Aufsichtsräte drängt sich die Frage auf, ob sie von solchen Nachrichten abgeschnitten waren.“ (gemeint sind Gerüchte über Unredlichkeiten, riskante Geschäfte etc.).

[585] Vgl. auch Potthoff in DB 1996, Heft 38, S. I: „Das Aufsichtsratsmitglied hat nicht nur Informationsrechte, sondern auch Erkundigungspflichten, wenn ein hinreichender Anlaß zu Fragen, Zweifeln oder Bedenken besteht.“ Claussen, AG 96, 481, 485 spricht davon, daß es sinnvoll sei, wenn Aufsichtsratsmitglieder über eigene Netzwerke innerhalb der Branche der beaufsichtigten AG verfügten, um die vom Vorstand der beaufsichtigten AG stammenden Informationen, auf ihre Plausibilität hin zu prüfen. Siehe auch LG Bielefeld, ZIP 2000, 20, 24, wonach mangelnde Offenheit des Vorstands Anlaß dazu geben kann, bestimmten Gerüchten und Verdachtsmomenten näher nachzugehen.

[586] LG Hamburg, AG 82, 51 ff.

ratsmitgliedschaft bei der Klägerin hatte, die eine Tochtergesellschaft der Lewston war, oder ob beide Gründe zusammen kamen.

Das Gericht sah in dem Verhalten des Beklagten eine doppelte Pflichtverletzung, und zwar zum einen in der unterlassenen Unterrichtung der übrigen Aufsichtsratsmitglieder und zum anderen in seiner Zustimmung zur Gewährung des Darlehens. Auf die hauptberufliche Tätigkeit des beklagten Doppelfuntkionsträgers griff das Gericht in seiner Begründung (jedenfalls ausdrücklich) nur zurück, um aus dieser eine erhöhte Sorgfaltspflicht desselben für Kreditfragen abzuleiten.

Auch nach dem teilweise unklaren Sachverhalt kann festgestellt werden, daß zumindest in der Zustimmung zur Gewährung des Darlehens eine Pflichtverletzung des Aufsichtsratsmitglieds gesehen werden kann. Denn auch wenn er seine Informationen über die potentielle Kreditnehmerin nicht hätte weiter geben dürfen, hätte er jedenfalls aufgrund seines Kenntnisstandes der Gewährung des Kredits nicht zustimmen dürfen.

F) Rechtliche Auswirkungen der personellen Verflechtung über ein „gemeinsames" Organmitglied auf die Rechtsbeziehung zwischen den verflochtenen Gesellschaften

Aufgrund des Verbots der Mitgliedschaft von juristischen Personen in Aufsichtsräten entsteht durch die Aufsichtsratstätigkeit von hauptberuflichen Vorstandsmitgliedern keine unmittelbare Rechtsbeziehung zwischen den personell verflochtenen Gesellschaften. Dies schließt es jedoch nicht aus, daß sich die Aufsichtsratsmitgliedschaft des Doppelmandatars auf die aus anderen Gründen bestehende Rechtsbeziehung zwischen den personell verbundenen Gesellschaften (z.B. auf einem Vertrag oder Aktienbesitz beruhend) auswirkt.

I) Auswirkungen auf Verträge

Hinsichtlich der Auswirkungen personeller Verflechtungen auf Verträge wird vertreten, daß die Teilnahme des Doppelmandatars, über den die personelle Verflechtung zwischen den Vertragspartnern besteht, bei Vertragsverhandlungen zwischen diesen nicht einen automatischen Rückschluß auf eine Äquivalenzstörung zulasse[587]. Trotzdem wird gleichzeitig ein Verzicht auf die persönliche Teilnahme des Doppelmandatars empfohlen[588], wobei allerdings unklar bleibt, welche Folgen es haben soll, wenn dieser Empfehlung nicht nachgekommen wird. Auch wird es für möglich gehalten, daß eine unausgewogene Vertragsregelung ein Indiz für den Mißbrauch der doppelten Organstellung sein kann[589], wobei auch hier unklar bleibt, welche Konsequenzen sich daraus ergeben sollen.

Ausdrückliche gesetzliche Bestimmungen, welche die Auswirkungen von personellen Verflechtungen über die Vorstands-/Aufsichtsratsebene auf Verträge zwischen den personell verflochtenen Gesellschaften regeln, finden sich nur wenige.

1) Die §§ 89 IV und 115 III AktG

Im Aktiengesetz beziehen sich die §§ 89 IV und 115 III auf die hier interessierende Konstellation. Nach § 89 IV AktG darf die AG des Vorstandsamtes an die AG des Aufsichtsratsamtes des Doppelmandatars einen Kredit nur mit Einwilligung des eigenen Aufsichtsrates gewähren. Ausgenommen von dieser Regelung sind Kredite an verbundene Unternehmen und generell Warenkredite; ferner

[587] Fleck in FS Heinsius, S. 89, 93; Ulmer, NJW 80, 1603, 1607.

[588] Fleck in FS Heinsius, S. 89, 93 f.

[589] Fischer, Interessenkollisionen, S. 323, 338; Fleck in FS Heinsius, S. 89, 94.

gelten für Kreditinstitute allein die Regelungen des KWG. Spiegelbildlich zu § 89 IV ordnet § 115 III AktG an, daß die AG des Aufsichtsratsamtes der AG des Vorstandsamtes des Doppelmandatars einen Kredit nur mit Einwilligung ihres Aufsichtsrates gewähren darf. Auch die Ausnahmebestimmungen von der Einwilligungspflicht entsprechen sich.

Das Gesetz scheint die Gefahr, daß ein Doppelmandatar seinen Einfluß zugunsten der AG seines Hauptamtes nutzt und es zu unausgewogenen Verträgen kommt, genauso hoch einzuschätzen wie die der Einflußnutzung zugunsten der AG des Aufsichtsratsamtes, da für beide Verflechtungskonstellationen derselbe Schutzmechanismus vorgesehen ist. Das ist deshalb erstaunlich, weil die Interessenidentifikation bei einem Doppelfunktionsträger typischerweise zugunsten der AG seines Hauptamtes ausfällt und daher die Gefahr einer Benachteiligung / Äquivalenzstörung zu Lasten der AG des Aufsichtsratsamtes höher einzuschätzen ist als die einer solchen zu Lasten der AG des Vorstandsamtes.

2) § 15 I Nr.7, 8 und § 16 KWG

Eine Regelung speziell für Kreditinstitute enthalten die §§ 15 und 16 KWG. § 15 I Nr.7 trifft eine Regelung für den Fall, daß ein Bankenvorstandsmitglied im Aufsichtsrat der AG sitzt, der ein Kredit gewährt werden soll. § 15 I Nr.8 erfaßt die „umgekehrte" Situation, daß ein Vorstandsmitglied der kreditnehmenden AG im Aufsichtsrat des kreditgewährenden Kreditinstituts sitzt. Auch hier behandelt das Gesetz beide Verflechtungskonstellationen gleich und verlangt für eine Kreditvergabe in den beschriebenen Situationen einen einstimmigen Beschluß sämtlicher Geschäftsleiter des Kreditinstituts und die ausdrückliche Zustimmung des Aufsichtsrats. Allerdings gilt dies nach der einschränkenden Regelung des § 15 III KWG nur für Großkredite. § 16 KWG sieht zusätzlich eine Anzeigepflicht für derartige Kredite an das Bundesaufsichtsamt und die Deutsche Bundesbank vor.

3) Art. 10 I EG-Strukturrichtlinie und Art. 73 des Statuts der europäischen Aktiengesellschaft

Im Vergleich zu den genannten deutschen Bestimmungen weitergehende Regelungen enthalten Art. 10 I des Vorschlags für die EG-Strukturrichtlinie und Art. 73 des Vorschlags für eine Verordnung über das Statut der europäischen Aktiengesellschaft (SEA)[590]. Nach Art. 10 I der Strukturrichtlinie bedarf „jeder Vertrag, an dem die Gesellschaft beteiligt ist und der auch nur mittelbar die Interessen eines Mitglieds des Leitungs- oder des Aufsichtsorgans berührt" der Genehmigung des Aufsichtsorgans. Bei Doppelmandataren wird man zu diesen

---

[590] Siehe auch FN 132.

mittelbaren Interessen auch die Interessen der AG, der jeweils anderen Organfunktion zählen müssen. Eine ähnliche Regelung sieht Art. 73 Nr.1 SEA vor[591], doch eröffnet Art. 73 Nr.2 SEA die Möglichkeit, durch die Satzung zu bestimmen, daß die Zustimmungspflicht nicht für laufende Geschäfte gilt, die zu den üblichen Bedingungen vereinbart wurden. Eine derartige Beschränkung der Zustimmungspflicht des Aufsichtsrats durch Ausklammerung der Geschäfte des täglichen Lebens im Falle der Einführung einer entsprechenden Regelung ist sinnvoll im Hinblick auf die geringere Mißbrauchsgefahr bei Alltagsgeschäften und die bessere Praktikabilität einer solchen Regelung[592].

4) Analoge Anwendung der Regeln für Eigengeschäfte

Es liegt nahe, für Verträge zwischen personell verflochtenen Unternehmen neben den eben dargestellten, ausdrücklich vorgesehenen, Bestimmungen auf die Regeln zurückzugreifen, die für Eigengeschäfte von Aktiengesellschaften mit ihren Organmitgliedern bestehen. Denn aufgrund der möglichen Interessenidentifikation des Doppelorganmitglieds mit den Interessen der AG seines Hauptamtes besteht wie bei Eigengeschäften die Gefahr, daß bei Verträgen zwischen der AG seines Hauptamtes und der AG seiner anderen Organfunktion der Doppelmandatar einseitig „seine“ Interessen, also die Interessen der AG seines Vorstandsamtes, wahrnimmt. Es wurde schon darauf hingewiesen, daß eine solche Interessenidentifikation typischerweise nur für Vorstandsmitglieder angenommen werden kann und nicht für Aufsichtsratsmitglieder. Die Gefahr, daß ein Vorstandsmitglied bei seiner Tätigkeit im Rahmen von Vertragsverhandlungen der beschriebenen Art einseitig die Interessen der AG seines Aufsichtsratsamtes einbringt, sind demnach ungleich geringer. Daher ist vor allen Dingen die Heranziehung und analoge Anwendung der Regeln in Betracht zu ziehen, die für Eigengeschäfte zwischen Aktiengesellschaften und ihren Aufsichtsratsmitgliedern gelten.

a) Regeln über Eigengeschäfte im Aktiengesetz

Im Aktiengesetz gibt es für die unmittelbaren Eigengeschäfte zwischen der AG und ihren Aufsichtsrats- oder Vorstandsmitgliedern keine umfassende Regelung.

---

591 „Jedes Geschäft, an dem ein Mitglied ein Interesse hat, das dem der SE entgegensteht, bedarf der Zustimmung des Aufsichts- der Verwaltungsorgans.“

592 Ein entsprechender Vorschlag findet sich unter III 4c der „Corporate Governance-Grundsätze“ der sog. Grundsatzkommission Corporate Governance, Schneider/Strenger, AG 2000, 106, 113.

Die §§ 89, 115 AktG wurden schon erläutert; eine analoge Anwendung braucht insoweit nicht untersucht zu werden, weil das Gesetz selbst die Gleichbehandlung von unmittelbaren Eigengeschäften und Geschäften mit den durch das jeweilige Organmitglied repräsentierten juristischen Personen anordnet.

Eine solche Gleichstellung ordnet § 114 AktG, der für Eigengeschäfte einer AG mit ihren Aufsichtsratsmitgliedern in Form von Dienst- oder Werkverträgen die Zustimmung des Aufsichtsrats voraussetzt, nicht an. Die Systematik des Gesetzes spricht daher gegen eine erweiternde Auslegung der Regelung auch auf mittelbare Eigengeschäfte für die von § 114 AktG erfaßten Verträge. Trotzdem hat das KG Berlin in einer jüngeren Entscheidung angenommen, daß die §§ 89 IV und 115 III AktG auf § 114 AktG analoge Anwendung fänden[593] und über diese Analogie wurde der Anwendungsbereich von § 114 AktG auf mittelbare Eigengeschäfte erstreckt. Für eine auf Verträge mit der durch ein Organmitglied repräsentierten juristischen Person erweiterte Anwendung der Norm spricht, daß § 114 AktG eine unsachliche Beeinflussung von Aufsichtsratsmitgliedern durch den vertragsschließenden Vorstand (durch die zusätzliche Vergütung) verhindern will. Die zusätzliche Vergütung soll daher nur mit Billigung des Aufsichtsrates zulässig sein, um dessen Entscheidungsautonomie zu schützen. Ferner ermöglicht § 114 AktG dem Aufsichtsrat die Überprüfung, ob Inhalt des Vertrages Beratungspflichten sind, die ohnehin Teil der Überwachungsaufgabe des Aufsichtsrates sind[594].

Eine Beeinflussung durch die zusätzliche Vergütung ist aber nicht nur dann zu befürchten, wenn der Vertrag mit dem Aufsichtsratsmitglied persönlich, sondern auch dann, wenn dieser mit der juristischen Person seines Hauptamtes geschlossen wird.

---

593 KG Berlin, AG 97, 42; der BGH hat die Revision nicht angenommen, hat diese Frage allerdings ausdrücklich offen gelassen: Der Beschluß des BGH ist abgedruckt in AG 97, 45. Eine analoge Anwendung ebenfalls befürwortend Lutter/Kremer, ZGR 92, 87, 106 (ausdrücklich allerdings nur für Geschäfte mit vom Aufsichtsratsmitglied abhängigen Unternehmen); Oppenhoff in FS Barz, S. 283, 287; aA Raiser/Wiesner, AG 76, 266, 267. Siehe auch LG Stuttgart, BB 98, 1549, 1552, wonach der Schutzzweck des § 114 AktG sich auch auf Verträge erstreckt, die zwischen einer Anwaltssozietät und einer anderen Gesellschaft geschlossen werden, wenn ein Anwalt der Sozietät Aufsichtsratsmitglied der anderen Gesellschaft ist. Eine ausführliche Anmerkung zu dieser Entscheidung erfolgt bei Wissmann/Ost, BB 89, 1957, die § 114 AktG immer dann erweitert im Sinne der gerichtlichen Entscheidung angewandt wissen wollen, wenn das Aufsichtsratsmitglied an der Leistungserbringung der vertraglich verpflichteten Sozietät beteiligt ist (S. 1960).

594 Vgl. zu dieser Abgrenzung BGHZ 114, 127; LG Stuttgart, BB 98, 1549, 1550; Hüffer, AktG, § 114, Rz 5 und Harnacke/Jorde, BB 99, 489.

Dies zeigt sehr deutlich der vom KG Berlin entschiedene Fall[595], in dem das betreffende Aufsichtsratsmitglied zugleich alleiniger Vorstand einer AG war, die sich hauptsächlich mit der Beratung von Unternehmen in allen betriebswirtschaftlichen Belangen befaßte. Zwischen dieser AG und der GmbH, bei welcher der Doppelmandatar Aufsichtsratsmitglied war, bestand ein umfassender Beratungsvertrag, wodurch die GmbH für die AG die einzige Mandantin von Bedeutung war. Die dadurch gegebene wirtschaftliche Abhängigkeit der AG von der GmbH wird sich auch auf das Verhältnis zwischen dem Doppelfunktionsträger als Aufsichtsrat und der Geschäftsführung der GmbH ausgewirkt haben. Daher hätte nach dem Sinn und Zweck von § 114 AktG der Aufsichtsrat als Gremium darüber entscheiden müssen, ob er durch diesen Beratungsvertrag seine Entscheidungsautonomie als gefährdet ansieht und ob nicht durch diesen Vertrag das Aufsichtsratsmitglied indirekt für eine Beratungstätigkeit bezahlt wird, die (teilweise) ohnehin Bestandteil seiner Überwachungsaufgabe ist, was einen Verstoß gegen § 113 AktG darstellen würde. Im konkreten Fall entschied das KG Berlin aus der erweiterten Anwendung von § 114 AktG konsequenter Weise mangels Zustimmung des Aufsichtsrats auf die Unwirksamkeit des Beratungsvertrages zwischen den personell verflochtenen Gesellschaften und auf eine Rückzahlungspflicht der durch das Aufsichtsratsmitglied repräsentierten AG für die geleisteten Zahlungen nach § 114 II AktG (gesamtschuldnerisch mit dem Doppelmandatar).

Trotz der schon de lege lata gegebenen Möglichkeit, § 114 AktG dahingehend auszulegen, daß er auch auf mittelbare Eigengeschäfte der Aufsichtsratsmitglieder Anwendung findet, wäre eine ausdrückliche Erweiterung von § 114 AktG sinnvoll.

b) Regeln über Eigengeschäfte im BGB

Wie schon erörtert, ist der für Eigengeschäfte geltende § 34 BGB erweiternd auf Abstimmungen über Verträge mit den von Organmitgliedern „repräsentierten" juristischen Personen anzuwenden. Dies gilt allerdings nur für das Stimmrecht des Doppelmandatars als Aufsichtsratsmitglied, d.h. bei Zustimmungsbeschlüssen des Aufsichtsrats zu Rechtsgeschäften mit der AG des Vorstandsamtes hat der Doppelmandatar kein Stimmrecht. Doch entfällt dieses umgekehrt nicht bei internen Abstimmungen des Vorstandes zu eben solchen Rechtsgeschäften mit der AG des Aufsichtsratsamtes, weil sich ein Doppelorgan typischerweise mit den Interessen der AG seines Vorstands- und nicht seines Aufsichtsratsamtes identifizieren wird. Eine Gleichstellung von Eigeninteressen mit den Interessen der AG, bei der eine Organfunktion ausgeübt wird, ist daher nur für Vorstandsmitglieder begründbar.

[595] KG Berlin, AG 97, 42.

Eine Heranziehung von § 181 neben § 34 BGB für die hier erörterten Fälle der mittelbaren Eigengeschäfte ist nicht möglich, da ein Doppelorgan mit Vorstands- und Aufsichtsratsfunktion nicht die von § 181 BGB vorausgesetzte Regelungsmacht hat. Denn es kann mangels Vertretungsmacht für die AG seines Aufsichtsratsamtes kein Rechtsgeschäft zwischen den personell verflochtenen Gesellschaften abschließen.

c) Der Mißbrauch organschaftlicher Vertretungsmacht als Anknüpfungspunkt

Für Eigengeschäfte von Aufsichtsratsmitgliedern mit der AG, bei der sie diese Funktion ausüben, gilt, daß sie hinsichtlich des Vertrauens in die Vertretungsmacht der Vorstandsmitglieder nicht wie Dritte geschützt werden, weil sich eine interne Beschränkung der Geschäftsführungsbefugnis des/der den Vertrag abschließenden Vorstandsmitglied(er) auf die Vertretungsmacht durchschlägt[596].

Nun besteht bei Verträgen zwischen personell verbundenen Unternehmen allerdings weniger die Gefahr eines Verstoßes gegen die vorstandsinterne Geschäftsverteilung als vielmehr die, daß ein Rechtsgeschäft abgeschlossen wird, das eines der Unternehmen objektiv benachteiligt. Der Zusammenhang der mittelbaren Eigengeschäfte mit den Grundsätzen des Mißbrauchs der organschaftlichen Vertretungsmacht ergibt sich daraus, daß diese Rechtsfigur auch Anwendung findet, wenn auf Seiten des Vertreters (Vorstandsmitglied) eine interne Pflichtwidrigkeit vorliegt[597], so z.B. wenn das Rechtsgeschäft die Interessen des Vertretenen (AG) verletzt[598]. Falls ein solches nachteiliges Rechtsgeschäft zwischen den personell verflochtenen Unternehmen abgeschlossen wurde und das mittelbar begünstigte Aufsichtsratsmitglied (in Form der Bevorteilung der AG seines Vorstandsamtes) die Pflichtwidrigkeit des von ihm zu überwachenden Vorstands erkannt hat oder aufgrund seiner, der AG seines Aufsichtsratsamtes gegenüber bestehenden, Sorgfaltspflicht hätte erkennen müssen, ist dieses Rechtsgeschäft nach den Grundsätzen des Mißbrauchs der organschaftlichen Vertretungsmacht unwirksam[599].

Diese Annahme setzt allerdings voraus, daß die dargestellten Grundsätze des Mißbrauchs organschaftlicher Vertretungsmacht, die für Rechtsgeschäfte einer AG mit einem ihrer Organmitglieder gelten, sich überhaupt übertragen lassen auf Rechtsgeschäfte, die zwischen einer AG und der durch ihr Aufsichtsratsmit-

---

[596] Hefermehl in Geßler/Hefermehl, AktG, § 82, Rz 38; KK-Mertens, AktG, § 82, Rz 43; Matthießen, Stimmrecht, S. 370; K. Schmidt, Gesellschaftsrecht, § 10 II 2c, S. 223.

[597] K. Schmidt, Gesellschaftsrecht, § 10 II 2c, S. 223.

[598] BGH, GmbH-Rdsch 76, 208; K. Schmidt, Gesellschaftsrecht, § 10 II 2c, S. 223.

[599] Vgl. Matthießen, Stimmrecht, S. 373 f, der davon ausgeht, daß das Genehmigungsrecht dem Aufsichtsrat zusteht.

glied repräsentierten AG abgeschlossen werden. Dies ist deshalb von Bedeutung, weil in den Fällen des Mißbrauchs organschaftlicher Vertretungsmacht Dritte grundsätzlich keine Erkundigungspflichten treffen und diese durch die Unbeschränkbarkeit der Vertretungsmacht im Außenverhältnis geschützt werden solange der Mißbrauch nicht evident war, während für Aufsichtsratsmitglieder als Organmitglieder die genannten strengeren Maßstäbe gelten.

Somit ist zu entscheiden, ob die über ein Vorstandsmitglied im Aufsichtsrat einer anderen Gesellschaft repräsentierte AG Dritte in diesem Sinne ist oder nicht. Formal könnte man darauf abstellen, daß die betreffende AG nicht selbst Aufsichtsratsmitglied ist und deshalb als Dritter anzusehen sei. Dieses Ergebnis kann aber für den Fall der Personenidentität, d.h., wenn der Doppelfunktionsträger „seine“ AG selbst (mit-)vertritt oder auch nur intern am Vertragsschluß mitwirkt, nicht überzeugen. Eine strikte Trennung der Tätigkeiten des Doppelmandatars in eine solche, die nur dem Aufsichtsratsunternehmen und eine solche, die nur dem Vorstandsunternehmen zuzurechnen ist, geriete in einer solchen Konstellation zur Fiktion. Zu Recht ist daher der BGH in seiner „Schaffgotsch“-Entscheidung davon ausgegangen, daß ein Aufsichtsratsmitglied in seiner Funktion als Geschäftsleiter eines anderen Unternehmens nicht auf den Abschluß eines Rechtsgeschäfts hinwirken dürfe, dessen Zustandekommen er als Aufsichtsratsmitglied rügen müßte[600]. Ferner ist auch hier zu bedenken, daß der Ausschluß juristischer Personen von der Aufsichtsratsmitgliedschaft sich nicht zugunsten der faktisch vertretenen AG auswirken sollte, wenn die durch den Ausschluß vom Gesetzgeber bezweckte Unabhängigkeit der AG des Aufsichtsratsamtes von anderen juristischen Personen schon durch die teilweise Personenidentität (wenn auch nicht als gesetzlicher Vertreter auf beiden Seiten) nicht gegeben ist. In solchen Konstellationen ist die AG daher nicht als Dritte, sondern wie ein Organmitglied zu behandeln.

Der Schutz, der hierdurch für die AG des Aufsichtsratsamtes ausgeht, ist allerdings begrenzt[601], weil sich der Vorstand der betroffenen und benachteiligten AG kaum auf die Unwirksamkeit eines Vertrages nach den Grundsätzen des Mißbrauchs der organschaftlichen Vertretungsmacht berufen wird, da er sich dann selbst dahingehend belasten müßte, einen für die AG nachteiligen Vertrag

---

[600] BGH, NJW 80, 1629; im Ergebnis ebenso KG Berlin, AG 97, 42, das eine Pflichtverletzung eines Aufsichtsratsmitglieds darin gesehen hat, daß dieses als *Vorstand* einer AG mit dem Unternehmen des Aufsichtsratsamtes einen gegen die §§ 113, 114 AktG verstoßenden Beratungsvertrag abgeschlossen hat. Vgl. ferner Fleck in FS Heinsius, S. 89, 94 und Matthießen, Stimmrecht, S. 370.

[601] AA Matthießen, Stimmrecht, S. 375, der davon ausgeht, daß sich ein großer Teil der Gefahren für die durch eine personelle Verflechtung „gefährdete“ AG durch den Rückgriff auf die Grundsätze des Mißbrauchs der organschaftlichen Vertretungsmacht bekämpfen lasse.

abgeschlossen zu haben. Auch ist der Schutz sachlich begrenzt, da er erst dann eingreift, wenn die Vertragsbedingungen sachlich nicht mehr vertretbar sind[602].

d) Inhaltskontrolle

Eine weitergehende Inhaltskontrolle für mittelbare Eigengeschäfte mit Aufsichtsratsmitgliedern läßt sich nicht begründen, weil nicht davon ausgegangen werden kann, daß allein durch die Aufsichtsratsmitgliedschaft eines hauptberuflichen Vorstandsmitglieds „dessen" AG typischer Weise die Möglichkeit zur Fremdbestimmung der anderen AG hat.

Grundlage für die Vornahme einer Inhaltskontrolle von Verträgen ist der Gedanke fehlender Richtigkeitsgewähr[603]. Diese subjektive Richtigkeitsgewähr fehlt bei der Fremdbestimmung einer Partei durch eine andere. Diese Fremdbestimmung kann verschiedene Ursachen haben (Abhängigkeitsstrukturen, die Vorformulierung von Vertragsbedingungen usw.). Um eine Inhaltskontrolle zu rechtfertigen, muß die Situation der Fremdbestimmtheit der betreffenden Fallgruppe typischer Weise vorliegen[604], was auf die hier interessierende Konstellation nicht zutrifft. Falls tatsächlich ein solches Einflußpotential gegeben und benutzt worden sein sollte, bleibt nur der Rückgriff auf § 117 AktG.

II) Stimmverbote der AG des Vorstandsamtes in der Hauptversammlung der AG des Aufsichtsratsamtes

Aus der Aufsichtsratstätigkeit eines Vorstandsmitglieds könnte sich für „seine" AG ein Stimmverbot in der Hauptversammlung der AG des Aufsichtsratsamtes ergeben. Zu unterscheiden sind insoweit das originäre Stimmrecht einer AG aus Aktien, das abgeleitete Auftragsstimmrecht und das Stimmrecht über von der AG gehaltene Investmentgesellschaften.

Generell gilt für das Auftragsstimmrecht folgendes: Seit der Änderung des Aktiengesetzes durch das KonTraG ist das Auftragsstimmrecht der Kreditinstitute, wenn sie an der betreffenden Gesellschaft mit mehr als 5% beteiligt sind, beschränkt. Das jeweilige Kreditinstitut muß sich dann entscheiden, ob es nur die eigenen Stimmrechte ausübt oder nur die Auftragsstimmrechte ausüben will (§ 135 nF). Begrenzt werden soll auf diese Weise die Einflußkumulation aus Vollmachtsstimmrecht und Beteiligungsbesitz[605].

---

602 Vgl. Fleck in FS Heinsius, S. 89, 91, 93.

603 Fastrich, Inhaltskontrolle, S. 216, 365, passim.

604 Zum Erfordernis einer generalisierenden, typisierenden Betrachtung siehe Fastrich, Inhaltskontrolle, S. 224 ff.

605 Vgl. Begründung zum Referentenentwurf abgedruckt in ZIP 96, 2136.

1) Stimmrecht für die Wahl eigener Vorstandsmitglieder in den Aufsichtsrat

Ob ein Stimmrecht für die Wahl eigener Vorstandsmitglieder in den Aufsichtsrat einer anderen Gesellschaft bestehen sollte, wird hauptsächlich für Kreditinstitute diskutiert, weil diese in erheblichem Umfang ihre Stimmrechtsvollmachten einsetzen können. Empirische Untersuchungen, die behandeln, ob ein statistisch signifikanter Zusammenhang zwischen der Zahl der Stimmrechtsvollmachten und der Zahl der übernommenen Aufsichtsratsmandate besteht, kommen allerdings zu unterschiedlichen Ergebnissen[606].

a) Stimmrecht aus Aktien

Gegen die Ausübung des Stimmrechts aus selbst gehaltenen Aktien bestehen keine rechtlichen Bedenken, weil auch der sich zur Wahl stellende Doppelmandatar aus eigenen Aktien selbst mitstimmen darf. § 136 AktG beschränkt den Stimmrechtsausschluß auf bestimmte Fälle der Interessenkollision, zu denen die eigene Wahl in den Aufsichtsrat nicht zählt. Da somit jeder Aktionär bei seiner eigenen Wahl in den Aufsichtsrat mitstimmen kann[607], muß auch eine AG quasi sich selbst durch die Wahl eines ihrer Vorstandsmitglieder wählen können. Gleiches muß spiegelbildlich auch für einen Beschluß der Hauptversammlung über die Abberufung des betreffenden Aufsichtsratsmitglieds nach § 103 AktG gelten[608].

Ein Stimmrechtsverbot besteht seit dem Inkrafttreten des KonTraG nur für den Sonderfall, daß zwischen den (künftig) personell verflochtenen Unternehmen eine wechselseitige Beteiligung besteht. Denn nach § 328 III AktG (nF) dürfen diese Gesellschaften in der jeweils Anderen ihr Stimmrecht zur Wahl von Mitgliedern in den Aufsichtsrat generell nicht ausüben. In der Praxis wird diese Regelung allerdings keine große Bedeutung erlangen, weil die nach dem Gesetz festgelegte Schwelle von 25% wechselseitiger Beteiligung kaum je erreicht werden dürfte[609].

b) Das Vollmachtsstimmrecht

Für das Vollmachtsstimmrecht der Kreditinstitute nach § 135 AktG wird vorgeschlagen, entsprechend § 135 I 2 AktG eine Stimmrechtsausübung für die Wahl

---

[606] Vgl. hierzu Mülbert, DJT, E 42, 57; einen solchen Zusammenhang bejahend Böhm, Einfluß, S. 199 ff, 205; aA Edwards/Fischer, Banks, finance and investment, S. 206 ff.

[607] Vgl. Kübler, Gesellschaftsrecht, § 15 I 4b.

[608] AA KK-Zöllner, AktG, § 136, Rz 28; vgl. auch Kübler, Gesellschaftsrecht, § 15 V 4b.

[609] Kritisch deshalb auch Wastl/Wagner, AG 97, 241, 245, welche die Schwelle von 25% für zu hoch halten, da es wechselseitige Beteiligungen in dieser Höhe in Deutschland praktisch nicht gebe.

eigener Vorstandsmitglieder in den Aufsichtsrat einer anderen AG nur bei ausdrücklicher Weisung des bevollmächtigenden Aktionärs zuzulassen[610]. Daneben werden Kreditinstitute teilweise schon de lege lata für verpflichtet gehalten, sich in „akuten Konfliktlagen“ Abstimmungsvorschlägen zu enthalten[611].

Für eine Stimmrechtsbeschränkung der Kreditinstitute de lege ferenda in der beschriebenen Weise spricht, daß ein Abstimmungsvorschlag der Depotbank zu der Wahl eigener Vorstandsmitglieder in einen Aufsichtsrat so intensiv durch Eigeninteressen beeinflußt ist, daß er von vorneherein festgelegt ist. Zwar werden auch andere Abstimmungsvorschläge nicht neutral[612], sondern interssenbeeinflußt sein, doch nicht in vergleichbarer Weise. Auch der Versuch der großen privaten Banken durch die Trennung der Abteilungen, welche die Abstimmungsvorschläge für den Eigenbesitz und die Vollmachtsstimmen erarbeiten[613], den Einfluß von Eigeninteressen zu begrenzen, kann die Vorbestimmtheit des Abstimmungsvorschlags für die Wahl eigener Vorstandsmitglieder nicht verhindern.

Eine Erstreckung des de lege ferenda einzuführenden Einzelweisungserfordernisses generell auf die Wahl von Geschäftsleitern von Kreditinstituten (nicht nur der eigenen) oder verbundenen Unternehmen erscheint sinnvoll, weil aufgrund von Solidaritätseffekten die Abstimmungsvorschläge der Depotbanken auch bei der Wahl von „anderen“ Bankenvertretern in gleicher Weise vorbestimmt sind. Für eine derartige Gesetzesänderung spricht ferner, daß es nach der derzeitigen Gesetzeslage zu Situationen kommen kann, in denen einer Bank oder einer Gruppe von Banken faktisch ein Entsendungsrecht zukommt, ohne daß dieses gemäß § 101 II AktG in der Satzung vorgesehen wäre, was nicht wünschenswert ist.

Die Gründe, die für ein Stimmverbot betreffend das Vollmachtsstimmrecht angeführt wurden, gelten noch verstärkt für das Stimmrecht aus dem Sondervermögen eigener Investmentgesellschaften, da nach § 9 I 2 KAGG eine Kapitalanlagegesellschaft zur Ausübung des Stimmrechts nicht eine Vollmacht der

---

610 Götz, AG 95, 337, 346: „Entsprechendes gilt für die Wahl solcher Personen zu Mitgliedern des Aufsichtsrats anderer Gesellschaften, die Organe oder Mitarbeiter von Kreditinstituten, Versicherungsunternehmen oder solchen Gesellschaften sind, an denen ein Kreditinstitut oder Versicherungsunternehmen zu mehr als einem Viertel der Anteile beteiligt ist.“; ähnlich, aber ohne Erstreckung auf Versicherungsunternehmen, Mülbert, DJT, E 102.

611 Schneider/Burgard, DB 96, 1761, 1765.

612 Mülbert, DJT, E 103 stützt seinen Regelungsvorschlag (siehe FN 610) darauf, daß ein neutraler Abstimmungsvorschlag von Depotbanken betreffend ihnen nahestehende Personen nicht zu erwarten sei.

613 Vgl. Mülbert, DJT, E 41 f.

Anteilinhaber benötigt und diese keine Möglichkeit haben, auf die Stimmrechtswahrnehmung Einfluß zu nehmen.

2) Das Stimmrecht für Beschlüsse nach den §§ 120, 142, 147 AktG

Den Beschlüssen nach den §§ 120, 142, 147 AktG, soweit sie den Aufsichtsrat betreffen, ist - bei unterschiedlichen Rechtsfolgen - gemeinsam, daß inhaltlich über die Frage entschieden wird, ob dem Aufsichtsrat oder einem seiner Mitglieder eine Pflichtverletzung vorzuwerfen oder eine solche zumindest wahrscheinlich (§ 142) ist.

Das starke Eigeninteresse einer AG an der Entlastung und Nichtinanspruchnahme ihrer Vorstandsmitglieder in derer Funktion als Aufsichtsratsmitglieder einer anderen AG ist offensichtlich. Zum einen wäre für die AG mit einer gerichtlichen Inanspruchnahme oder Nichtentlastung ein Ansehensverlust verbunden, weil in der Öffentlichkeit ihr das Fehlverhalten ihres Vorstands- als Aufsichtsratsmitglied zugerechnet würde. Zum anderen drohte der AG auch materieller Schaden, weil zunehmend in der juristischen Literatur vertreten wird, daß ein solches Fehlverhalten eines Doppelorganmitglieds der AG des Vorstandsamtes auch rechtlich - sei es generell oder auf bestimmte Konstellationen beschränkt - über § 31 BGB zugerechnet werden kann[614].

a) Stimmrecht aus Aktien

Für das Stimmrecht aus den von einer AG selbst gehaltenen Aktien könnte sich ein Stimmverbot aus § 136 I bzw. § 142 I 2 AktG ableiten lassen. Die §§ 136 I, 142 I 2 AktG sehen ein Stimmverbot für Entlastungsbeschlüsse bzw. Beschlüsse über die Bestellung eines Sonderprüfers bei eigener Betroffenheit des Aktionärs vor.

Es fragt sich, ob dieses Stimmverbot nur die Aufsichtsratsmitglieder persönlich (falls diese Aktien halten) oder auch die hinter ihnen stehenden juristischen Personen erfaßt. Für eine personelle Erstreckung des Anwendungsbereiches der Stimmverbote sprechen dieselben Argumente, die für die erweiterte Auslegung von § 34 BGB genannt wurden[615]. Aus den schon erwähnten Gründen entsprechen sich die Interessen des Doppelmandatars und die der AG seines Hauptamtes, das heißt, beide bilden eine Willenseinheit, die es rechtfertigt, die hinter dem Aufsichtsratsmitglied stehende juristische Person in den personellen Bereich des Stimmverbots miteinzubeziehen[616]. Es gibt keinen materiellen Grund,

---

[614] Siehe dazu später unter F III.

[615] Siehe oben unter E II 1.

[616] Im Ergebnis ebenso Zöllner, Schranken S. 281 unter Hinweis auf die maßgebliche Einflußnahme des Doppelorgans auf die Ausübung der Beteiligungsrechte „seiner“ AG; für die

die juristische Konstruktion des § 100 I AktG zugunsten der von der unmittelbaren Mitgliedschaft im Aufsichtsrat ausgeschlossenen juristischen Person sich auswirken zu lassen.

Die - schon ältere - Rechtsprechung hat allerdings bisher für vergleichbare Sachverhalte die Annahme eines Stimmverbots überwiegend abgelehnt[617]. Auch gibt es in der Literatur Ansätze, die ein Stimmverbot - enger als hier vertreten - nur dann annehmen, wenn der von dem Beschluß Betroffene selbst als Vertreter „seiner" AG das Stimmrecht aus deren Aktien wahrnimmt[618]. Hiernach könnte also eine ihr Vorstandsmitglied in den Aufsichtsrat einer anderen Gesellschaft „entsendende" AG an Abstimmungen in der Hauptversammlung der den Doppelmandatar aufnehmenden AG teilnehmen, solange nicht der Doppelmandatar / Betroffene das Stimmrecht selbst ausübt. Kriterien wie die der mutmaßlich gleichen Befangenheit oder der Willenseinheit und die dadurch im Ergebnis erzielte Gleichstellung von Organmitglied und juristischer Person in Bezug auf die Stimmverbote der §§ 136 I und 142 I 2 AktG werden demzufolge kategorisch abgelehnt[619]. Allein entscheidend soll die vertretungsweise Beteiligung des Betroffenen / Doppelmandatars, d.h. desjenigen, auf den der Wortlaut des Stimmverbots unmittelbar zutrifft, sein. Selbst wenn der von der Abstimmung Betroffene intern an der Vorentscheidung über die Stimmrechtsausübung der juristischen Person teilgenommen hat, soll dies kein Stimmverbot zur Folge haben, da es sich weiterhin um die Abstimmung der juristischen Person und nicht um die des Betroffenen handele[620]. Begründet wird dies damit, daß allen Stimmverbo-

---

Schweiz: Spiro in FS Vischer, S. 639, 645. Werner in Säcker/Zander (Hrsg.): Mitbestimmung, S. 411, 424 spricht ein solches Verbot de lege ferenda an.

617 Ablehnend für eine OHG, die ihren eigenen Gesellschafter als Aufsichtsratsmitglied einer AG entlastet hatte RGZ 112, 387 unter Hinweis darauf, daß die Gesellschafter nur persönlich und nicht in ihrer Funktion als Gesellschafter betroffen waren, *weil die OHG selbst nicht Aufsichtsratsmitglied war*; aA allerdings RGZ 146, 71, 75 auch für eine OHG bezüglich eines Beschlusses nach § 266 HGB, der im wesentlichen dem heutigen § 142 I AktG entspricht; differenzierend für die GmbH bezüglich eines Entlastungsbeschlusses und eines Beschlusses über die Bestellung eines Prüfers RGZ 146, 385: Ein Stimmverbot für die Aktien der GmbH sei dann gegeben, wenn das betroffene Organmitglied die Rechtshandlungen in der GmbH ausschließlich bestimme. Ebenfalls ablehnend gegenüber einen Stimmverbot BGHZ 36, 296 für das Stimmrecht der Stadt Hamburg für Beschlüsse nach den §§ 120, 142 AktG, obwohl die Stadt mehrere Personen in den betreffenden Aufsichtsrat entsandt hatte. Der BGH berief sich ausdrücklich darauf, daß die Gemeinde als juristische Person *nicht selbst Aufsichtsratsmitglied sein könne*, sondern nur die entsandten natürlichen Personen (ebenso die Vorinstanz OLG Hamburg, AG 60, 333).

618 Wilhelm, Rechtsform, S. 59 ff, 134, 141 ff.

619 Wilhelm, Rechtsform, passim.

620 Wilhelm, Rechtsform, S. 143.

ten allein der Regelungszweck des Verbots des Selbstkontrahierens und Insichprozessierens, § 181 BGB, inne wohne[621].

Diese sehr formale Position überzeugt nicht. Denn während § 181 BGB allein verhindern will, daß bei einem Rechtsgeschäft eine Person für beide Vertragspartner Willenserklärungen abgibt - weswegen nach dem Wortlaut auch bei einem lediglich rechtlichen Vorteil des Vertretenen § 181 BGB eingreift - nehmen die gesetzlichen Stimmverbote Bezug auf bestimmte *Situationen*, in denen Aufgrund des typischer Weise bestehenden starken Eigeninteresses des Abstimmenden, dessen Stimme unerheblich sein soll. Die Stimmverbote haben im Gegensatz zu § 181 BGB keinen formalen (Personenidentität), sondern einen materiellen Anknüpfungspunkt, was bei der Auslegung berücksichtigt werden muß mit der Konsequenz, daß nicht die Personenidentität von Betroffenem und Abstimmenden, sondern die Interessenidentität zwischen diesen und die damit einhergehende mutmaßlich gleiche Befangenheit entscheidend ist.

Somit besteht schon de lege lata ein Stimmverbot für die Wahrnehmung des Stimmrechts aus eigenen Aktien.

b) Das Vollmachtsstimmrecht

Auch für den hier erörterten Bereich wird hinsichtlich des Vollmachtsstimmrecht vorgeschlagen, dessen Ausübung nur für den Fall einer ausdrücklichen Weisung zuzulassen[622]. Eine diesem Vorschlag entsprechende Regelung fand sich schon in § 127 I des Referentenentwurfs zum AktG von 1958[623], der aber seinerzeit in § 130 des Regierungsentwurfes nicht übernommen wurde[624].

Daß eine solche Einschränkung der Ausübung des Vollmachtsstimmrechts sinnvoll sein kann[625] und auch tatsächliche Relevanz hat, zeigt ein Bericht von

---

[621] Wilhelm, Rechtsform, S. 67 ff. Von Wilhelm wird diese These vor allen Dingen gestützt auf die Entstehungsgeschichte der verschiedenen Stimmverbotsnormen.

[622] Adams, ZBB 94, 77, 81; Götz, AG 95, 337, 346; Mülbert, DJT, E 102 f; ablehnend die Stellungnahme des Bundesverbandes deutscher Banken in ZBB 94, 70, 73.

[623] „Ein Aktionär kann weder für sich noch für einen anderen das Stimmrecht ausüben, wenn darüber Beschluß gefaßt wird, ob er zu entlasten oder von einer Verpflichtung zu befreien oder ob die Gesellschaft gegen ihn einen Anspruch geltend machen soll. *Gleiches gilt für eine juristische Person* oder Personengesellschaft, wenn die Person, die entlastet oder von einer Verbindlichkeit befreit oder gegen die ein Anspruch geltend gemacht werden soll, gesetzlicher Vertreter dieser juristischen Person oder Gesellschafter dieser Personengesellschaft ist." (Hervorhebung von mir)

[624] Vgl. hierzu Zöllner, Schranken, S. 281 (FN 41).

[625] Generell kritisch gegenüber der Art und Weise der Wahrnehmung des Depotstimmrechts durch die Banken Mestmäcker, Konzerngewalt; S. 245. Mestmäcker kritisiert vor allen Din-

LUTTER[626] über einen Fall, in dem ein sachlich berechtigter Antrag auf Sonderprüfung bezüglich des Verhaltens eines Aufsichtsratsmitglieds und hauptberuflichen Bankenvorstands mit Hilfe des Vollmachtsstimmrechts der Kreditinstitute abgelehnt wurde. So hatte die Würtembergische Textil AG über mehrere Jahre ihre überschüssigen Finanzmittel in erheblicher Höhe auf einem Girokonto bei der Bank liegen, dessen Vorstandsmitglied im Aufsichtsrat eben dieser AG saß[627]. Daß die von der unsachgemäßen Verwendung des Geldes profitierende AG nicht zu Lasten ihres Vorstandsmitglieds und in seiner Funktion als Aufsichtsrat von der Abstimmung Betroffenen gestimmt hat, verwundert kaum.

Für eine Erweiterung der Stimmverbote der §§ 136, 142 I 2 AktG auf die Ausübung des Vollmachtsstimmrechts spricht, daß wegen der geringen Weisungstätigkeit der Depotkunden[628] die Kreditinstitute de facto sich selbst bzw. ihre Geschäftsleiter entlasten und / oder die Einsetzung eines Sonderprüfers und / oder die Geltendmachung von Ersatzansprüchen verhindern können.

Aufgrund des starken Eigeninteresses der Kreditinstitute in diesen Fällen ist der Abstimmungsvorschlag vorbestimmt und die Gefahr zu groß, daß eine Abwägung der Gründe, die für oder gegen die Entlastung bzw. die Bestellung eines Sonderprüfers bzw. die Geltendmachung eines Ersatzanspruchs sprechen, gar nicht erst stattfindet. Dieser Gefahr kann durch Haftungsregeln nicht entgegengewirkt werden, weil die Bindung an den unpräzisen Begriff des Aktionärsinteresses den Kreditinstituten eine nahezu unbegrenzten Beurteilungsspielraum läßt[629]. Auch liegt es nahe, das Stimmverbot auf alle Bankangehörigen zu erstrecken, um die Bildung von Entlastungskoaltionen auszuschließen[630], zumal es auch tatsächlich schon zu solchen Entlastungskoalitionen gekommen ist[631].

Daß die Banken selbst die Wahrnehmung des Vollmachtsstimmrecht in solchen Konstellationen nicht als unproblematisch empfinden, zeigte etwa die Haupt-

---

gen die „Verwaltungstreue“, d.h. die Identifizierung mit den Interessen der Verwaltung, die zu Lasten der vertretenen Aktionäre gehen kann (unter Hinweis auf RGZ 146, 72 ff).

[626] Lutter, ZHR 145 (1981), 224, 232, 240 f.

[627] Siehe hierzu ausführlich oben unter E III 3.

[628] Vgl. dazu die Zahlenangaben bei Mülbert, DJT, E 96 und Peltzer, JZ 96, 842, 844. Die Angaben schwanken zwischen einem und fünf Prozent.

[629] Vgl. Mülbert, DJT, E 99: „Insbesondere ist das in § 128 II 2 AktG genannte Aktionärsinteresse keiner Präzisierung zugänglich, die den weiten Beurteilungsspielraum der Depotbanken bei der Erstellung ihrer eigenen Abstimmungsempfehlungen beschränken könnte.“

[630] Ebenso Adams, ZBB 94, 81; Götz, AG 95, 337, 346; Mülbert, DJT, E 103; insoweit aA Baums, ZBB 94, 96 mit der Begründung, daß die nicht unmittelbar betroffenen Banken im Regelfall nicht genug Stimmen hätten, um alleine eine Entlastung durchsetzen zu können.

[631] In dem schon erwähnten Fall „Württembergische Textil AG“ (siehe FN 579 und 625).

versammlung der Daimler-Benz AG im Mai 1996. Im Aufsichtsrat saßen zu dieser Zeit Vertreter von der Deutschen Bank, der Dresdner Bank und der Commerzbank. Vor der Hauptversammlung kündigten die Deutsche Bank, die Dresdner Bank, die Commerzbank, die Bayerische Vereinsbank und die Baden - Württembergische Bank an, ihr Vollmachtsstimmrecht bei dem Entlastungsbeschluß für den Aufsichtsrat nur auf Weisung auszuüben[632].

Auch hier sollte de lege ferenda für das Stimmrecht aus Aktien verbundener Investmentgesellschaften aus den selben Gründen, wie sie für die Wahrnehmung des Auftragsstimmrecht genannt wurden, ein Stimmverbot eingeführt werden.

III) Haftung einer ihr Vorstandsmitglied in einen Aufsichtsrat „entsendenden“ AG für ein Fehlverhalten des „entsandten“ Doppelmandatars in dessen Funktion als Aufsichtsratsmitglied

Die persönliche Verantwortlichkeit von Aufsichtsratsmitgliedern für begangene Pflichtverletzungen nach den §§ 116, 93 AktG ist unbestritten. Dies schließt es jedoch nicht aus, daß daneben eine Haftung der von dem Aufsichtsratsmitglied repräsentierten AG bestehen kann und beide dann als Gesamtschuldner haften.

Dies setzte allerdings zunächst voraus, daß der betreffenden AG das (pflichtwidrige) Verhalten des Doppelmandatars in seiner Funktion als Aufsichtsratsmitglied zugerechnet werden kann. Als Zurechnungsnormen in Betracht kommen die §§ 31, 278 BGB und als Haftungsnorm für Fremdverschulden zudem § 831 BGB, wenn auch letzterer nur die Verantwortlichkeit der AG des Vorstandsamtes für unerlaubte Handlungen des Doppelmandatars in seiner Funktion als Aufsichtsratsmitglied erfassen könnte.

Eine Verhaltenszurechnung über § 278 BGB scheidet allerdings schon deshalb aus, weil zwischen den (über den Doppelmandatar) personell verflochtenen Gesellschaften kein Vertragsverhältnis betreffend die Aufsichtsratstätigkeit des Doppelmandatars besteht[633]. Ebenso scheitert eine Haftung nach § 831 BGB[634] schon an der nicht gegebenen Weisungsabhängigkeit des Vorstandsmitglieds und Doppelmandatars gegenüber der AG seines Hauptamtes.

In der Literatur wird aber zunehmend davon ausgegangen, daß eine Verhaltenszurechung über § 31 BGB möglich sei[635], wenngleich auch unterschiedliche Voraussetzungen für eine solche Zurechnung genannt werden.

---

632 FAZ v. 8.5.96,Nr.107/S.21.

633 Mestmäcker, Konzerngewalt, S. 260.

634 Ebenso Mestmäcker, Konzerngewalt, S. 260.

635 Mertens in Hachenburg, GmbHG, § 35, Rz 279 (eingeschränkter allerdings für die AG in KK, AktG, § 76, Rz 82); Geßler/Hefermehl, AktG, § 101, Rz 108 (für „echte“ Entsendungs-

Als allgemeine Erwägung für diese Ansicht wird neben dem erwünschten präventiven Effekt von Haftungsregeln[636] angeführt, daß Einfluß und Verantwortung nicht auseinanderfallen dürften[637]. Nun gibt es im Haftungsrecht allerdings sehr oft Situationen, in denen Einflußnahme und rechtliche Verantwortung auseinanderfallen, wenn auch mit „umgekehrten Vorzeichen". So haftet z.B. im Regelfall für eine Pflichtverletzung eines Vorstandsmitglieds im Außenverhältnis nur die juristische Person (AG) und nicht das unmittelbar handelnde Vorstandsmitglied persönlich (Ausnahmen hiervon werden nur für den Bereich der unerlaubten Handlungen diskutiert[638]). Denn die Pflicht des Organisationsträgers (AG) und das Fehlverhalten des für ihn handelnden Organwalters (Vorstand) konstituieren in der Regel nur *eine* Pflichtverletzung und zwar die

---

fälle); Koenen, Zurechnung, passim; Mestmäcker, Konzerngewalt, S. 258 ff (für den Konzernbereich; „echte" Entsendungsfälle und bei Konsortialvereinbarungen über die Besetzung des Aufsichtsrats); Rehbinder, Konzernaußenrecht, S. 252 ff (für den Konzern); Reiß, Aufsichtsrat, S. 120 ff (für den faktischen Konzern); Ulmer in FS Stimpel, S. 705 ff; Westhoff, Bankenvertreter, S. 107 (für Bankenvertreter in Beiräten); auch Wiedemann, Organverantwortung, S. 30 für bestimmte Einzelfälle allerdings unter Ablehnung der Anwendung von § 31 BGB; für Österreich: v. Hofmannsthal LZ 1929, Spalte 1233 ff. Eine Zurechnung ablehnend dagegen BGHZ 36, 296; 90, 381, 398; OLG Düsseldorf, AG 83, 250, 255 und WM 84, 587, 598; Rospatt, Bank-Archiv 29, 157, 160; Werner, ZHR 145 (1981), 252, 263; Zempelin, AcP 155 (1956), 209, 234 (für „echte" Entsendungsfälle); für das schweizerische Recht eine Zurechnung ablehnend: v. Planta in FS Vischer, S. 597, 606 (außer für die Fälle „faktischer Doppelorganschaft") und Forstmoser, Verantwortlichkeit, Rz 506.

[636] Koenen, Zurechung, S. 106 geht davon aus, daß erst die Gefahr für die AG des Vorstandsamtes des Doppelmandatars, bei einseitiger, die AG des Aufsichtsratsamtes schädigender, Wahrnehmung der Interessen der AG des Vorstandsamtes durch das „entsandte" Aufsichtsratsmitglied zu haften, zu einer unabhängigen und eigenverantwortlichen Amtsführung des Doppelmandatars führe. Diese Hoffnung erscheint nach dem derzeitigen Haftungssystem allerdings unrealistisch. Denn die Gefahr für eine AG über § 31 BGB in Anspruch genommen zu werden, wäre genauso gering wie diejenige, als Aufsichtsratsmitglied persönlich zur Verantwortung gezogen zu werden. Der haftungspräventive Effekt träte daher nur ein, wenn die Aktionärsklage eingeführt oder die Hürde des § 147 AktG in anderer Weise minimiert werden würde.

[637] Koenen, Zurechnung, S. 95; Mestmäcker, Konzerngewalt, S. 260.

[638] Vgl. zu der Frage, wann eine persönliche Haftung von Organmitgliedern neben der juristischen Person anzunehmen ist, die unterschiedlichen Stellungnahmen von Grunewald, ZHR 157 (1993), 451 ff und Lutter, ZHR 157 (1993), 464 ff. Brüggemeier, AcP 1991 (1991), 33, 64 ff geht davon aus, daß im Delikts- im Gegensatz zum Vertragsrecht grds. Organwalter und Organisationsträger (AG) gesamtschuldnerisch haften (einschränkend allerdings S. 65 f: Die Außenhaftung des Organwalters soll sich an der internen Handlungsverantwortung orientieren, d.h. sie soll beschränkt sein auf die Wahrnehmung der jeweiligen internen Organisations- und Leitungskompetenz).

des Organisationsträgers (AG), da er der Pflichtenträger ist[639]. Sähe man nun - entgegen § 100 I AktG - die juristische Person (AG) als das „eigentliche“ Aufsichtsratsmitglied an, läge genau diese Konsequenz nahe: Die AG müßte für ein Fehlverhalten ihres Vorstands- als Aufsichtsratsmitglied über die §§ 116, 93 AktG, 31 BGB haften, der Doppelmandatar selbst aber nur im Innen- und nicht im Außenverhältnis zu der betroffenen AG; eine generelle gesamtschuldnerische Haftung wäre unter dieser Prämisse nur schwer zu begründen[640]. Nun war aber der Wunsch nach einer persönliche Verantwortlichkeit des unmittelbar handelnden Aufsichtsratsmitglieds gerade einer der Gründe zur Einführung des § 100 I AktG[641]. Der Hinweis der Verfechter einer Haftung über die §§ 116, 93 AktG, 31 BGB darauf, daß das Gesetz mit dem Ausschluß juristischer Personen von der Wählbarkeit in einen Aufsichtsrat nicht deren Haftung für ein Fehlverhalten ihrer gesetzlichen Vertreter als Aufsichtsratsmitglieder habe ausschließen wollen, zumal die hinter dem Aufsichtsratsmitglied stehende juristische Person in der Regel zahlungsfähiger sei[642], ist daher zu kurz gegriffen, um die Haftung der ihr Vorstandsmitglied „entsendenden“ AG zu rechtfertigen. Denn jedenfalls wäre eine Verhaltenszurechnung zu der AG des Hauptamtes des Aufsichtsratsmitglieds bei Beachtung des Willens des Gesetzgebers dann ausgeschlossen, wenn diese seine persönliche Verantwortung antastete. Zwar schließt § 31 BGB eine „Doppelhaftung“, d.h. eine gleichzeitige Haftung des handelnden Organwalters (hier des Doppelmandatars) und des Organisationsträgers (hier die AG seines Vorstandsamtes) nicht aus, doch kann eine solche nicht generell unterstellt werden, sondern sie richtet sich nach Sinn und Zweck der betreffenden (verletzten) Norm[643].

Zu unterscheiden ist insoweit die Verhaltens- von der Pflichtenzurechnung. Für die Verhaltenszurechnung stellt sich nicht das Problem der „umgekehrten“ Zurechnung an die handelnde natürliche Person (Doppelmandatar), da sie selbst die betreffende pflichtwidrige Handlung vorgenommen hat und diese durch § 31 BGB zwar unter Umständen einer juristischen Person zugerechnet werden muß, aber dadurch nicht von der handelnden Person „weggenommen“ wird[644].

---

639 Anders nur für den deliktischen Bereich Brüggemeier, AcP 1991 (1991), 33, 64 ff (siehe vorherige Fußnote).

640 Ausdrücklich vorgesehen ist eine solche gesamtschuldnerische Haftung in § 317 III AktG und in dem Vorschlag für die EG-Strukturrichtlinie (siehe auch FN 132).

641 Vgl. Kropff, Begründung, S. 135; Spiro in FS Vischer, S. 639, 646.

642 So Koenen, Zurechnung, S. 100; Spiro in FS Vischer, S. 639, 646; ähnlich Mestmäcker, Konzerngewalt, S. 262.

643 Vgl. Rehbinder, Konzernaußenrecht, S. 252.

644 Irrelevant ist deshalb der Hinweis von Lutter in ZHR 157 (1993), 464, 466, daß es keine § 31 BGB entsprechende „umgekehrte“ Zurechnungsnorm gebe. Relevant ist allein, ob es eine

Eine Handlung kann daher über § 31 dem Organwalter (Vorstandsmitglied) und dem Organisationsträger (AG) zugleich zugerechnet werden. Dies muß dann aber nicht automatisch auch für die Pflichtenzurechnung gelten, denn die Vornahme einer Verhaltenszurechnung sagt nichts darüber aus, ob das zugerechnete Verhalten sowohl für die juristische Person (AG des Vorstandsamtes) als auch für die handelnde natürliche Person (Doppelmandatar) eine Pflichtverletzung dem geschädigten Dritten gegenüber darstellt.

Es bleibt festzuhalten, daß diejenigen, die eine generelle Zurechnung und Haftung der ihr Vorstandsmitglied „entsendenden" AG über § 31 BGB bei Bestehen eines inneren funktionalen Zusammenhangs zwischen dem Aufsichtsrats- und dem Vorstandsmandat annehmen, erklären müssen, woraus sich die gleichzeitig angenommene persönliche Haftungsverpflichtung des betreffenden Aufsichtsratsmitglieds ergeben soll.

Teilweise wird für die Annahme einer Haftung der „entsendenden" AG auch angeführt, daß § 31 BGB eine haftungsrechtliche Privilegierung von juristischen Personen vermeiden wolle[645]. Zutreffend daran ist, daß sich eine juristische Person nicht hinter den für sie handelnden Personen „verstecken" können soll. Doch erklärt auch dieser Ansatz nicht, woraus sich umgekehrt die haftungsrechtliche Privilegierung der geschädigten AG des Aufsichtsratsamtes (oder geschädigter Dritter) ableiten läßt, die sich daraus ergibt, daß sie zwei Schuldner für die Pflichtverletzung in Anspruch nehmen kann. Zwar läßt sich eine solche haftungsrechtliche Privilegierung im Hinblick darauf, daß die Gefahr einer Pflichtverletzung, die im Zusammenhang steht mit der Rücksichtnahme auf hauptberufliche Interessen bei einem hauptberuflich als Vorstandsmitglied tätigen Aufsichtsratsmitglied typischerweise höher ist als bei anderen hauptberuflichen Tätigkeiten[646], als interessengerecht und wünschenswert rechtfertigen. Doch aus der von § 31 BGB bezweckten haftungsrechtlichen Gleichstellung von natürlichen und juristischen Personen ergibt sich keine haftungsrechtliche Privilegierung für die geschädigte AG des Aufsichtsratsamtes. Ferner ist in diesem Zusammenhang darauf hinzuweisen, daß bei Einführung des Entsendungsrechts nach § 101 AktG eine Haftung des Entsendungsberechtigten für

---

„umgekehrte" Pflichtenzurechung im Sinne einer Pflichtenerstreckung auf die handelnden Organmitglieder gibt, wie sie das Gesetz in den §§ 310 I und 317 III AktG kennt.

[645] Mestmäcker, Konzerngewalt, S. 265; zu diesem Ansatz auch Rehbinder, Konzernaußenrecht, S. 251 f und Ulmer in FS Stimpel, S. 705, 717, der den Sinn von § 31 BGB unter Verweis auf v. Thur darin sieht, daß die Vermögensverwaltung, welche die Vorteile einer Verwaltung genießt, auch den durch die Verwaltung angerichteten Schaden tragen soll.

[646] Ein ähnliches Konfliktpotential dürfte es ansonsten nur bei politisch besetzten Aufsichtsratsmandaten geben.

Pflichtverletzungen des Entsandten zwar erwogen, aber abgelehnt worden war[647].

Das Problem der Haftungsbegründung einer ihr Vorstandsmitglied in den Aufsichtsrat einer anderen Gesellschaft „entsendenden" AG über § 31 BGB liegt demnach nicht nur darin, dieser AG das Verhalten ihres Vorstands- als Aufsichtsratsmitglied zuzurechnen, sondern ferner darin, dieser AG dann auch die entsprechenden - von dem Doppelmandatar verletzten - Pflichten zuzuweisen. Denn § 31 BGB statuiert keine Haftung für fremdes, sondern - als Folge der Verhaltenszurechnung - für eigenes Verschulden und begründet daher selbst keine Haftung, sondern ist eine haftungszuweisende Norm[648]. Entgegen dem mißverständlichen Wortlaut des § 31 BGB kann es daher nicht darauf ankommen, ob das betreffende Organmitglied für die zuzurechnende Handlung persönlich zur Schadensersatzleistung verpflichtet wäre bzw. ist, sondern ausschlaggebend ist allein, ob der juristischen Person infolge der Verhaltenszurechnung eine Pflichtverletzung vorzuwerfen ist. Abzustellen ist somit allein auf den Pflichtenkreis der juristischen Person und nicht auf den der für sie handelnden Person, denn anderenfalls funktionierte man § 31 BGB in eine haftungsbegründende Norm um.

Dementsprechend wird bei der parallelen Fragestellung, wann ein Organmitglied neben der juristischen Person haftet, nach den verschiedenen Pflichtenkreisen differenziert und eine persönliche Haftung nur dann angenommen, wenn das Organmitglied in gleicher Weise wie die juristische Person dem Geschädigten gegenüber verpflichtet ist. Dies wird im vertraglichen Bereich in der Regel nicht der Fall sein, ist aber im deliktischen Bereich durchaus denkbar[649]. Ebenso ist für die hier interessierende Konstellation zu fragen, in welchem Umfang sich die Pflichten des Aufsichtsratsmitglieds und die der AG seines Vorstandsamtes der AG des Aufsichtsratsamtes gegenüber entsprechen.

An dieser Stelle taucht das schon beschriebene Problem auf, daß es ohne eine entsprechende gesetzliche Regelung schwer zu begründen ist, woraus sich eine generelle „Verdoppelung" des personellen Anwendungsbereiches der betreffenden Normen (vor allen Dingen § 116 AktG), d.h. die gleichzeitige Verpflichtung des Doppelmandatars persönlich und der AG seines Hauptamtes, ergeben

---

647 KK-Mertens, AktG, § 101, Rz 60.

648 Palandt/Heinrichs, BGB, § 31, Rz 1 f unter Hinweis auf BGHZ 99, 302; Jauernig in Jauernig, BGB, § 31, Anm. 1.

649 In diesem Sinne konsequent daher Brüggemeier, AcP 191 (1991), 33, 65 der die seiner Ansicht nach bestehende gesamtschuldnerische Haftung von Organwalter und Organisationsträger für das Deliktsrecht damit begründet, daß dem Organwalter *selbst* im Rahmen seiner Zuständigkeit Schutzpflichten gegenüber Dritten obliegen.

soll[650]. Dies wäre aber die Voraussetzung für eine generelle gesamtschuldnerische Haftung. Vielmehr gilt für die Pflichten mit vertraglichem Charakter, wie den Pflichten aus den §§ 116, 93 AktG, daß diese in der Regel nur das Aufsichtsratsmitglied persönlich erfassen, da nur dieses Adressat des Anstellungsvertrages ist und nach der gesetzlichen Konstruktion persönlich die Organfunktion wahrnimmt.

Für die organschaftliche Treuepflicht wird aber teilweise vertreten, daß diese von dem Aufsichtsratsmitglied auf die AG seines Vorstandsamtes übergreifen könne[651]. In einem solche Falle wäre eine Pflichtverletzung und Haftung dieser AG als Folge einer Verhaltenszurechnung über § 31 BGB denkbar.

Auf die Frage, in welchen Konstellationen von einer Pflichtenidentität ausgegangen werden kann, wird im folgenden eingegangen.

1) Das Erfordernis der Pflichtenidentität

Eine Pflichtenidentität besteht im Bereich des Deliktsrechts, soweit sich aus den betreffenden Normen Verhaltenspflichten für jedermann, die nicht auf einen bestimmten Personenkreis beschränkt sind, ableiten lassen. Dies trifft etwa zu auf § 826 BGB. Denkbar ist daher auch eine gesamtschuldnerische Haftung über die §§ 117, 31 BGB, weil das Verbot schädigender Einwirkung nicht auf Organe beschränkt ist, sondern gegenüber jedermann gilt[652]. Eine teilweise Pflichtenidentität besteht ferner hinsichtlich der Verhaltens- bzw. Unterlassungspflichten nach § 14 WpHG, da nicht nur die Organmitglieder, sondern auch die juristische Personen Adressaten des Insiderhandelsverbots sind[653]. Denn diese können als Folge einer Wissenszurechnung selbst Insider sein. Daraus leitet sich auch die Pflicht der Unternehmen ab, Vorkehrungen gegen die unbefugte Weitergabe von Insiderinformationen zu treffen[654]. Dies bedeutet in diesem Zusammenhang, daß die Unternehmen auch Compliance-Maßnahmen für die Kenntniserlangung von Insiderinformationen von Vorstandsmitgliedern durch Aufsichtsratstätigkeiten in anderen Unternehmen treffen müssen.

Eine Pflichtenidentität läßt sich auch für den Konzernbereich feststellen. Denn soweit über ein Aufsichtsratsmandat Konzernleitungsmacht ausgeübt wird, ent-

---

650 Grunewald, ZHR 157 (1993), 451, 452 spricht für das parallele Problem der persönlichen Haftung von Organmitgliedern neben der juristischen Person von „Schuldnervermehrung".

651 Siehe hierzu schon oben unter A I 6.

652 Im Ergebnis ebenso Kropff in Geßler/Hefermehl, AktG, § 117, Rz 19; Ulmer in FS Stimpel, S. 705, 714 f.

653 Assmann, AG 94, 237, 249; ders. AG 97, 50, 52; ders. WM 96, 1337, 1342 f spricht von gleichartiger insiderrechtlicher Verantwortlichkeit.

654 Assmann, AG 97, 50, 52.

sprechen sich die Pflichten des Aufsichtsratsmitglied nach den §§ 116, 93 AktG und die des „entsendenden“ herrschenden Unternehmens nach den §§ 311, 317 bzw. 309 AktG[655].

Somit ist in den genannten Konstellationen eine Haftung der durch ein Aufsichtsratsmitglied repräsentierten AG neben diesem selbst denkbar. Das bedeutet aber auch, daß nur bei einer Verletzung dieser Normen die Frage von Interesse ist, ob die zum Schadensersatz verpflichtende Handlung des Schädigers über § 31 BGB der juristischen Person zugerechnet werden kann.

2) Die Verhaltenszurechnung

Zu der Frage, welche Handlungen eines Doppelmandatars in dessen Funktion als Aufsichtsratsmitglied der AG seines Vorstandsamtes zugerechnet werden können, gibt es verschiedene Literaturmeinungen.

Neben der formalen Position, die eine Zurechnung immer dann ausschließt, wenn der Doppelmandatar in seiner Funktion als Aufsichtsratsmitglied gehandelt hat, weil es aufgrund der personalen Struktur des Aufsichtsratsamtes nicht möglich sei, daß eine Handlung beiden Ämtern zugerechnet wird[656], gibt es verschiedene Ansätze, die eine „Doppelverhaltenszurechnung“ unter bestimmten Voraussetzungen für möglich halten.

So wird teilweise davon ausgegangen, daß ein Aufsichtsratsmitglied immer dann in Ausführung der ihm zustehenden Verrichtung hinsichtlich seines Hauptamtes gehandelt hat, die eine Zurechnung nach § 31 BGB auslöst, „wenn die Vorteile aus der zum Schadensersatz verpflichtenden Handlung der entsendenden juristischen Person zugeflossen sind“[657]. Zu Recht ist gegen dieses Kriterium eingewandt worden, daß § 31 BGB nicht auf die Zielrichtung der zum Schadensersatz verpflichtenden Handlung abstellt[658], sondern auf die Zugehörigkeit der Handlung zum Tätigkeitsbereich für diejenige juristische Person, der die Tätigkeit zugerechnet werden soll.

Ähnliche Bedenken sind gegen die Ansicht einzuwenden, die eine Zurechnung auf die Sachverhalte beschränken will, bei denen eine tatsächliche Einflußnahme der ihr Vorstandsmitglied „entsendenden“ AG auf die durch den Doppel-

---

[655] Vgl. hierzu auch Rehbinder, Konzernaußenrecht, S. 254 f.

[656] So BGHZ 36, 296, 309 ff.

[657] Mestmäcker, Konzerngewalt, S. 264; ähnlich Mertens in Hachenburg, GmbHG, § 35, Rz 279 (für die GmbH).

[658] Koenen, Zurechnung, S. 111; Rehbinder, Konzernaußenrecht, S. 253 (nicht die konkrete Pflichtwidrigkeit sei der Ansatzpunkt, sondern der „institutionelle“ Rahmen, innerhalb dessen sich die Tätigkeit des entsandten Organmitglieds abspielt); Ulmer in FS Stimpel, S. 705, 723.

mandatar vorgenommene schädigende Handlung stattgefunden hat[659]. Denn § 31 BGB knüpft auch nicht an die tatsächliche Einflußnahme an, vielmehr ist eine solche weder erforderlich (auch das eigenmächtige Handeln eines Organmitglieds kann erfaßt sein) noch ausreichend für die Anwendung von § 31 BGB[660]. Wie schon erörtert, kennt das deutsche Recht keine generelle Haftung eines faktischen Organs[661], d.h., auch wenn eine ihr Vorstandsmitglied „entsendende" AG Einfluß nimmt auf die konkrete Wahrnehmung der Aufsichtsratstätigkeit ihres Vorstandsmitglieds, haftet sie nicht automatisch so, wie wenn sie selbst ein Organmitglied der AG des Aufsichtsratsamtes wäre. Ferner zöge eine Abgrenzung nach der tatsächlichen Einflußnahme auch das Problem nach sich, daß eine solche Einflußnahme kaum nachzuweisen sein wird.

Teilweise wird für die Frage der Verhaltenszurechnung gemäß § 31 BGB auch danach differenziert, ob die durch den Doppelmandatar geschädigte AG im Verhältnis zu der diesen „entsendenden" AG ein abhängiges oder ein unabhängiges Unternehmen ist. Angenommen wird die Zurechnung nur für Konzernsachverhalte[662], also dann, wenn die geschädigte AG ein Tochterunternehmen der ihr Vorstandsmitglied in den Aufsichtsrat der Tochter „entsendenden" herrschenden AG ist.

Für eine Verhaltenszurechnung von Handlungen, die ein Vorstandsmitglied der herrschenden AG als Aufsichtsratsmitglied in einer Tochtergesellschaft vorgenommen hat, zu eben dieser herrschenden AG spricht, daß die Ausübung von Konzernleitungsmacht durch Vertreter im Aufsichtsrat des abhängigen Unternehmens allgemein anerkannt ist und für zulässig gehalten wird[663] (obwohl nach der gesetzlichen Zuständigkeitsverteilung die Wahrnehmung eines Vorstandsdoppelmandats für die Wahrnehmung von Konzernleitungsmacht näher läge). Wenn man somit aber eine teilweise Funktionsveränderung des Aufsichtsrats in der abhängigen Gesellschaft akzeptiert, muß man diese Funktionsverschiebung und -vermischung auch haftungsrechtlich berücksichtigen. Denn die Ausübung von Konzernleitungsmacht ist eine Tätigkeit, die der Doppelmandatar für die herrschende AG wahrnimmt, womit er diese insoweit auch rechtlich vertritt und

---

659 Wiedemann, Organverantwortung, S. 30 und für das schweizerische Recht: Forstmoser, Verantwortlichkeit, Rz 727.

660 Ebenso Koenen, Zurechnung, S. 113 f.

661 Vgl. oben unter C I 4.

662 So Rehbinder, Konzernaußenrecht, S. 252 ff; Wäldle, DB 72, 2289, 2290; KK-Koppensteiner, AktG, § 311, der allerdings eine Haftung nur für den Fall bejaht, daß die gesetzlichen Vertreter des herrschenden Unternehmens als Organmitglieder der Tochter dieser Schädigungen verursachen, die durch zulässige Weisung nicht herbeigeführt werden können.

663 Umstritten ist allerdings, ob im faktischen Konzern überhaupt eine Konzernleitungsmacht des herrschenden Unternehmens anzuerkennen ist; vgl. dazu Hüffer, AktG, § 311, Rz 8.

eine Doppelfunktion wahrnimmt. Aus diesem Grunde muß die herrschende AG für die Ausübung der Konzernkontrolle über das Aufsichtsratsamt nach § 31 BGB in dem Sinne einstehen, daß ihr die Handlung als eigene zugerechnet wird. Als Haftungsmaßstab kann auf die speziellen konzernrechtlichen Normen zurückgegriffen werden, d.h. die §§ 309 I, II, 311, 317 I[664], 323 AktG, weil diese im Gegensatz zu § 116 AktG konkrete Regeln darüber enthalten, in welcher Art und Weise die Leitungsmacht ausgeübt werden darf. Die parallel zu der Haftung der AG bestehende persönliche Haftung des Doppelmandatars / Aufsichtsratsmitglieds der geschädigten AG ergibt sich aus dem Rechtsgedanken der §§ 309 II, 317 III AktG.

Somit läßt sich für Konzersachverhalte eine Zurechnung des Verhaltens des „entsandten" Aufsichtsratsmitglieds im Rahmen der Ausübung von Konzernleitungsmacht über § 31 BGB feststellen.

Es stellt sich allerdings die Frage, ob eine Beschränkung der Verhaltenszurechnung über § 31 BGB auf Konzernsachverhalte nicht zu eng ist, denn auch außerhalb von Konzernkonstellation kommt es zu (akzeptierten) Funktionsvermischungen bei Doppelmandataren.

So wird weitergehend vertreten, daß eine Zurechnung und Haftung über § 31 BGB immer dann möglich sei, wenn im Innenverhältnis zwischen der „entsendenden" AG und deren Vorstandsmitglied dieses zu der Wahrnehmung des Aufsichtsratsamtes verpflichtet ist[665], oder allgemeiner, wenn ein innerer funktionaler Zusammenhang zwischen der Übernahme der Aufsichtsratstätigkeit mit dem Hauptamt besteht[666]. Zutreffend an diesem Ansatz ist, daß hinsichtlich der Frage, ob eine Verhaltenszurechnung anzunehmen ist, auf das Innenverhältnis abgestellt werden muß. Insoweit kommt es nicht darauf an, ob die zuzurechnende Handlung im Innenverhältnis zu der AG des Hauptamtes zulässig war, sondern allein relevant ist, ob das Handeln in den dem Organmitglied zugewiesenen Wirkungskreis fiel[667]. Das heißt, es muß ein sachlicher und nicht nur ein zufälliger Zusammenhang zwischen der schädigenden Handlung und dem Aufgabenkreis des Organmitglied bestehen[668]. Für die Frage, ob eine Ver-

---

664 Die Haftung der Konzernmutter für Handlungen des von ihr in den Aufsichtsrat der Tochter Entsandten nach § 317 AktG ist weitgehend unbestritten: Hüffer, AktG, § 311, Rz 17; Kropff in Geßler/Hefermehl, AktG, § 311, Rz 6; KK-Biedenkopf/Koppensteiner, AktG, § 311, Rz 6; Großkom/Würdinger, AktG, § 311, Rz 4. Zumeist wird allerdings insoweit nicht auf § 31 BGB zurückgegriffen, sondern unter den Begriff der Veranlassung werden auch die eines gesetzlichen Vertreters der herrschenden AG in der abhängigen AG subsumiert.

665 Reiß, Aufsichtsrat, S. 120 ff, 122, 127.

666 Koenen, Zurechnung, S. 114 ff.

667 Vgl. BGHZ 49, 19, 23; 98, 148; BGH LM Nr. 31 zu § 31 BGB.

668 Palandt/Heinrichs, BGB, § 31, Rz 10.

haltenszurechnung auch zu einer Haftung führt, ist dagegen allein auf das Außenverhältnis zwischen dem Geschädigten (AG des Aufsichtsratsamtes) und der juristischen Person (AG des Vorstandsamtes) abzustellen. Das genannte Kriterium des inneren funktionalen Zusammenhang kann daher nur eine Verhaltenszurechnung, aber nicht eine Pflichtenzurechnung (und damit eine automatische Haftung) begründen.

Die Gegenposition zu der eben beschriebenen Ansicht hält die „Doppelzurechnung" einer Handlung generell, aufgrund der höchstpersönlichen Struktur des Aufsichtsratsamtes, für undenkbar[669]. Weil die Doppelmandatare nicht in ihrer Doppeleigenschaft tätig werden dürften, könnten ihre Handlungen für die AG ihres Aufsichtsratsamtes auch nur dieser zugerechnet werden[670]. Diese Annahme wird wiederum damit begründet, daß der Doppelmandatar zwar die Belange des ihn „Entsendenden" wahren dürfe, aber ihnen nicht den Vorrang vor den Interessen der AG seines Aufsichtsratsamtes geben dürfe[671]. Dies ist zwar zutreffend, doch bleibt unklar, wieso die Möglichkeit der Gewährung eines Interessenvorrangs Voraussetzung für eine Verhaltenszurechnung über § 31 BGB sein soll. Durch die Pflichtenbindung gegenüber der AG des Aufsichtsratsamtes ist lediglich der (legale) Handlungsspielraum des Doppelmandatars eingeschränkt, was aber eine Verhaltenszurechnung ebensowenig ausschließt wie jede andere gesetzliche Beschränkung auch.

Als weiteres Argument gegen die Möglichkeit einer Verhaltenszurechnung wird auf die fehlende rechtliche Einwirkungsmöglichkeit des „Entsendenden" auf die Aufsichtsratstätigkeit des Doppelfunktionsträgers hingewiesen; eine tatsächliche Einwirkungsmöglichkeit reiche nicht aus[672]. Doch auch dieses Argument kann für den generellen Ausschluß von Verhaltenszurechnungen nicht überzeugen. Zum einen bestehen in begrenztem Umfang auch rechtliche Einwirkungsmöglichkeiten: So ist es möglich, ein Auftrags- oder Geschäftsbesorgungsverhältnis über die Wahrnehmung eines Aufsichtsratssitzes in einer anderen AG zu schließen[673], auch wenn dieses Vertragsverhältnis einige Besonderheiten aufweist[674]. Zum anderen kommt es auf eine konkrete Einwirkung auf die zuzu-

---

[669] BGHZ 36, 296; 90, 381.

[670] BGHZ 36, 296, 309 f.

[671] BGHZ 36, 296, 310.

[672] BGHZ 36, 296, 308, 311.

[673] AA Rospatt, Bank-Archiv 29, 157 ff.

[674] So hat der Auftrags- bzw. Geschäftsbesorgungsgeber weder eine aktienrechtliche Berufungs- noch eine Abberufungsmöglichkeit des von ihm „Entsandten" zum/vom Aufsichtsratsamt. Doch insoweit handelt es sich lediglich um „über das Innenverhältnis von Auftraggeber und Beauftragtem hinausgehende Umstände, die nicht die Begründung, sondern die Erfüllung des Auftrags betreffen" (Ulmer in FS Stimpel, S. 705, 721).

rechnende Handlung nicht an[675]. Auch die fehlende Weisungsmöglichkeit vermag eine Verhaltenszurechnung nicht auszuschließen, was sich schon daran zeigt, daß Vorstandsmitglieder grundsätzlich keinen Weisungen unterliegen, § 76 AktG, und ihr Verhalten trotzdem „ihrer“ AG zugerechnet wird[676].

Als weiteres Argument gegen eine Anwendung von § 31 BGB wird angeführt, daß nur natürliche Personen Aufsichtsratsmitglieder sein können[677]. Auch diese Tatsache schließt aber nicht generell eine Verhaltenszurechnung aus, denn diese hängt ausschließlich von dem Innenverhältnis zwischen Handelndem und Zurechnungsadressat ab. Daß der Zurechnungsadressat (hier die AG des Vorstandsamtes) im Außenverhältnis zur geschädigten AG des Aufsichtsratsamtes nicht deren Organmitglied sein kann, spielt ausschließlich für die bestehenden Pflichten zwischen diesen eine Rolle, aber nicht für eine etwaige Verhaltenszurechnung.

Für die Verhaltenszurechnung ist der innere, funktionale Zusammenhang der Aufsichtsratstätigkeit des Doppelmandatars mit dem Hauptamt ausreichend, d.h. der handelnde Doppelmandatar muß das Aufsichtsratsamt im Hinblick auf sein Vorstandsamt übernommen haben, wofür es verschiedene Indizien gibt[678]; auf eine förmliche Verpflichtung zur Amtsübernahme im Anstellungsvertrag kommt es nicht notwendig an. Denn wenn die Übernahme des Aufsichtsratsamtes zu den Pflichten des Doppelmandatars (ausdrücklicher oder konkludenter Art) gehört, stehen die Tätigkeiten für dieses Aufsichtsratsamt im Zusammenhang mit dem Vorstandsamt und werden nicht nur „gelegentlich“ dieses Vorstandsamtes vorgenommen.

Somit haftet die durch das Aufsichtsratsmitglied repräsentierte AG des Vorstandsamtes für eine Pflichtverletzung des Doppelmandatars als Aufsichtsrat, wenn die Übernahme des Aufsichtsratsamtes durch den Doppelmandatar im Zusammenhang mit seinem Vorstandsamt stand und die zugerechnete Handlung eine Pflichtverletzung der AG des Hauptamtes gegenüber der AG des Aufsichtsratsamtes darstellt. Letzteres kommt nur in dem oben aufgezeigten engen Rahmen in Betracht, weil die AG des Hauptamtes nach der gesetzlichen Kon-

---

675 Siehe oben S. 184.

676 So Ulmer in FS Stimpel, S. 705, 718.

677 BGHZ 36, 296, 311.

678 Die Berufung des Vorstandsmitglieds in den Aufsichtsrat diente der Wiederherstellung einer „gebrochenen“ personellen Verflechtung; der „Wunsch“ nach Übernahme des Aufsichtsratsamtes wurde an die AG und nicht an das Vorstandsmitglied persönlich angetragen; die Vorstandsmitglieder der betreffenden AG nehmen in größerem Umfang Aufsichtsratsmandate wahr; eine Übernahmeverpflichtung steht im Anstellungsvertrag des Vorstandsmitglieds etc. Vgl. hierzu auch Koenen, Zurechnung, S. 114 ff; Ulmer in FS Stimpel, S.705, 725.

struktion nicht selbst Aufsichtsratsmitglied wird und damit nicht den Pflichten nach den §§ 116, 93 AktG unterliegt.

3) Die Haftung de lege ferenda

Die jetzige Situation, nach der die durch ein Vorstandsmitglied im Aufsichtsrat einer anderen Gesellschaft faktisch repräsentierte AG im Regelfall für dessen Fehlverhalten nicht haftet, ist unbefriedigend. Denn gerade bei hauptberuflich als Vorstand tätigen Aufsichtsratsmitgliedern ist die Gefahr besonders groß, daß sie die Interessen der AG ihres Aufsichtsratsamtes im Hinblick auf die Interessen der AG ihres Vorstandsamtes vernachlässigen und verletzen. Das heißt, es besteht nicht nur - wie bei anderen Aufsichtsratsmitgliedern auch - die Gefahr der Pflichtverletzung der Verfolgung von Eigeninteressen wegen, sondern zugleich die schwerwiegendere Gefahr der Pflichtverletzung der Verfolgung von Interessen der AG des Vorstandsamtes wegen.

Die Nichthaftung der hinter dem Aufsichtsratsmitglied stehenden juristischen Person ist auch deshalb unbefriedigend, weil anfangs der Arbeit gezeigt wurde, daß die Doppelmandatare im Hinblick auf ihre Verbindung zu der betreffenden juristischen Person bestellt werden und von dieser wiederum gezielt in Aufsichtsräte „entsandt" werden.

Zudem hat die Nichthaftung auch einen unerwünschten Nebeneffekt. Die in der Öffentlichkeit kritisierte Nichtinanspruchnahme von Organmitglieder in Fallkonstellationen, in denen eine Pflichtverletzung offensichtlich erscheint, wird von Seiten der geschädigten Aktiengesellschaften neben dem Hinweis auf das Prozeßrisiko zumeist damit gerechtfertigt, daß keine Aussicht bestünde, eine dem Schaden auch nur annähernd entsprechende Summe vollstrecken zu können. Dieses Argument könnte aber bei einem Bestehen der Möglichkeit, das Aufsichtsratsmitglied selbst und die AG dessen Hauptamtes als Gesamtschuldner in Anspruch zu nehmen, nicht mehr durchgreifen. Durch eine gesamtschuldnerische Haftung könnte daher die schadenspräventive Funktion der Haftungsnormen verstärkt bzw. teilweise wiederhergestellt werden.

Die Einführung einer gesamtschuldnerischen Haftung wäre daher wünschenswert; sie könnte sinnvoll kombiniert werden mit der vorgeschlagenen Änderung von § 100 I AktG in Sinne der Einführung der Wählbarkeit von juristischen Personen in Aufsichtsräte. Ferner wäre die gleichzeitige Erweiterung der Klagemöglichkeiten für Aktionäre notwendig, weil anderenfalls auch eine neu eingeführte gesamtschuldnerische Haftung tatsächlich nicht durchgesetzt werden könnte.

G) Zusammenfassung

Es hat sich gezeigt, daß die Übernahme eines Aufsichtsratsmandats durch eine hauptberuflich als Vorstandsmitglied tätige Person vielfältige und weitreichende rechtliche Auswirkungen auf die Rechtsbeziehungen in dem „Dreiecksverhältnis" Doppelmandatar, AG seines Vorstandsamtes und AG seines Aufsichtsratsamtes hat. Dabei kristallisierte sich heraus, daß der Schutzmechanismus des Gesetzes in Form der Anordnung des persönlichen Mandats durch den Ausschluß juristischer Personen von der Wählbarkeit in Aufsichtsräte, nicht zu der gesetzlich intendierten größeren Unabhängigkeit des Mandatsträgers von der AG seines Hauptamtes geführt hat. Die Auswertung von wirtschaftswissenschaftlichen Untersuchungen hat ergeben, daß die sog. Industrievertreter in ihrer Funktion als hauptberufliche Vorstandsmitglieder bzw. Geschäftsleiter gewählt werden und die durch die Wahl herbeigeführte personelle Verflechtung zwischen den Gesellschaften somit bewußt herbeigeführt wird. Deswegen besteht in gleichem Maße die Gefahr, daß die Wahrnehmung des Aufsichtsratsamtes durch den Doppelmandatar von der Berücksichtigung der Interessen der AG seines Hauptamtes geprägt ist, wie wenn er nicht nur faktisch, sondern auch rechtlich in seiner Funktion als gesetzlicher Vertreter der AG seines Hauptamtes gewählt worden wäre. Gleichzeitig führt der Umstand, daß rechtlich gesehen nicht die AG des Hauptamtes des Doppelmandatars zum Aufsichtsratsmitglied bestellt wird, dazu, daß die Intention, die zu der Wahl eines hauptberuflichen Vorstandsmitglieds geführt hat, nur teilweise durch teleologische Auslegung der relevanten Normen Berücksichtigung finden kann. Teilweise führt die Regelung des § 100 I AktG daher zu unbefriedigenden Ergebnissen, weil die „Hürde" des persönlichen Mandats nicht übersprungen werden kann, weswegen beispielsweise eine AG für ein Fehlverhalten ihres Vorstandsmitglieds als Aufsichtsratsmitglied einer anderen AG nicht generell haftbar gemacht werden kann, selbst wenn sich das Fehlverhalten zugunsten der AG seines Hauptamtes ausgewirkt haben sollte. Deshalb erscheint es sinnvoll, die Wählbarkeit von juristischen Personen unter Benennung eines ständigen Vertreters zuzulassen oder zumindest entsprechend der Regelung des § 115 III AktG der Realität der funktionsintendierten Bestellung von Aufsichtsratsmitgliedern Rechnung zu tragen. Ein Beispiel hierfür wäre die ausdrückliche Festschreibung von Stimmverboten, welche die etwaigen Eigeninteressen des Doppelmandatars als Privatperson gleichstellen mit seinen beruflichen Interessen als Vorstandsmitglied einer anderen juristischen Person.

Desweiteren hat sich gezeigt, daß die vom Gesetz vorgesehene persönliche Mandatswahrnehmung nicht nur durch die Bestellungspraxis konterkariert wird, sondern auch in anderer Hinsicht nicht der Realität entspricht. Die Einbeziehung der sog. back-offices in die eigene Wahrnehmung der Aufsichtsratstätigkeit durch Doppelmandatare geschieht in einem Umfang und in einer Art und Weise, die der jetzigen gesetzlichen Regelung widerspricht. Weil aber ein Verbot der Einschaltung von back-offices unrealistisch ist und auch der Komplexität der wahrzunehmenden Aufgabe nicht entspricht, sollte der Gesetzgeber für diesen Bereich eine ausdrückliche gesetzliche Regelung treffen, welche die Gefahren der jetzigen Praxis - etwa im Hinblick auf die Verletzung von Verschwiegenheitspflichten - begrenzt.

Als weiteres Ergebnis läßt sich festhalten, daß auch der Schutzmechanismus in Form der Bindung des Aufsichtsratsmitglieds an das Unternehmensinteresse nur einen geringen Schutz für die AG des Aufsichtsratsamtes bietet. Denn die Berücksichtigung der Interessen der AG des Hauptamtes durch den Doppelmandatar ist trotz dieser Bindung in weitreichendem Maße auf legale Weise möglich, aufgrund des weiten Entscheidungsspielraums, den der Begriff des Unternehmensinteresses den Aufsichtsratsmitgliedern läßt. Dies wäre bei gleichzeitiger (ausdrücklicher) Einführung von Stimmverboten für besondere Konfliktsituationen auch durchaus hinnehmbar, weil berücksichtigt werden muß, daß die Einbringung von Sonderinteressen durch einen Doppelmandatar als bezweckt angesehen werden kann, da anderenfalls die bewußte Herstellung einer personellen Verflechtung keinen Sinn macht. Unbefriedigend ist aber, daß selbst in Evidenzfällen der unzulässigen Wahrnehmung der Interessen der AG des Hauptamtes, also einer Überschreitung des weiten Entscheidungsspielraums, das Gesetz den Aktionären keine ausreichende Möglichkeit bietet, den betreffenden Doppelmandatar in Anspruch zu nehmen. Ohne Einführung einer Aktionärsklage oder einer weitreichenden Änderung von § 147 AktG ist eine Schutzwirkung durch die Bindung an das Unternehmensinteresse daher nicht festzustellen.

Gleichzeitig würde durch eine solche Änderung der gesetzlichen Regelung des § 147 AktG auch der Schutz, der durch Publizitätspflichten erreicht werden kann, gesteigert. Dies hätte zur Folge, daß ohne Einführung neuer umfangreicher und zwingender Ordnungsvorschriften präventiv darauf hingewirkt werden könnte, daß bestimmte Mißstände nicht mehr auftreten, weil die Gefahr, sie offenbaren zu müssen (mit eventuellen Haftungsfolgen) abschreckend wirkte. Erfolgsversprechend erscheint dieser Ansatz beispielsweise für das Problem der zeitlichen Überlastung von Multifunktionsträgern; die Aktionäre sollten demzufolge in die Lage versetzt werden, diesbezüglich eine detaillierte Auskunft verlangen zu können.

Schließlich hat sich für bestimmte Konfliktsituationen auch eine Stärkung der Autonomie des Aufsichtsrates als sinnvoll herausgestellt. So sollte § 114 AktG entsprechend dem jetzigen § 115 III AktG erweitert werden. Ferner sollte das Recht auf Antragsstellung zur gerichtlichen Abberufung eines Aufsichtsratsmitglieds erweitert werden, damit wirksam auf Situationen reagiert werden kann, in denen die Arbeitsfähigkeit des Aufsichtsratsgremiums behindert wird (etwa durch die Art und Weise der Wahrnehmung eines Aufsichtsratsmandats durch ein hauptberufliches Vorstandsmitglieds eines Konkurrenzunternehmens).

Somit erscheint eine „Mischung“ aus einer Änderung von § 100 I AktG, einer Erhöhung der Durchsetzbarkeit von Schadensersatzansprüchen, einer Stärkung der Autonomie des Aufsichtsratsgremiums und einer Erweiterung der Publizitäts- bzw. Auskunftspflichten sinnvoll, um den Problemen, die mit der Aufsichtsratstätigkeit von hauptberuflichen Vorstandsmitgliedern verbunden sind, Rechnung zu tragen.

FRANKFURTER WIRTSCHAFTSRECHTLICHE STUDIEN

Herausgegeben von Friedrich Kübler, Hans-Joachim Mertens,
Eckard Rehbinder, Rudolf Wiethölter

Band 1 Tomas Brinkmann: Unternehmensinteresse und Unternehmensrechtsstruktur. Aufgaben und Grenzen eines normativen Regulativs unternehmenspolitischer Prozesse. 1983.

Band 2 Rüdiger Hahn: Behinderungsmißbräuche marktbeherrschender Unternehmen. Eine Untersuchung der Beeinträchtigung von Wettbewerb und Marktstruktur durch horizontalen Nichtleistungswettbewerb als Gegenstand der Mißbrauchaufsicht nach § 22 Abs. 4 S. 2 Nr. 1 GWB. 1984.

Band 3 Peter Buchmann: Registerpublizität und Gläubigerschutz bei der Einmann-Gesellschaft. 1984.

Band 4 Christian Joerges/Eugen Hiller/Knut Holzscheck/Hans-W. Micklitz: Vertriebspraktiken im Automobilersatzteilsektor. Ihre Auswirkungen auf die Interessen der Verbraucher. 1985.

Band 5 Annette Boerner: Die Haftung des herrschenden Kommanditisten. 1985.

Band 6 Dirk H. Mahler: Rechtsmißbrauch und einstweiliger Rechtsschutz bei Dokumentenakkreditiven und "Akkreditiven auf erstes Anfordern": Eine rechtsvergleichende Untersuchung. 1986.

Band 7 Brigitte Kratz: Ausländische Eingriffsnorm und inländischer Privatrechtsvertrag. 1986.

Band 8 Dimitris Tsibanoulis: Die genossenschaftliche Gründungsprüfung. 1987.

Band 9 Jürgen Braun: Rechtsfragen des Transport-Unfall-Informations- und Hilfeleistungs-Systems der deutschen chemischen Industrie. 1987.

Band 10 Thomas Pfeiffer: Die Bedeutung des privatrechtlichen Immissionsschutzes. Eine Untersuchung zu §§ 1004, 906 BGB. 1987.

Band 11 Michael Bothe/Josef Brink/Christian Kirchner/Albrecht Stockmayer: Rechtsfragen der internationalen Verschuldungskrise. Voraussetzungen, Formen und Verfahren internationaler Umschuldungsmaßnahmen und Umschuldungsvereinbarungen. 1988.

Band 12 Felix Dörr: Die fehlerhafte GmbH. 1989.

Band 13 Rolf Trittmann: Anwendungsprobleme des Haager Beweisübereinkommens im Rechtshilfeverkehr zwischen der Bundesrepublik und den Vereinigten Staaten von Amerika. Exklusive Regelung zur Überbrückung der Unterschiede zwischen dem kontinental-europäischen und anglo-amerikanischen Zivilprozeßrechtssystem? 1989.

Band 14 Margaretha Sudhof: Dreieckige Rechtsverhältnisse im Wirtschaftsverwaltungsrecht - Am Beispiel von Konkurrentenklagen. 1989.

Band 15 Michael Weigel: Schriftformklauseln in Allgemeinen Geschäftsbedingungen. 1989.

Band 16 Hans-Peter Schröder: Der sichere Weg bei der Vertragsgestaltung. 1990.

Band 17 Matthias Haas: Haftungsfreizeichnungsklauseln in Allgemeinen Geschäftsbedingungen. Eine rechtsdogmatische und ökonomische Analyse. 1991.

Band 18 Andreas Hahn: Instandhaltungsverträge. Begriffe, Einordnung, Rechtsfolgenbestimmung, Auswirkung auf die Kautelarpraxis. 1991.

Band 19 Jürgen Götz: Der Entherrschungsvertrag im Aktienrecht. 1991.

Band 20 Friedrich Wächtershäuser: Das Gesellschaftsrecht des internationalen Joint Ventures. 1992.

Band 21 Christina Escher-Weingart: Nutzungsausfall als Schaden und sein Ersatz. 1993.

Band 22 Jean-Claude Zerey: Rechtliche Probleme der Finanzierung von *Leveraged Buyouts* und *Tender Offers* durch Banken in den USA und in der Bundesrepublik Deutschland. Eine rechtsvergleichende Studie über die Rolle der Banken bei Unternehmenskontrolltransaktionen in den USA und in der Bundesrepublik Deutschland. 1994.

Band 23 Markus Bauer: Gläubigerschutz durch eine formelle Nennkapitalziffer - Kapitalgesellschaftsrechtliche Notwendigkeit oder überholtes Konzept? Eine rechtsvergleichende Untersuchung der Gläubigerschutzkonzepte des amerikanischen und deutschen Kapitalgesellschaftsrechts. 1995.

Band 24 Marion Vollmann: Minderheitenschutz im aktienrechtlichen Beschlußmängelrecht. Eine Bestandsaufnahme und Vorschläge zu einer rechtspolitischen Reform. 1997.

Band 25 Lydia Klose-Mokroß: Gläubigerschutz im Kapitalgesellschaftsrecht am Beispiel der Lehre von der verdeckten Sacheinlage. 1997.

Band 26 Stephan Aubel: Der vereinfachte Bezugsrechtsausschluß. Aktionärs- und Gesellschaftsinteressen beim vereinfachten Bezugsrechtsausschluß nach Maßgabe des § 186 Absatz 3 Satz 4 AktG. 1998.

Band 27 Kurt Peter Dittrich: Die Privatplazierung im deutschen Kapitalmarktrecht. Eine Untersuchung der Vorschriften des Auslandinvestmentgesetzes, des Wertpapier-Verkaufsprospektgesetzes und des Gesetzes über Kapitalanlage-Gesellschaften unter Berücksichtigung des Rechts der Vereinigten Staaten von Amerika und des Vereinigten Königreichs. 1998.

Band 28 Viola Sailer: Aktienrechtliche Minderheitskompetenzen zwischen Mißbrauch und unternehmerischer Entscheidungsfreiheit. 1999.

Band 29 Marc Zimmerling: Kapitalerhaltung und Konzernfinanzierung. Eine Untersuchung der kapitalerhaltungsrechtlichen Problematik aufsteigender Sicherheiten im Konzern. 1998.

Band 30 Joachim Wichert: Die Finanzen der Kommanditgesellschaft auf Aktien. 1999.

Band 31 Kerstin Andrea Müller: Produktverantwortung und ihre Durchsetzung. Eine kartellrechtliche Beurteilung von Selbstverpflichtungen im Umweltrecht aus deutscher und europäischer Sicht unter besonderer Berücksichtigung der Altautoentsorgung. 1999.

Band 32 Bettina Friedrich: Konvergenzen im Gesellschaftsrecht. Recht-Fertigung durch Status- und Befundsicherung. 2000.

Band 33 Rudolf Lemke: Haftungsrechtliche Fragen des Ratingwesens – ein Regelungsproblem? 2000.

Band 34 Klaus R. Roller: Die Vergütung des Aufsichtsrats in Abhängigkeit vom Aktienkurs. 2000.

Band 35 Bettina Bokelmann: Personelle Verflechtungen über Aufsichtsräte. Aufsichtsratsmitglieder mit hauptberuflicher Vorstandsfunktion. 2000.

Band 37 Kristofer Bott: Wissenszurechnung bei Organisationen. 2000.

Band 38 Ursula Lenzen: Unerlaubte Eingriffe in die Börsenkursbildung. 2000.

Peter Lang · Europäischer Verlag der Wissenschaften

Alexander Fliaster

Humanbasierte Innovationsidentität als Managementherausforderung

Interdisziplinäres Erklärungsmodell des japanischen Wissensmanagements

Frankfurt/M., Berlin, Bern, Bruxelles, New York, Wien, 2000.
XXX, 487 S., zahlr. Tab. und Graf.
Europäische Hochschulschriften: Reihe 5, Volks- und Betriebswirtschaft. Bd. 2582
ISBN 3-631-35831-8 · br. DM 138.–*

Basierend unter anderem auf japanischen Originalquellen, setzt sich dieses Buch mit dem Management von Wissen und Innovation in japanischen Großunternehmen eingehend auseinander und versucht, daraus relevante Anregungen für deutsche Unternehmen zu erarbeiten. Dabei wurden mehrere im deutschen Wissensmanagement bisher kaum berücksichtigte Betrachtungsperspektiven von interkulturellen Ansätzen über die Sozialpsychologie und die Sprachwissenschaften bis hin zum strategischen Management und Personalmanagement zu einem ganzheitlichen interdisziplinären Konzept integriert. Dementsprechend orientiert sich das Buch an der Interessenlage nicht nur der Japanexperten, sondern vielmehr aller betrieblichen Entscheidungsträger im deutschen Personal- und Wissensmanagement.

Aus dem Inhalt: Welche Rolle können bei der Definition der Identität zwischenmenschliche Beziehungen spielen? · Wodurch unterscheiden sich kognitive und sozio-emotionale Fähigkeiten von Individualisten und Kontextualisten? · Was leisten ‚Company Men' in ökonomischen Organisationen? · Welchen Einfluß üben personalwirtschaftliche Routinen auf die Fähigkeit der Unternehmen zur Wissenshandhabung im einzelnen aus? · Mit welchen Mitteln lassen sich nachhaltige Vorteile im Innovationswettbewerb erzielen?

Frankfurt/M · Berlin · Bern · Bruxelles · New York · Oxford · Wien
Auslieferung: Verlag Peter Lang AG
Jupiterstr. 15, CH-3000 Bern 15
Telefax (004131) 9402131
*inklusive Mehrwertsteuer
Preisänderungen vorbehalten